Gakken

きめる！ KIMERU SERIES

SS

JN040543

［ きめる！公務員試験 ］

社会科学〈政治／経済／社会〉

Social Sciences

監修＝永田英晃　編＝資格総合研究所

はじめに

「反復学習をしてきた人は何度も説明しないと仕事を覚えられない。1回で理解できる人を採用したい。」

少し前に公務員試験の採用担当者からこの話を聞き衝撃を受けました。これまで当たり前のように反復暗記と思われていた知識科目も、検索システムやAIが普及した現代では、必要性が大きく変化しています。今では、知識そのものよりも世の中を生きる羅針盤としての意味合いが大きくなっているのです。以前は「試験のために知識を覚えればいい」という安易な暗記主義が跋扈していました。公務員に教養が必要だから教養科目を出題しているのに、教養とは真逆の方向に導かれてしまっていたのです。その結果、知識偏重になってしまったため、筆記試験から面接重視へと移行し、公務員試験は暗記だけを重視するものではない試験に変わりました。したがって、今の公務員試験においての暗記主義は合格からむしろ遠のいてしまいます。そもそも知識は検索システムやAIで調べれば済む時代に、暗記は時間の無駄ともいえます。

今の時代に必要なのは、公務員試験で本来求められている「真の教養」です。覚えようとするのではなく、「何故このようになっているのか」を常に考え、原理原則の意味や意義の追究に重点を置いてください。すると、AI時代の現在には適切とは言えない考え方や仕組みが意外にも多いことがわかります。それを現代に適正化するのがまさに公務員の役割です。

また、社会を解析してみると、人はある一定の方向に偏っては揺り戻され、逆方向に傾いてはまた是正され、といった振り子のように動いているとわかります。それらを所与の知識として暗記するのではなく、常に改良の対象として解釈していきましょう。気付いた時には、社会科学の知識はもち

ろん、公務員試験で求められる「社会科学的知性」という教養も得ることができます。探究学習によって物事を重層的に捉える力が身に付き、採用側の求める「1回で理解できる」頭を形成することができるはずです。

　さて、本書の学習のポイントにも書いたように、社会科学は「普遍性」と「変動制」という相反する特色を併せ持っています。この「変動性」については、本書を監修するに当たり、直近の公務員試験の出題を精査する中で大いに意識させられました。恥ずかしながら、監修をお引き受けした当初は、社会科学は普遍性が強い科目であり、今も昔も出題傾向はさほど変わらないだろう、と類書と同様に従来のカリキュラムを基調とした編成で十分と考えていたのです。しかし、実際にここ10年の出題を中心に分析をしてみると、旧来、重要だと誤信され時間を割いて学習すべきとされた分野の出題がほとんどなかったり、あまり重視されていない内容が頻出であったり、出題傾向が大きく変化していると判明しました。

　一方で、市場に出回る社会科学の教材を見つめ直してみると、「講師が教えやすい/教えたい（指導者側の視点）」や、「受験生が食いつき易い（よく売れそうだ）」といった行動経済学における人間の不合理性への誘導戦略が優先され、肝心の「公務員試験でそもそもどのような素養が求められているか」が疎かになっていることに強く気付かされました。これは我々指導者側が猛省しなければならない点でもあります。

　前置きが長くなりましたが、このような理由で本書は「現状の」公務員試験に最も沿った参考書と自信を持って推薦できる内容になっています。旧来の「(出題されない部分が大半であるが)理解しやすいところを広く浅く」ではなく、「出題されるところを集中して深く」学ぶようになっています。最初は取り組みにくい印象や唐突感を持つかもしれませんが、本書を使用して社会科学の演習に取り組めば、結果として「現在の公務員試験」において「最短で」得点を取る実力を付けることができるはずです。

永田英晃・資格総合研究所

もくじ

CHAPTER 1　政治原理・選挙

CHAPTER 2　日本国憲法

別冊 解答解説集

本書の特長と使い方

3ステップで着実に合格に近づく！

STEP 1で要点を理解し、STEP 2で理解をチェックする一問一答を解き、STEP 3で過去問に挑戦する、という3段階で、公務員試験で押さえておくべきポイントがしっかりと身につきます。

公務員試験対策のポイントや
各科目の学習方法をていねいに解説！

本書の冒頭には「公務員試験対策のポイント」や「社会科学の学習ポイント」がわかる特集ページを収録。公務員試験を受けるにあたっての全般的な対策や、各科目の学習の仕方など、気になるポイントをあらかじめ押さえたうえで、効率よく公務員試験対策へと進むことができます。

別冊の解答解説集で、
効果的な学習ができる！

本書の巻末には、本冊から取り外しできる「解答解説集」が付いています。問題の答え合わせや復習の際には、本冊のとなりに別冊を広げて使うことで、効果的な学習ができるようになります。

試験別対策

各章の冒頭には、各試験の傾向や頻出事項をまとめてあります。自分が受験する試験の傾向をしっかりと理解してから、学習の計画を立てましょう。

＊なお、2024年度から、国家公務員試験の内容が大きく変わります。社会科学の出題数や傾向も変わる可能性があるので、注意してください。

STEP 1　要点を覚えよう!

　基本的に１見開き２ページで、分野ごとに重要な基本事項をインプットしていきます。そのため、重要な基本事項を網羅的かつ正確に、無理なく習得できるようになっています。

❶ POINT
このSECTIONで押さえておきたい内容を、ポイントごとにまとめています。

❷ 重要度
各SECTIONの試験別重要度を表しています。過去問を分析し、重要度を★の数で表しています。

❸ ここできめる!
最重要の知識や、間違えやすいポイントをまとめています。試験直前の確認などに活用できます。

❹ 注
本文中に出てくる専門的な言葉やわかりにくい用語などに＊をつけ、ここで説明しています

STEP 1 の理解をチェックするための一問一答形式の問題です。過去問演習のための土台づくりとして、効率的にポイントを復習できます。

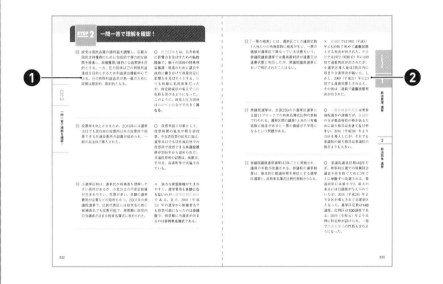

1 過去問演習の前に、実戦的な問題形式でSTEP 1で学んだ内容を復習できます。

2 解答と詳しい解説で知識の定着と深い理解に繋がります。間違いやすいポイントなども押さえましょう。

STEP 3　過去問にチャレンジ！

　本書には、過去15年分以上の過去問の中から、重要な基本事項を効率的に学習できる良問を選別して収録しています。

　過去問は、可能であれば3回以上解くのが望ましいです。過去問を繰り返し解くことで、知識だけでなく能力や感覚といったアビリティまで身につくという側面があるのです。

別冊　解答解説集

　STEP 3の過去問を解いたら、取り外して使える解答解説集で答え合わせと復習を行いましょう。

本書掲載の過去問題について
　本書で掲載する過去問題の問題文について、問題の趣旨を損なわない程度に改題している場合があります。

011

公務員試験対策のポイント

志望先に合わせて計画的で的確な対策を

　まずは第一志望先を決めましょう。仕事の内容、働きたい場所、転勤の範囲などが志望先を選ぶポイントです。また、併願先もあわせて決めることで、試験日・出題科目がおのずと決まってきて、学習計画を立てることができるようになります。

過去問の頻出テーマをおさえて問題演習を

　公務員試験合格のポイントは、1冊の問題集を何度もくり返し解くことです。そうすることで、知らず知らずのうちに試験によく出るテーマ・問題のパターンがしっかりと身につき、合格に近づくことができるでしょう。

人物試験対策の時間も確保したスケジューリングを

　近年では、論文試験や面接等の人物試験が重要視される傾向にあります。一次試験の直前期に、その先の論文試験や人物試験を見据えて、学習の計画を立てるようにしましょう。人物試験については、自己分析・志望動機の整理・政策研究を行って、しっかり対策しましょう。

社会科学の学習ポイント

　ここでは、社会科学とは何か、ということと、公務員試験における社会科学のポイントについて説明します。

　本格的な学習を始める前に、まずは全体像を確認しておきましょう。

「普遍性」と「変動制」

　社会科学という科目は2つの相反する特色を併せ持っています。まず1つ目は科学としての「普遍性」です。今、世の中は急激に変化をし、そのスピードは加速しています。しかし一方で、変わらない根幹部分も存在します。どんなに表面上の周りの環境が変化しても、本質は過去の同じ現象の繰り返しだったりします。その大前提となる仕組みを科学的に抽出したもの、それが社会科学です。この社会の原則を知っていれば、未知なる出来事にも慌てず冷静に対処することができます。

　しかし、人文科学と異なり、社会科学は対象そのものが「現代の社会」と密接につながっており、我々の生きる社会は日々変化し続けています。内容面では「普遍性」が追究されていますが、試験科目として出題する場合、出題時における社会の様相に大きく影響を受けます。これは時事問題だけでなく、社会科学全体に当てはまります。この2つ目の特色は「変動性」です。社会科学とは遺物を暗記する科目ではなく「変動する生きた科目」なのです。

公務員試験における社会科学のポイント

①分野によって最適のアプローチを！

　社会科学で最も重要なのは「契約」という概念です。社会科学の全ての事象は契約から派生しています。それぞれが「どのような契約か」をしっかり考えてください。まずは第1章の「社会契約」からスタートです。この「社会契約」は単なる学習項目ではなく、これから学ぶ社会科学の最も土台となる考え方となります。現在の世界は、ルソーの唱えた「一般意志の実現」を目標に動いていると言っても良いでしょう。ここは時間をかけてじっくりと理解してください。

　次に、政治や経済、社会事情は机上の知識ではなく、私たちの生活と結び付いた生きた分野です。常に実際の現実世界の出来事を想起し、自分の行動がどう影響・関係するのかをシミュレーションしてみましょう。自分が社会の一員であることを実感しながら学んでください。

　また、世界の情勢を学ぶ国際系分野は、我が国日本と世界の中心アメリカをまず押さえます。アジアは日本と比較、その他の国はアメリカと比較し、共通部分と異なる部分を意識すれば、効率良く最短で理解することができるでしょう。

②良問を用い、幅広い視点で複眼的に学ぼう！

　試験内容の改変により国家一般職・専門職採用試験、裁判所職員採用試験での対策必要性はこれまでより小さくなりましたが、過去のこれらの試験にて出題された問題は良問が多く、他の公務員試験に向けた学習としての有効性が高いため、あえて収録しています。一つの問題に複数の論点が交じる良問を用いることで、様々な視点から同時に学ぶことができ、より実践的な力が付きます。

社会科学の学習計画をチェック！

1 準備期
- 志望先の出題傾向から学習箇所を絞る。
- 「この章で学ぶこと」を通読。

> 安心と好奇心を意図的に想起！全身で船出にワクワクしよう。

2 集中期
- STEP3 を STEP1 で調べながら分析。
- STEP2で重要事項を再確認。

> アウトプットを軸にしたインプットで効率良く記憶を紡ごう。

3 追い込み期
- STEP3を自力で考えて解く。
- 間違えた問題を再度解き直す。

> 間違えた問題を解けるようにしていくだけ。ここは淡々と！

4 総仕上げ期
- STEP1太字用語を自分なりに口頭で説明。
- STEP3選択肢の誤り箇所を指摘。

> 社会科学の達人になったつもりで上から目線で説明してみよう。

きめる！公務員試験シリーズで、合格をきめる！

３ステップ方式で絶対につまずかない！
別冊の解答解説集で効率的に学べる！

数的推理
1,980円（税込）

判断推理
1,980円（税込）

民法Ⅰ
1,980円（税込）

民法Ⅱ
1,980円（税込）

憲法
1,980円（税込）

社会科学
1,980円（税込）

人文科学
1,980円（税込）

自然科学
1,980円（税込）

行政法
1,980円（税込）

資料解釈
1,760円（税込）

（ 2024年 発売予定 ） 文章理解

シリーズ全冊試し読み
「Gakken Book Contents Library」のご案内

1 右のQRコードかURLから「Gakken Book Contents Library」にアクセスしてください。

https://gbc-library.gakken.jp/

2 Gakken IDでログインしてください。Gakken IDをお持ちでない方は新規登録をお願いします。

3 ログイン後、「コンテンツ追加＋」ボタンから下記IDとパスワードを入力してください。

ID	9mvrd
PASS	cfphvps4

4 書籍の登録が完了すると、マイページに試し読み一覧が表示されますので、そこからご覧いただくことができます。

CHAPTER 1

政治原理・選挙

👍 この 章 で 学 ぶ こ と

○ 「契約」として「社会」は成立した

　日本人は、全体の「空気」の中で「世間」の目を気にしながら「恥」とならないように生きがちです。一方で、西欧起点の近代化は、国家と人民との「契約」として「社会」が成立し、そこから逸脱する「罪」を犯さないように生きることを基軸にしています。民衆が「下から突き上げて自然権を奪還した」欧米と、政府が「上から押し拡げて自然権を与えた」日本とでは認識が大きく異なるのですが、この「契約」という概念こそが、これから学ぶ社会科学の土台となります。

○ 「一般意志の実現」に向かう世界

　今、世界はルソーの唱えた「一般意志」の実現に向かって進んでいます。一般意志とは「公共の利益をめざす全人民的意志」のことで、利己的利益をめざす意志を束ねた全体意志とは全く異なります。全員で公共の利益に対する配慮を十分にすれば、私有財産はあっても不平等は除去できるし、全人民が参加する場を作れば、全員に発言機会があり、真の自由と結びつきやすいのです。これまでは物理的に不可能であった直接民主制も、スマートフォンやSNSの発達に伴い、全員が自由に意志を表明できる時代となりました。ルソーの理想とした世界が今、まさに実現されようとしています。

○ 二大政党制を目指して

　日本では一党政権による腐敗や金権政治からの脱却、そして哲学の異なる２つのグループが交代しつつ政権を担う「二大政党制」の実現を目指されました。そして死票は多くなるが得票数１位だけを区の総意とする、アメリカ大統領選挙の選挙人制度と似た特色を持つ小選挙区制が日本でも導入されました。何度か政権交代も実現されましたが野党が分裂し自民党が一強状態になると、周囲の「空気」に同調することの多い傾向から、結果として自民党政権安定の確立に拍車をかけたとも言われています。似た仕組みが、日米で全く逆の結果を生んだ点に注目しましょう。英米では「小さな政府」と「大きな政府」の政策の違いで二大政党に分かれていますが、日本では自民党の派閥別に両政策が内包されており「どちらも自民党」になっていたことも要因として挙げられます。

国家総合職（教養区分）

現代とのつながりを意識させる出題が多い。時事との融合問題として問われることもあるので、現在の社会状況と照合させるように学習しよう。また、行政の基礎となる分野であるため、徹底した理解を心掛けたい。

国家一般職・専門職

令和6年度の採用試験より、知識分野の出題が「自然・人文・社会に関する時事、情報」6題に変更となった。主に併願先の対策を想定して取り組むのが効率的。

地方上級

時事性の強い出題が多い。単なる知識ではなく、背景や意味をしっかり考えることで応用力を身に付けたい。文言のみを覚えようとしてもなかなか頭に入らないため、具体的な出来事を想起しながら仕組みを理解していこう。

裁判所職員

国家一般職・専門職採用試験と同様に裁判所職員採用試験においても、知識分野の出題が時事問題を中心とする6題に変更となった。主に併願先の対策を想定して取り組むのが効率的である。

東京都Ⅰ類

基礎的な理解を確認する出題が多い。政治史の概要や選挙制度の仕組みをしっかりと確認しておこう。単なる知識としてではなく、現実世界の出来事として具体的な事態を想定して学習したい。

特別区Ⅰ類

概念を正しく理解しているかを問う出題が多い。政治思想に関する問題は特に頻出である。具体的な状況よりも仕組みや理念の解釈、各々の違いを対比させながら捉える学習が効果的である。

市役所

基礎的な事項の出題となっている。背景の深いところまで踏み込む必要はないが、行政を司る公務員として「現在」の状況を意識しながら学習しよう。

警察・消防

細かい内容よりもまずは重要事項を確認しよう。難問は出題されないため、わかる範囲、興味のある範囲を確実に押さえ、点数の取れるところに絞る戦略が有効である。

政治原理

STEP 1 要点を覚えよう！

POINT 1 社会契約説

絶対王政期の政治理念は神の意志に支配の正当性を認める王権神授説だったが、市民革命期には市民の自発的合意に求める**社会契約説**が唱えられた。これは神が選んだ王の一方的な権力行使と支配に代わる、市民の自発的契約に基づく政治理念である。社会契約の具現化として、政府は各人の自然権を保護する代わりに「他者の自然権を害す自由」を制限するとした。ホッブズ、ロック、ルソーは想定する自然状態（政府成立前の人々の状態）の違いから異なる社会契約の形態を思考し、理想の政体にも違いが生じた。

POINT 2 ホッブズの思想

ホッブズは、王権神授説に代わる社会契約説を唱えた。主著『リバイアサン』では、人間は生まれながらに自然権をもつが、各人の自然権の主張に対立が生じ、政府成立以前の自然状態では**万人の万人に対する闘争**を生み出すとした。

社会契約を貫徹し自然権を守るには、社会契約に基づき自由を国家に委譲・譲渡（≒放棄）して国家に従う、抵抗権なき服従関係を必要とした。ホッブズは自然権を守り平和を獲得するのに国家≒王への服従を重要視したが、これは絶対王政の擁護にもつながった。一方、英米法ではブラクトンの「国王は何人の下にも立つことはないが、神と法の下には立たなければならない」の法諺に表れる、法の支配が強調された。

POINT 3 ロックの思想

主著『統治二論（市民政府二論）』におけるロックの自然状態はホッブズと異なる。ロックの自然状態では、基本的に市民は平和に共存していた。しかし、社会規模が拡大し、異なる価値観の人々が共存するようになると、紛争が多発すると考えた。ロックは、生命・財産・自由といった自然権の一部を保障するため、権力主体である政府へ各人が自由の一部を委託、信託（≠放棄）することを主張した。ただし、その政府への委託が市民の利益に反しないよう、**間接民主制**による政府の抑制を唱え、政府が自然権を侵害する場合は委託を取り消せる**革命権**や**抵抗権**が残るとした。

POINT 4 ルソーの思想

『社会契約論』や『人間不平等起源論』を著したルソーの考える自然状態は、孤

立して生きる人々が作る、未開だが自由で平等な社会だった。しかし社会の発展（特に私有財産制）とともに人間の悪徳（隷属や貧富の差）が入り込み、人間は不平等を自ら作り上げていった。そのため、自然状態に戻るだけではかつての理想状態には戻らないと考え、理想的だった自然状態に帰るには、人々のもつ高い公共意識である**一般意志**を実現可能な主体、すなわち国家との社会契約が必要であると主張した。ルソーは理想的な一般意志は、選挙に基づく間接民主制での全体意志では求められないとして、人民主権の直接民主制、人民主義を理想とした。ルソーの思想はフランス革命を正当化し、後にトマス・ペインは『コモンセンス』で社会契約を憲法制定権と捉えなおしてアメリカ合衆国の独立を支持した。

先ず社会契約とは何かを押さえてね。そこでの**自然状態の捉え方**で、社会契約の形態も異なってくるの。ホッブズ、ロック、ルソーの思想は、著書名を含め違いをしっかり理解しよう！

POINT 5　モンテスキューの思想

主著『法の精神』でモンテスキューは、ロックの立法権、執行権／同盟権の権力分立（二権分立）を更に発展させた。社会契約によって市民の自由を委託された国家・政府が過度に自由を抑制しないようにするため、**立法権**、**行政権**、**司法権**の**三権分立**による**相互抑制**の必要性を説いた。君主政でも自由を保障する立憲君主制もあれば、共和政でも自由が侵害される危険性もあり、自由の保障には三権が全く同じ力をもつ必要はないものの、権力分立が必要だとした。

権力分立は、社会契約の執行を委託された政府が暴走しないために考案されたんだ。ロックとモンテスキューの違いを理解してね。

POINT 6　自由主義の思想

神の見えざる手を『国富論（諸国民の富）』で説いた**アダム＝スミス**は、自由の供出を唱える社会契約説を批判した。スミスは経済や社会への政府の介入を最小化することこそ富の増大や個人の自然権擁護につながるとして、最小国家を理想とした。20世紀になると、失業や貧困等の様々な社会問題を解決するために、ケインズ型経済政策や累進課税などで政府が経済や福祉に積極介入する、福祉国家や大きな政府が主となる。だが、その弊害が現れると市場志向型の小さな政府論が先進諸国に復活し、我が国も1980年代以降、新自由主義的改革を幾度も試みている。

最大多数の最大幸福を目指すJ.ベンサムの功利主義を批判的に継承した『自由論』の著者**J.S.ミル**は、自然権の中でも特に自由を重視した。少数派の自由が多数派の専横に抑圧されないよう、普通選挙をベースに国民が議会選挙を通じて、間接民主主義による政治参加を行う必要性を説いた。

CHAPTER 1

政治原理・選挙

1

政治原理

1 ロックは、政府とは国民が自然権を守るために代表者に政治権力を信託したものだから、政府が自然権を侵害した場合、国民には抵抗権（革命権）が生じるとした。ルソーは、ロックの唱えた権力分立制を修正し、国家権力を立法権・行政権・司法権の三権に分離し、相互の抑制と均衡の必要性を説いた。

✕　前半部分のロックについての説明は正しい。ロックの唱えた立法府中心の権力分立（二権分立）を修正し、立法権・行政権・司法権の三権分立と相互抑制による均衡を唱えたのはモンテスキューなのでここが誤り。

2 『国富論』を著した経済学者アダム＝スミスは、個人の経済的自由の範囲を広くし、政府の干渉をできる限り小さくすることが、諸個人が生まれもつ「自然権」を守る上で重要であると説いた。スミスが理想とする国家は最小国家と呼ばれた。

○　個人の自然権を守るために国家への自由の移転を説く社会契約に対し、18世紀イギリスの経済学者アダム＝スミスは、古典的自由主義の立場から、個人の自然権の擁護には、国家機能を国防や外交、治安維持といった必要最低限の機能に限定すること、即ち最小国家が理想的とした。後にラッサールはこれを夜警国家と批判した。

3 英米法では「法の支配」を重視する。法の支配を体現する「国王は何人の下にも立つことはないが、神と法の下には立たなければならない」との法諺を唱えたのは、ブラクトンである。

○　租税法律主義や罪刑法定主義のように、法律の形式で支配や行政を正当化する大陸的「法治主義」と異なり、英米法では立憲主義に代表されるようにいかなる権力者も法に従うという「法の支配」が優先される。その代表がブラクトンのこの言で、後にコークはこれをコモンローとして理論化した。

4 『自由論』を著したJ.S.ミルは、最大多数の最大幸福を唱えるベンサムの功利主義を批判的に継承し、少数派の専横から多数派の自由を守る重要性を説いた。また、直接民主制を実現すれば国民の全般的な精神的発展、公共精神を陶冶できると主張した。

× 快楽の最大化と苦痛の極小化により社会の快楽の総量増加を目指すベンサムの功利主義は、個々の快楽を等価値と考えることで最大多数の最大幸福を求めたので、ここまでは正しい。しかしJ.S.ミルは個々の快楽に質的差異を認め、多数派の専横による少数派の自由の蹂躙をおそれた。またミルは、国民の成長を可能にする理想的政体として間接民主制を支持した。

5 20世紀には失業や貧困等の様々な社会問題を解決する「大きな政府」への期待が高まった。多くの先進国では、ケインズ型の経済政策が採り入れられるようになった。所得の再分配を目的とした逆進課税制度は、「大きな政府」に特徴的な税制である。

× 資本主義進展による産業構造転換や都市化による相互扶助体制の崩壊、景気循環による不況などで多くの問題が社会化し、それを解決可能な大きな政府、福祉国家が求められた。ケインズ以降、経済政策と福祉政策が連関しだすと、更に政府の福祉的再配分機能が求められるが、その手段の一つに、所得の高いものの負担率が高まる累進課税がある。

過去問にチャレンジ！

問題 1

国家専門職（2007 年度）

政治思想に関する記述として最も妥当なのはどれか。

1 アダム＝スミスは、神の「見えざる手」によって統治権が国王に委任されているとする、王権神授説を唱えた。この理論に目をとめたヘンリ8世によって英国に招かれると、英国の経済制度をモデルとして『国富論（諸国民の富）』を著した。

2 ホッブズは『リバイアサン』の中で、自然状態では「万人の、万人に対する闘争」が生じるので、生存のために人は自然権を国家に委譲しているとする、社会契約説を唱えた。この理論は社会契約説の先駆となったが、結果的に君主による絶対的な支配を容認した。

3 ロックは『市民政府二論（統治二論）』の中で、国家権力による権利の侵害を防止するために、国家権力のうち立法権、行政権及び司法権の三権は分離されるべきとする、三権分立論を唱えた。この三権分立論は、英国の名誉革命に多大な影響を与えた。

4 ベヴァリッジは、『ベヴァリッジ報告』の中で、国家は国民に対し「ゆりかごから墓場まで」最低限度の生活を保障するべきとする、福祉国家論を唱えた。この報告の影響を受けて英国ではチャーティスト運動が盛り上がり、ドイツではワイマール憲法が制定された。

5 マルクスは『共産党宣言』の中で、私有財産を否定する空想的社会主義を唱えた。この理論を『資本論』で科学的な社会主義に発展させると、エンゲルスとともにロシア革命を指導し、ソビエト連邦を成立させた。

➡解答・解説は別冊 P.002

問題 2

ホッブズ又はルソーの思想に関する記述として、妥当なのはどれか。

1 ホッブズは、国家の権力を立法・行政・司法の三つに分け、それぞれを異なる機関で運用させ、相互の抑制と均衡を図るべきだとする三権分立論を唱えた。

2 ホッブズは、人間は自然状態では「万人の万人に対する闘争」となるので、各人は、契約により議会に自然権を委譲して秩序を維持する必要があるとし、国王の絶対主義を否定した。

3 ホッブズは、『法の精神』を著し、「国王は何人の下にも立つことはないが、神と法の下には立たなければならない」という言葉を引用し、法の支配を主張した。

4 ルソーは、人民主義を論じ、議会を通した間接民主制を否定して、全人民が直接政治に参加する直接民主制を理想の政治体制とした。

5 ルソーは、『市民政府二論』を著し、人々は自然権を守るために、契約により国家をつくったのであり、政府が自然権を侵害するようなことがあれば、人々はこれに抵抗し、政府を変更することができる権利を持つとした。

➡解答・解説は別冊 P.002

1

政治原理

問題3

モンテスキューの思想に関する記述として、妥当なのはどれか。

1 モンテスキューは、『リバイアサン』の中で、人間は自然状態のもとでは「万人の万人に対する闘争」を生み出すので、各人は、契約により主権者に自然権を譲渡して、その権力に従うべきだとした。

2 モンテスキューは、『統治二論』の中で、政府とは国民が自然権を守るために、代表者に政治権力を信託したものであるから、政府が自然権を侵害した場合、国民には抵抗権が生じるとした。

3 モンテスキューは、『法の精神』の中で、国家の権力を立法・行政・司法の3つに分け、それぞれを異なる機関で運用させ、相互の抑制と均衡を図る三権分立制を唱えた。

4 モンテスキューは、『社会契約論』の中で、個々人の間での契約によって1つの共同体をつくり、公共の利益の実現をめざす一般意志を人民が担うことによって、本当の自由と平等が実現できるとする人民主義論を唱えた。

5 モンテスキューは、『諸国民の富』の中で、国家は国民が自由に活動するための条件を整備すればよく、国家の任務は国防や治安の維持など、必要最小限のものに限るという自由放任主義の国家を夜警国家と呼んで批判した。

➡解答・解説は別冊 P.003

STEP 3

過去問にチャレンジ！

問題 4

裁判所職員（2013年度）

民主政治に関する次の説明文中のA～Cの空欄に入る語句の組合せとして最も適当なのはどれか。

18世紀フランスで活躍した思想家J.J.ルソーは、人民主権の理論を定式化し、民主政治を理論的に正当化した。彼の社会契約説は、共同体を設立したのちは私的利益とは区別される公共の利益としての（　A　）に従うことを求めるものであった。社会契約の考えはトマス・ペインによって（　B　）と捉え直され、代表制民主政治を現出させた。19世紀になると功利主義の立場に立つベンサムらから選挙権の拡大を求める動きがあり、J.S.ミルなどによる普通選挙の実現要求へとつながった。もっとも、ミルは（　C　）の意義を説きながらも、大衆が十分な能力を備えるまでは知識人に複数の票を与えるべきと主張するなど、知的エリートの役割も重視した。

	A	B	C
1.	一般意志	憲法制定権	政治参加
2.	一般意志	課税決定権	国民投票
3.	国家意志	憲法制定権	政治参加
4.	国家意志	憲法制定権	国民投票
5.	国家意志	課税決定権	政治参加

➡解答・解説は別冊P.003

政治団体・選挙

STEP 1 要点を覚えよう！

POINT 1 政党と圧力団体

（1）政党の変遷

立法国家での政府は国家機能が少ない**小さな政府**であり、三権の中では立法府が最も力を持っていた。そこで議会内組織として**政党**が成立、発展した。その後、市民社会が強くなって参政権が拡大するにつれ、政党は従来の貴族政党から名望家政党へと変わり、20世紀以降は普通選挙導入と大衆社会到来によって大衆政党化した。

（2）行政国家化

資本主義進展で社会が豊かになると、社会問題が拡大・高度化・複雑化して困難な行政需要が激増した。小さな政府ではこれに十分に対応できず、法律は行政の大綱を定めるだけになる。具体的事項は委任立法として専門的知識や技術・情報を有する官僚が作成するようになり、行政府へ権力が集中する**行政国家**化が進んだ。

それに伴い、従来の政党を通じた立法府への影響力行使に加え、行政府に直接働きかける**圧力団体**が誕生、伸長した。特に変換型議会のアメリカでは、個々の議員に働きかけて議員立法により利益実現を図る政治活動が盛んである。

（3）政党と圧力団体の違い

	目標	機能	政策
政党	基本的に選挙に勝って**政権奪取** 国民の幅広い公益の実現	①広い国民の声の利益集約 ②広い国民の声の利益表出	包括的 弾力的
圧力団体	個別特殊利益の増進、実現 選挙以外にも手段は多数	個別特殊利益の利益表出	限定的 固定的

政党と圧力団体は**似ているが別物**である。どちらも利益表出を大きな機能とするが、議会を軸に選挙による政権獲得を目指す政党は、公益に適う幅広い層の利益表出を目指すと同時に、多様な国民の声の利益集約も重要な機能である。政党の政策は多くの国民に及ぶ広く浅い包括的なもので、合意獲得のためにも弾力的に変化する。

一方で圧力団体は構成員だけの特殊利益の実現を目指す。その政策は狭く厚い限定的、固定的なものとなることも多い。圧力団体の盛んなアメリカでは、非議

員の**ロビイスト**（元政治家、元官僚、弁護士、ジャーナリストといったエリートが多い）が議会外で政府や政党、特に個々の政治家に影響力を行使し、特殊利益の実現を図っている。

POINT 2 　自民党政権史

（1）55年体制以前

　GHQ占領下で日本自由党総裁に就任した吉田茂は官僚出身で、政党政治家ではなかったために党人脈に乏しかった。そこで自分の意を介する官僚出身者を議員や閣僚に多数抜擢し、**官僚政治**の礎を築いた。これを吉田学校という。

　吉田はサンフランシスコ平和条約では共産圏を含む全面講和を退け、西側陣営との**単独講和**を選択して早期独立を果たした。同時に単独で日米安全保障条約にも署名し、軍事面ではアメリカの庇護下にとどまり大国化を目指さず、国力を経済に注力させた。軍事大国ではなく経済大国を目指す吉田ドクトリンは現在も継承されている。

（2）55年体制

　戦時体制下で解散させられた無産政党が戦後には復活し、日本社会党や日本共産党などが多くの議席を得た。1955年10月に分裂していた**日本社会党**が**左右再統一**を果たすと、本格的な社会主義政権の樹立を阻止したい自由党、日本民主党の両党が11月に**保守合同**して**自由民主党**を結成した。以降、1993年に非自民連立政権として細川護熙内閣が成立するまで、自民党のほぼ単独政権と社会党の第一野党が続く政治体制を、両党の設立年の1955年に因んで**55年体制**と呼ぶ。野党を全て合わせても自民党に及ばない、一つの強力な与党と弱い多数の野党からなる政党制は「1 1/2政党制」と呼ばれた。

◆55年体制における主な内閣総理大臣

首相名	就任年	成果	その他事項
吉田茂	1945	サンフランシスコ平和条約日米安保、警察予備隊	吉田学校、官僚政治、吉田ドクトリン
鳩山一郎	1954	日ソ共同宣言	自民党初代内閣総理大臣、55年体制開始
岸信介	1957	日米安保改定	A級戦犯被疑者（不起訴）
池田勇人	1960	所得倍増計画	吉田学校、癌で辞職、9か月後に逝去
佐藤栄作	1964	沖縄返還、非核三原則でノーベル平和賞	吉田学校、首相連続在任日数記録2位（1位は安倍晋三）
田中角栄	1972	日中共同声明、列島改造	吉田学校、ロッキード事件
中曽根康弘	1982	三公社五現業*民営化など第二臨調の行政改革	新保守主義、新自由主義
竹下登	1987	消費税導入	リクルート事件
宮澤喜一	1991	PKO協力法成立	55年体制最後の自民党首相

＊　**三公社五現業**…日本国有鉄道（国鉄）・日本電信電話公社・日本専売公社の三公社と、郵政・国有林野・印刷・造幣・アルコール専売の五現業のこと。

要点を覚えよう！

POINT 3 選挙制度（小選挙区制、比例代表制）

（1）選挙区制

　選挙区制では、地域的な区割り（選挙区）ごとに、候補者個人名で投票する。**小選挙区制**と**大選挙区制**に区分されるが、大小は面積ではなく1選挙区当たりの定数による。選挙区の定数が1名の選挙制度を小選挙区制、2名以上の選挙制度を大選挙区制という。なお、旧衆議院選挙や都市部の参議院選挙で用いられる定数2〜6（主に3〜5）人のものを慣例上**中選挙区制**と呼ぶが、定義上は大選挙区制である。

　小選挙区制は選挙区から1人しか当選しないため、有権者には分かりやすい。50.1％ vs 49.9％でも勝敗が決するので大量の死票（非当選者に投じられた票）が発生し、**少数者の意見が反映されにくい**。しかし政権交代可能な二大政党制につながり、勝敗が大きく分かれるため**改革可能な強力政権が生まれやすい**。また一般的に選挙区が狭くなり、政策本位の選挙になるために選挙費用が高くならない。

　大選挙区制は死票が少なく、少数意見を汲み取れる。しかし小党乱立に陥りやすく、政権が不安定で大きな改革が困難になる。選挙区が大きくなり、政策より知名度やサービス勝負になるため選挙費用が高額になる問題もある。

	定数	メリット	デメリット
小選挙区制	1人	政権交代が容易、二大政党制 改革可能な強い政権が誕生	死票が多い 過剰代表の危険性
中選挙区制（大選挙区2〜6人の一部）	2〜6人	少数者の意見を反映 第三極が生まれる余地	政策論争にならない 金権選挙のおそれ
大選挙区制	2人以上	少数者の意見を大いに反映 死票が少ない	小党乱立、政権不安定化 改革可能な強い政権が困難

（2）比例代表制

　比例代表制では主に政党名で投票する。大選挙区以上に少数者の意見を丁寧に反映し、死票も少ないために小政党にも有利だが、多党制、連立政権につながりやすいので大きな改革はし難い。政党が決めた名簿順に当選が決まる**拘束名簿式**と、その政党内での個人名の得票順に当選が決まる**非拘束名簿式**がある。

（3）その他の選挙制度

　中選挙区時代の金権選挙の反省から、1994年に小選挙区制が導入され、政治資金規正法によって**政治家個人への献金が禁止**、寄付先は政党や資金管理団体に制限された。

　また2016年には有権者が**18歳以上に拡大**され選挙運動も許可された。**不在者投票**＊や**期日前投票**の制度も緩和され、2016年からは選挙当日でも居住地の投票所以外の投票所で投票できる**共通投票所**が一部で導入されている。

＊　**不在者投票**…仕事や旅行などを理由に、選挙期日または期日前投票の投票所で投票できない人が、期日前に投票する制度。

選挙制度では選挙区と比例区の違い、各選挙区制の**長所短所**は頻出だよ。また直近の制度改正から出題されることも多いので、ニュースをチェックしてね。

POINT 4　衆議院と参議院の議員選挙の違い

（1）選挙区の違い（重複立候補）

衆議院は全国289の定数1の小選挙区、参議院は原則として都道府県単位（定数2〜12で、3年ごとに半数を改選）の選挙区で選ばれる。衆議院では選挙区と比例区の重複立候補が可能だが、参議院ではできない。

（2）比例区の違い（名簿方式）

当初の**参議院**の比例代表制は拘束名簿式で、政党名でしか投票できず、当選者は各党作成の候補者名簿順に決定された。2001年に非拘束名簿式を導入し、候補者名での投票も可能になった。政党名、個人名の合計票数で各党の獲得議席数を決定し、候補者名での獲得票数に応じて各党の当選者を決定するが、2019年から特定枠が加わり拘束名簿式の要素と混在することになった。

衆議院比例区は政党名のみで投票可能で、全国11ブロックごとに集計し各党の獲得議席を決定する。拘束名簿式で各政党の候補者名簿順に当選者を決定するが、重複立候補している候補者は名簿の同一順位に掲載することが可能であるため、重複立候補者を同一順位に並べるのが一般的である。同一順位に並べられた重複立候補者は、選挙区の惜敗率*の順に当選者が決められるが、有効投票数の10%未満では無効となる。

（3）一票の格差

選挙区の議員定数1人当たりの有権者数で、一票の価値が異なる状態を一票の格差という。都道府県に最低1議席を配する参議院では格差が大きく、1992年選挙の6.59倍で最高裁が初めて違憲状態とする判決を下して以降は、定数是正の取り組みが続き、近年は合同選挙区（合区）となっている選挙区（**島根と鳥取、高知と徳島**）もみられる。衆議院では1972年選挙の4.99倍で最高裁が違憲判決を下し、以降も同様の判決が続いた。格差は小選挙区導入で小さくなったが、2009年に2.3倍で再度違憲状態とされたために区割り変更による定数是正が図られている。

		選挙区毎の定数	事項
衆議院	選挙区	1人：小選挙区制（289人）	重複立候補→あり
	比例区	8〜28人（合計176人）：全国11ブロック制	拘束名簿式→政党名のみで投票
参議院	選挙区	1〜6人（半数改選時、合計74人）：人口による小-中選挙区制	重複立候補→なし
	比例区	50人（半数改選時）：全国1区	非拘束名簿式→政党名あるいは個人名で投票

*　**惜敗率**…本人の獲得投票数を当選者の得票数で割ったもの。

1 政党は国民各層の諸利益を調整し、広範な国民支持獲得のために包括的で弾力的な政策を推進して、政権獲得／維持と公益実現を目的とする。一方、圧力団体は己の特殊利益達成を目的とするため利益表出機能中心である。また己の特殊利益追求が第一義のために政策は限定的、固定的となる。

○　圧力団体とは、公共政策に影響力を及ぼすための私的団体で、個々の団体の特殊利益擁護・増進のために議会や政府に働きかけて政策決定に影響力を及ぼそうとする。政党も同様に私的団体だったが、政党助成法の成立で公的色彩も帯びるようになった。このように、政党と圧力団体は目的や手段などで大きく異なる。

2 投票率を向上させるため、2016年には選挙当日でも居住地の投票所以外の投票所で投票できる共通投票所の設置が認められ、一部の自治体で導入された。

○　投票率低下対策として、投票時間の延長や期日前投票、不在者投票の拡充に加え、選挙当日でも居住地以外での投票所で投票できる共通投票所が2016年から認められた。共通投票所の設置は、函館市、平川市、高森町等で実施されている。

3 小選挙区制は、有権者が候補者を理解しやすい長所があるが、小党分立の不安定政権が生まれやすい、死票が多い、多額の選挙費用が必要などの短所ももつ。2001年の衆議院選挙で、比例代表区には政党名の他に候補者名でも投票可能で、得票順に政党内の当選者が決まる拘束名簿式に改められた。

×　強力な安定政権が生まれやすく、選挙費用も多額にならないのが小選挙区制の長所である。また、2001（平成13）年の選挙から候補者名でも投票可能になったのは参議院で、得票順に当選者が決まるのは非拘束名簿式である。

4 「一票の格差」とは、選挙区ごとの議員定数1人当たりの有権者数に格差が生じ、一票の価値が選挙区で異なっている状態をいう。参議院議員選挙では最高裁判所が違憲又は違憲状態と判示したが、衆議院議員選挙において明示されたことはない。

× 参議院では1992（平成4）年に6.59倍で初めて違憲状態とする判決が出された。衆議院では1972（昭和47）年に4.99倍で違憲判決が出されたが、小選挙区導入後は3倍以内に収まり合憲判決が続いた。しかし、2009（平成21）年に2.3倍でも違憲状態とされると、その後は三連続で違憲状態判決が出された。

5 衆議院選挙は、全国289の小選挙区選挙と全国11ブロックでの拘束名簿式比例代表制で行われる。選挙区間の議員1人当たり有権者数に格差があると一票の価値が不平等になるという問題がある。

○ 一票の格差の是正は衆参両院選挙の課題だが、参議院の方が都道府県の枠があるために最大格差は大きくなりやすい。2016（平成28）年より合区を導入したが、それでも参議院の最大格差は衆議院の格差よりも大きい。

6 参議院議員通常選挙は3年ごとに実施され、議員の半数が改選される。参議院の選挙制度は、基本的に都道府県を単位とする選挙区選挙と、非拘束名簿式比例代表制からなる。

○ 参議院議員任期は6年だが、衆参同日選での現職国会議員不在を防ぐために3年ごとに半数ずつ改選される。都道府県には最小で2、最大の東京には12議席が与えられていたが、2016（平成28）年より合区が導入されて45選挙区となった。選挙区定数は148議席、比例区は100議席である。2019（令和元）年より比例に特定枠が設けられ、一部で拘束名簿式の性格も含むようになった。

過去問にチャレンジ！

問題1

国家一般職（2013年度）

政治や行政に関する記述として最も妥当なのはどれか。

1 現代の国家は、国の政策分野の拡大などを背景に、議会中心の「立法国家」から「行政国家」へと変化している。行政国家の下では、議会の制定する法律は行政の大綱を定めるにとどめ、具体的な事柄は委任立法として行政府に任される傾向が強まっている。

2 行政委員会の制度は、行政府から独立した機関を立法府の下に設置することによって、行政府の活動の適正さを確保しようとするものである。我が国では、決算行政監視委員会や公正取引委員会がそれに当たる。

3 圧力団体は、政府や行政官庁などに圧力をかけ、集団の固有の利益を追求・実現しようとする団体であり、政党や労働団体がその例である。そして、圧力団体の利益のために政策決定過程で影響力を行使する議員がロビイストであり、我が国ではロビイストは族議員とも呼ばれる。

4 比例代表制は、各政党の得票数に応じて議席数を配分する選挙方法である。この方法は、小選挙区制と比べ、大政党に有利で、死票が多くなる欠点をもつが、二大政党制をもたらすことによって、有権者に政権を担当する政党を選択する機会を与える。

5 我が国の政治資金規正法は、企業から政党への献金を禁止する一方、企業から政治家個人への寄付を促すことで、政治資金の調達の透明性を高めている。また、同法では、政党に対する国庫補助制度を導入し、政治資金に関する民主的統制の強化を図っている。

→**解答・解説は別冊 P.004**

問題2　　　　　　　　　　　　　　　　　　　　東京都Ⅰ類・改題（2021年度）

我が国の戦後政治史に関する記述として最も妥当なのはどれか。

1　第二次世界大戦後、日本自由党に加え、日本社会党や日本共産党が誕生・再生するなど、政党政治が復活した。その後、一旦分裂していた日本社会党が統一され、日本自由党と民主党が合同して自由民主党（自民党）が結成されたことで、本格的な二大政党制の時代を迎えた。これが55年間続いたことから、55年体制と呼ばれる。

2　1970年代前半に就任した田中角栄首相は、消費税の導入や日中国交正常化など、国内外において大きな改革を実現させた。その一方で、金権政治に伴う構造汚職事件が発覚し、政治家への未公開株の譲渡が問題となったリクルート事件で逮捕され、国民の政治不信が強まった。

3　中曽根康弘首相は、行政改革を進め、電電公社・日本専売公社の民営化や国鉄の分割民営化を実施し、民間経営による効率の向上を目指した。

4　21世紀に入り、選挙制度に関する様々な改正が行われた。例えば、在外選挙制度では、衆議院議員選挙に限って投票が認められるようになり、また、東日本大震災が発生した年には、選挙権年齢が18歳に引き下げられるなど、幅広い層の民意が反映されるようになった。

5　2010年代前半、民主党政権後に政権交代が起こり、安倍晋三自民党総裁が首相に就任した。安倍首相は、補助金の削減、地方分権、成長戦略の三本の矢から成る経済政策「アベノミクス」に力を注ぐとともに、外交を重視して安定した長期政権を築き、桂太郎に次ぐ連続在任日数を記録した。

➡解答・解説は別冊 P.004

問題3

裁判所職員（2022年度）

選挙制度に関する記述として最も妥当なものはどれか。

1 小選挙区制と大選挙区制を比較すると、小選挙区制のほうが死票が少なく、少数意見を反映しやすいという長所がある。

2 大選挙区制とは、一般に、二大政党制を生みやすく、強い与党が生まれ政局が安定するという長所がある。

3 比例代表制は、死票が少なく多様な民意を反映できるが、小党分立や政治の停滞を生み出す傾向がある。

4 現在の日本の国政選挙では、衆議院議員選挙でも参議院議員選挙でも、選挙区制の当選者より比例代表制の当選者のほうが多い。

5 現在の日本の国政選挙では、仕事や旅行を理由として不在者投票が認められており、有権者は事前に申請すれば選挙当日にどの投票所でも投票できる。

➡解答・解説は別冊 P.005

CHAPTER

日本国憲法

この章で学ぶこと

衆議院と参議院の役割

　政治は主権者たる国民の民意を代弁します。よって、衆議院議員の任期は短く、時には解散をして民意を問う仕組みとなっています。若い人の意見も届けられるよう、被選挙権の年齢も低くなっています。衆議院の衆は「民衆の衆」です。「民意のアクセル」として、世論に合致した議員が求められ、より民意を反映した衆議院の優越が導かれます。しかし、民衆は万能ではありません。その時は盛り上がっていたが、後で考えるとやらない方が良かった、ということもあり得ます。そこで「過剰民意へのブレーキ」の役割を担うのが参議院です。役割は「ブレーキ」であるので、任期は長く、地位は保障され、被選挙権もある程度の経験を積んだ年齢から、となります。参議院は別名「良識の府」とも呼ばれ、民意政治を少し高い位置から俯瞰的に「参与する」役割を担っています。

国家からの自由

　一口に人権と言っても、そこには変遷があります。昔は当然のように国家（国王）は国民を酷使していました。何をするにも国家が介入し、自由が制限されていました。そこで市民革命によって、国家に制約されない「国家からの自由」を勝ち取りました。当時は最低限の治安維持や国防など夜警国家の役割のみあればよく、自由が何よりも重要とされました。機会さえ形式的に平等に与えれば、それで平等であり、全員が同じスタート地点に立って、後は己の才覚で競争する自由が保障されました。

国家による自由

　しかし、上位の何人かのみ賞金が与えられる徒競走をイメージして下さい。クラス全員が同じスタート地点で競走をしたら、何度やっても上位は陸上部が占め、賞金は独占されます。一方で、足の不自由な人は上手く競技をすることすらできません。機会のみ平等で、自由競争を促進した結果、世界の富の8割が人口の2割の富豪に集中し、世界の富のたった2割を残りの8割の人で分かち合う、歪な状況が生じてしまいました。そこで形式的な機会だけでなく、福祉国家として条件を相対的に平等に是正していくべきだとして、積極的に弱者を保護する「国家による自由」として社会権が生まれました。

国家総合職（教養区分）

　行政を担う職の前提として、日本国憲法に関しては当然に熟知していることが求められる。深い内容に踏み込んだ出題や、分野を横断した総合問題として出題されることも多い。単発的に覚えるのではなく、関連事項と絡め学習しよう。

国家一般職・専門職

　令和6年度の採用試験より、知識分野の出題が「自然・人文・社会に関する時事、情報」6題に変更となった。主に併願先の対策を想定して取り組むのが効率的。

地方上級

　全体から幅広く出題されるが、時事との関連問題も多い。出題される個所は比較的固定されているので、問題演習を中心に頻出事項を押さえよう。

裁判所職員

　国家一般職・専門職採用試験と同様に裁判所職員採用試験においても、知識分野の出題が時事問題を中心とする6題に変更となった。主に併願先の対策を想定して取り組むのが効率的である。

東京都Ⅰ類

　時事と関連した問題や、やや応用の事項が問われることが多い。基礎事項のみに留まらず、派生的内容、補足的事項も漏らさずに押さえておこう。但し、全てを暗記する必要はなく、消去法などを駆使して正答を選べる程度の理解で良い。

特別区Ⅰ類

　特別区は具体的事例よりも概念の理解を聞く問題が多く、日本国憲法に関しても、条文の空所補充など、条文に忠実な出題が中心である。どの分野も頻出であるため、得点源になるよう優先的に学習したい。

市役所

　全体的に出題されているが、特に地方自治や基本的人権の出題が多い。意味もわからずに用語だけ覚えても得点に結び付かないので、理解できるところからゆっくりと広げていく姿勢が望ましい。

警察・消防

　興味の湧くところから基本を押さえ、問題演習で不足する部分を補おう。統治機構は難しい概念を含むため、身近な基本的人権から取り組むのが有効である。

1 国会・内閣

STEP 1 要点を覚えよう！

POINT 1 衆議院の優越

衆議院には**参議院と比べて**優越的な権限が認められているよ。

（1）予算

予算は、先に衆議院に提出しなければならない（憲法60条1項）。なお、**予算**についてのみ**先議権**が認められている。

参議院が衆議院の可決した予算を受け取った後、国会休会中の期間を除いて**30日以内**に議決しないときは、**衆議院の議決が国会の議決**となる（憲法60条2項後段）。

また、参議院で衆議院と異なった議決をした場合に、両院協議会を開いても意見が一致しないときは、**衆議院の議決が国会の議決**となる（憲法60条2項前段）。

（2）法律案

法律案は、憲法に特別の定のある場合を除いては、**両議院で可決**したとき法律となる（憲法59条1項）。衆議院で可決し、参議院でこれと異なった議決をした法律案は、衆議院で**出席議員の3分の2以上の多数で再び可決**したとき、法律となる（憲法59条2項）。法律案の議決につき、衆参で議決が異なっても両院協議会を開催する必要はないが、両院協議会による解決も選択できる（憲法59条3項）。

参議院が衆議院の可決した法律案を受け取った後、国会休会中の期間を除いて**60日以内**に議決しないときは、衆議院は、**参議院がその法律案を否決したものとみなすことができる**（憲法59条4項）。

（3）条約

条約の締結に必要な国会の承認について、参議院で衆議院と異なった議決をし、法律の定めるところにより両院協議会を開いても意見が一致しないときは、**衆議院の議決が国会の議決**となる（憲法61条・60条2項）。

（4）内閣総理大臣の指名

内閣総理大臣は、国会議員の中から国会の議決で指名され、他の全ての案件に

先だって行われる（憲法67条1項）。

　衆議院と参議院とが異なった指名の議決をした場合は、法律の定めるところにより、①両院協議会を開いても意見が一致しないとき、又は②衆議院が指名の議決をした後国会休会中の期間を除いて**10日以内**に参議院が指名の議決をしないときは、**衆議院の議決が国会の議決**となる（憲法67条2項前段）。

（5）内閣不信任決議（信任決議案の否決）

　衆議院は、内閣の不信任の決議案を可決又は信任の決議案を否決することができる（憲法69条前段）。

　衆議院で内閣不信任決議がなされると、内閣は**10日以内**に、①その内閣不信任決議を受けて**内閣自身が総辞職**をするか、②その内閣不信任決議に対抗して**衆議院を解散**させるか、どちらかの**判断をしなければならない**。衆議院を解散させた場合は、その後に衆議院総選挙が行われ、新しい内閣総理大臣が指名されて新内閣が発足し、旧内閣は**総辞職**することになる。

　なお、参議院は内閣に対して**問責決議案**を可決することができるが、これには**法的拘束力はなく**、内閣は可決されたとしても総辞職をする必要がない。

> **ここで**きめる！ ▶ **衆議院の優越による結果**
>
> **予算**→衆議院の議決が国会の議決となる
> **法律**→衆議院が出席議員の3分の2以上で再び可決した場合、衆議院の議決が国会の議決となる
> **条約**→衆議院の議決が国会の議決となる
> **内閣総理大臣の指名**→衆議院の議決が国会の議決となり、衆議院で指名された人が内閣総理大臣となる

POINT 2　国会議員

（1）国会議員の特権
①不逮捕特権

　憲法50条において、両議院の議員は、法律の定める場合を除いては**国会の会期中逮捕されず**、会期前に逮捕された議員は、その**議院の要求があれば会期中これを釈放**しなければならないと規定されており、不逮捕特権が保障されている。

　「法律の定める場合」とは、国会法33条によって規定されており、①**院外での現行犯逮捕の場合**と②**議院の許諾がある場合**である。このような場合には、議員を逮捕することができる。
②免責特権

　憲法51条において、両議院の議員は、議院で行った演説、討論又は表決について、院外で責任を問われないと規定されており、免責特権が保障されている。

　この特権は、**両議院の議員（国会議員）のみ**に認められている。これは、院内で行った国会議員の発言や演説が、仮に刑法上の名誉毀損罪や侮辱罪、民事訴訟

における不法行為責任等を問われるようなものであっても、**院外で刑事上、民事上の法的責任を負わない**とするものである。

ただし、院内、政党内等での政治的道義的責任については免責されず、例えば、所属する政党からその党員である国会議員の発言や表決について責任を問い、除名等を行うことは可能である。

③歳費受領権

憲法49条において、両議院の議員は、**法律の定める**ところにより、国庫から相当額の歳費を受けると規定されており、歳費受領権が保障されている。

なお、具体的な金額や運用等に関しては法律事項であり、減額や自主返納が憲法上**禁止されているわけではない**。

(2) 国会議員が議員資格を失う場合

- 衆議院議員4年（憲法45条本文）、参議院議員6年（憲法46条前段）の任期が満了した場合
- 各議院の議員資格に関する**争訟裁判**において**出席議員の3分の2以上の多数**によって議員の議席喪失を議決した場合（憲法55条）
- **当選無効の判決**が出た場合（公職選挙法204条等）
- 両議院における各院内の秩序をみだしたとして**出席議員の3分の2以上の多数**によって**除名**を議決された場合（憲法58条2項）
- **辞職を許可**された場合（国会法107条）等がある。

(3) 臨時会の召集

「いづれかの議院の総議員の四分の一以上の要求があれば、内閣は、その召集を決定しなければならない」（憲法53条後段）。

これを受けて、国会法3条では、臨時会の召集の決定を要求するには、**いずれかの議院の総議員の4分の1以上**の議員が、連名で議長を経由して内閣に要求書を提出しなければならないと規定されている。

(4) その他

- 国会は、衆議院、参議院の両議院で構成される（憲法42条）。
- 両議院は、全国民を代表する選挙された議員で組織される（憲法43条）。
- **国務大臣の過半数**は、国会議員の中から選ばれる（憲法68条1項ただし書）。
- **副大臣・大臣政務官**の任命は、内閣総理大臣の申出により内閣が行うと規定（内閣府設置法13条5項、14条5項）されており、法律上は民間人から任命することも可能であるが、**実際は国会議員から任命**されている。

POINT 3 内閣に関する憲法上の規定

- 内閣総理大臣その他の国務大臣は、両議院どちらかに議席を有すると有しないとにかかわらず、何時でも議案について発言するため議院に**出席**することができ、そして、答弁又は説明のため出席を求められたときは、出席しなければならな

い（憲法63条）。

・内閣は、法律の定めるところにより、その首長たる内閣総理大臣及びその他の国務大臣でこれを組織する（憲法66条1項）。

・内閣総理大臣は、**国務大臣を任命する**（憲法68条1項本文）。

・**内閣総理大臣その他の国務大臣は、文民でなければならない**（憲法66条2項）。

・内閣は、国会の臨時会の召集を決定することができる（憲法53条前段）。

・**内閣総理大臣は、内閣を代表して議案を国会に提出し、一般国務及び外交関係**について国会に報告し、並びに行政各部を指揮監督する（憲法72条）。

・内閣は、一般行政事務のほかに各事務を行う（憲法73条柱書）と規定されており、主に次の事項が規定されている。

- **法律を誠実に執行**し、国務を総理すること（憲法73条1号）。
- **外交関係を処理**すること（憲法73条2号）。
- **条約を締結**すること。ただし、事前に、時宜によっては事後に、国会の承認を経ることを必要とする（憲法73条3号）。

  なお、条約を「締結」するのは「内閣」の権限であり、その条約の内容を審議して「承認」するのは「国会」の権限である。この条約の承認は、事前の承認が原則であるが、例外的に事後の承認も認められている。
- 法律の定める基準に従い、**官吏に関する事務を掌理**すること（憲法73条4号）。
- 予算を**作成**して国会に**提出**すること（憲法73条5号）。
- 憲法及び法律の規定を実施するために**政令を制定**すること（憲法73条6号）。
- 大赦、特赦、減刑、刑の執行の免除及び復権を決定すること（憲法73条7号）。

  なお、「大赦、特赦、減刑、刑の執行の免除及び復権」は、国家の刑罰権の全部又は一部を消滅・軽減させる「恩赦」と総称され（恩赦法1条）、**内閣の助言と承認**により、**天皇の認証を必要とする**（憲法7条6号）。

POINT 4　内閣不信任案と衆議院の解散

（1）憲法69条による解散

衆議院が不信任の決議案を可決又は信任の決議案を否決したときは、内閣は衆議院を解散することができる。もっとも内閣は、**10日以内に衆議院が解散されない限り、総辞職をしなければならない**。

なお、内閣は行政権の行使について国会に対し連帯して責任を負う（憲法66条3項）ことが、内閣が衆議院の解散権を有する根拠の一つとされている。

（2）憲法69条によらない解散

天皇は、**内閣の助言と承認**により、国民のために**国事に関する行為**を行うことができ（憲法7条柱書）、その国事行為の一つとして、**衆議院を解散**（憲法7条柱書3号）することができる。

そして内閣は、助言と承認をすることで、不信任決議案の可決を前提とせずに、天皇の国事行為としての衆議院の解散をすることができる。

1 参議院が、衆議院の可決した法律案を受け取った後、国会休会中の期間を除いて30日以内に議決しないときは、衆議院は、参議院がその法律案を否決したものとみなすことができる。

× 参議院が、衆議院の可決した法律案を受け取った後、国会休会中の期間を除いて**60日以内**に議決しないときは、衆議院は、**参議院**がその法律案を否決したものとみなすことができる（憲法59条4項）。

2 憲法において、両議院の議員は国庫から相当額の歳費を受けると規定されており、歳費受領権が保障されている。そのため、減額や自主返納は認められない。

× 憲法49条において、両議院の議員は、**法律の定めるところにより**、国庫から相当額の歳費を受けると規定されており、歳費受領権が保障されている。なお、具体的な金額や運用等に関しては法律事項であり、減額や自主返納が憲法上禁止されているわけではない。

3 国会議員が議員資格を失う場合として、①各議院の議員資格に関する争訟裁判において出席議員の4分の1以上の多数によって議員の議席喪失を議決した場合、②両議院における各院内の秩序をみだしたとして出席議員の4分の1以上の多数によって除名を議決された場合等がある。

× 国会議員が**議員資格を失う**場合として、①各議院の**議員資格に関する争訟裁判**において出席議員の3分の2以上の多数によって議員の議席喪失を議決した場合（憲法55条）、②両議院における各院内の秩序をみだしたとして出席議員の3分の2以上の多数によって**除名**を議決された場合（憲法58条2項）等がある。

4 国会議員は、国会の会期中は逮捕されない不逮捕特権が保障されているため、会期前に逮捕された議員は、議院の要求があった場合、会期中は釈放されなければならない。

○　国会議員は、憲法50条において国会の会期中は**逮捕されない**ことが規定されている。ただし、院外での現行犯逮捕の場合と議院の許諾がある場合は、議員を逮捕することができる。

5 内閣は、法律の定めるところにより、その首長たる内閣総理大臣、国務大臣及び幹事長によって組織される。そして、内閣総理大臣は、国務大臣を任命することができる。

×　内閣は、法律の定めるところにより、その首長たる内閣総理大臣及び**その他の国務大臣**でこれを組織する（憲法66条1項）。内閣総理大臣は、**国務大臣を任命する**（憲法68条1項本文）。

6 内閣は、一般行政事務のほかに各事務を行うと規定されているが、その各事務には、大赦、特赦、減刑、刑の執行の免除及び復権の決定は含まれていない。

×　**内閣**は、一般行政事務のほかに各事務を行う（憲法73条柱書）と規定されており、その一つに、「**大赦、特赦、減刑、刑の執行の免除及び復権を決定すること（憲法73条7号）**」がある。なお、大赦、特赦、減刑、刑の執行の免除及び復権の認証は、**内閣の助言と承認による天皇の国事行為である**（憲法7条6号）。

7 衆議院が不信任の決議案を可決又は信任の決議案を否決したときは、内閣は衆議院を解散するか、総辞職しなければならない。

○　衆議院が不信任の決議案を可決又は信任の決議案を否決したときは、内閣は衆議院を解散することができる。そして、内閣は、**10日以内に衆議院が解散されない限り、総辞職をしなければならない**（憲法69条）。

問題 1

特別区Ⅰ類（2019年度）

日本国憲法に規定する衆議院の優越に関する記述として、妥当なのはどれか。

1　法律案及び予算については、衆議院に先議権があるため、参議院より先に衆議院に提出しなければならない。

2　参議院が、衆議院の可決した法律案を受け取った後、国会休会中の期間を除いて60日以内に議決しないときは、直ちに衆議院の議決が国会の議決となる。

3　参議院が、衆議院の可決した予算を受け取った後、国会休会中の期間を除いて30日以内に議決しないときは、衆議院は、参議院がその予算を否決したものとみなすことができる。

4　条約の締結に必要な国会の承認について、衆議院で可決し、参議院で衆議院と異なった議決をした場合に、衆議院で総議員の3分の2以上の多数で再び可決したときは、衆議院の議決が国会の議決となる。

5　内閣総理大臣の指名について、衆議院と参議院とが異なった議決をした場合に、両院協議会を開いても意見が一致しないときは、衆議院の議決が国会の議決となる。

➡解答・解説は別冊 P.007

問題2

我が国の国会議員の特権等に関するA～Dの記述のうち、妥当なもののみを挙げているのはどれか。

A 国会の会期前に逮捕された国会議員は、その議員が所属する議院の要求があれば、会期中は釈放しなければならない。

B 国会議員は、議院で行った演説、討論又は表決について院外で責任を問われない。一方、政党がその党員である国会議員の発言や表決について責任を問い、除名等を行うことは可能である。

C 憲法が国会議員に免責特権を保障している趣旨に照らし、国会議員でない国務大臣や委員会に出席して答弁を行う国家公務員にも、法律により免責特権が認められている。

D 国会議員は、法律の定めるところにより国庫から相当額の歳費を受けるが、この歳費は在任中減額又は自主返納することはできない。

1. A、B
2. A、C
3. A、D
4. B、C
5. C、D

➡解答・解説は別冊P.007

我が国の国会議員に関する記述として最も妥当なのはどれか。

1　国会議員は、選挙によって選ばれた衆議院議員及び参議院議員である。また、国務大臣、副大臣及び大臣政務官のいわゆる政務三役は、全て国会議員の中から内閣総理大臣が任命することとされている。

2　国会議員は、任期の満了、被選挙資格の喪失及び当選無効の判決が出た場合を除き、議院の資格を失うことはない。また、国会議員は、議院で行った演説、討論又は表決について、議院の内外を問わず、その責任を問われることはない。

3　国会議員は、院外における現行犯罪の場合を除いては、会期中その議員が属する議院の許諾がなければ逮捕されることはない。また、国会の会期前に逮捕された国会議員は、その議員が属する議院の要求があれば、国会の会期中は釈放される。

4　国会議員は、臨時会の召集の決定を要求することができる。そのためには、衆議院及び参議院それぞれの総議員の3分の2以上の議員が連名で、議長を経由して内閣に要求書を提出する必要がある。

5　国会議員は、恩赦（大赦、特赦、減刑、刑の執行の免除及び復権）を決定するための案を国会に提出することができる。国会において、恩赦を決定するには、各議院の出席議員の過半数の賛成を得る必要がある。

➡解答・解説は別冊 P.008

問題 4

我が国の国会や内閣に関する記述として最も妥当なのはどれか。

1 内閣は、内閣総理大臣及びその他の国務大臣で組織する。議院内閣制の下、内閣総理大臣その他の国務大臣は、国会議員でなければならず、また、国務大臣の過半数は、文民の中から選ばれなければならない。

2 内閣総理大臣は、国会の議決で指名され、この指名は他の全ての案件に先立って行われる。衆議院と参議院とが異なった指名の議決をした場合に、3日以内に参議院が再指名の議決をしないときは、衆議院の議決が国会の議決とされる。

3 内閣は、行政権の行使について、国会に対し連帯して責任を負う。内閣は、衆議院で内閣総理大臣又はその他の国務大臣に対する不信任決議案が可決されたときは、30日以内に衆議院が解散されない限り、総辞職をしなければならない。

4 内閣を構成する内閣総理大臣又はその他の国務大臣は、それぞれが内閣を代表して所管する法律案を国会に提出することができ、また、行政を行うために、法律の範囲内で、それぞれが政令を定めることができる。

5 内閣は、衆議院で内閣不信任決議案が可決されたときは、総辞職か、衆議院の解散かのいずれかを選択しなければならない。また、不信任決議案の可決を前提にしない、憲法第7条による衆議院の解散も行われている。

➡解答・解説は別冊 P.009

SECTION

2 | 裁判所

STEP 1 要点を覚えよう！

POINT 1 違憲審査権

（1）憲法81条

「最高裁判所は、一切の法律、命令、規則又は処分が憲法に適合するかしないかを決定する権限を有する終審裁判所である。」と規定されており、この「一切の法律、命令、規則又は処分が憲法に適合するかしないかを決定する権限」が**違憲審査権**である。

判例では、憲法81条は最高裁判所が違憲審査権を有する終審裁判所であることを明らかにした規定であって、**下級裁判所が違憲審査権を有することを否定していない**としている（最大判昭25.2.1）。とすれば、違憲審査権は全ての裁判所に認められる。

（2）「司法権」（憲法76条1項）

憲法76条1項において、「すべて司法権は、**最高裁判所**及び法律の定めるところにより設置する**下級裁判所**に属する」と規定されている。

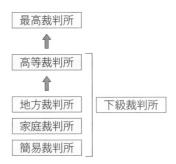

「司法権」（憲法76条1項）とは、**具体的な争訟について法を適用し、宣言することによって、これを裁定する国家の作用**である。「具体的な争訟」とは「法律上の争訟」（裁判所法3条1項）と同義である。

そして、「法律上の争訟」は、**当事者間の具体的な権利義務ないし法律関係の存否に関する紛争であって、かつ、それが法令の適用により終局的に解決することができるものに限られる**（板まんだら事件：最判昭56.4.7）。

（3）違憲審査の範囲

「司法権」（憲法76条1項）と同じ「第六章　司法」に憲法81条が置かれていることから、当事者間の具体的な権利義務ないし法律関係に関する民事裁判・刑事裁判などの**具体的訴訟の事件解決に必要な範囲**に関して違憲審査することができる。

したがって、具体的訴訟とは無関係に、法令や国家行為の合憲性を抽象的・一般的に違憲審査することはできない。

（4）司法権の限界

司法権の限界とは、「法律上の争訟」に当たるが、事件の性質からして司法審査が及ばない場合のことである。司法権の限界が問題となった重要判例を確認していく。

①判例は、国会の両院において議決を経たものとされ適法な手続によって公布されている以上、裁判所は両院の自主性を尊重すべく、**法制定の議事手続に関する事実を審理してその有効無効を判断すべきでない**としている（警察法改正無効事件：最大判昭37.3.7）。

②判例は、大学における授業科目の**単位の授与**（認定）という行為は、特段の事情のない限り、純然たる大学内部の問題として大学の自主的、自律的な判断に委ねられるべきものであって、裁判所の**司法審査の対象にはならない**としている（富山大学単位不認定事件：最判昭52.3.15）。

③判例では、**衆議院の解散**は、直接国家統治の基本に関する高度に政治性のある国家行為であり、法律上の争訟として有効無効の判断が法律上可能である場合でも、裁判所の**審査権の対象外**としている（苫米地事件：最大判昭35.6.8）。

④判例は、**安全保障条約**について、国会の高度の政治的ないし自由裁量的判断と表裏をなすため、司法裁判所の審査には原則としてなじまない性質のものであり、一見極めて明白に違憲無効であると認められない限りは、裁判所の**司法審査権の対象外**としている（砂川事件：最大判昭34.12.16）。

POINT 2　裁判の制度

（1）特別裁判所の禁止

憲法76条2項前段において、**最高裁判所の系列に属さない特別裁判所**は設置することが**できない**と規定されている。特別裁判所は、法の下の平等に反し、司法の独立を侵害するためである。

大日本帝国憲法下における軍法会議や皇室裁判所などが特別裁判所に該当するよ。

（2）行政裁判

行政裁判は、**民事裁判の一種**であり、**行政事件訴訟法**によって規定されている。国や地方公共団体の行為や決定について、国又は公共団体を被告（同法11条等）

として、**国民や住民**が原告（同法9条等）となって訴えを起こすものである。

なお、行政事件を専門に扱う**行政裁判所は現行において存在しない**。

（3）再審制度

再審制度は、**判決が確定したあと**、法で定められている**再審事由**（刑事訴訟法435条各号、民事訴訟法338条各号等）が認められる場合に、**裁判のやり直し**を行う制度である。

刑事裁判における再審に関しては、裁判によって刑が確定した後、判決の判断材料となった**事実認定に合理的な疑い**がもたれるような証拠が発見された場合等（刑事訴訟法435条柱書・6号等）が再審事由となる。これまでに刑事裁判において**再審によって無罪となった事件**として、**免田事件**、**財田川事件**等がある。

> **裁判によらない紛争解決手続**
>
> 仲裁、調停、あっせんなどの「**裁判外紛争解決手続**」は、**ADR**（Alternative Dispute Resolution）と呼ばれている。「裁判外紛争解決手続の利用の促進に関する法律」において、**訴訟手続によらずに**民事上の紛争の解決をしようとする紛争の当事者のため、**公正な第三者**が関与して、和解の仲介や仲裁等によりその解決を図る手続と規定されている。

POINT 3 　裁判官の独立と保障

（1）裁判官の罷免

裁判官は、裁判により、**心身の故障**のために職務を執ることができないと決定された場合を除いては、**公の弾劾**によらなければ**罷免**されない（憲法78条前段）。

そして、裁判官の懲戒処分は、**行政機関が行うことはできない**（憲法78条後段）。なお、最高裁判所の裁判官とそれ以外とは特に区別されていないことから、行政機関は**全て**の裁判官の懲戒処分について行うことができない。

（2）国民審査による罷免

最高裁判所裁判官は、憲法78条に加えて、その任命後初めて行われる衆議院議員総選挙の際と、その後10年を経過したあと初めて行われる衆議院議員総選挙の際に行われる**国民の審査**（憲法79条2項）において、投票者の**多数が裁判官の罷免を可**とするときは、罷免される（憲法79条3項）。

POINT 4 　市民の司法参加

●**裁判員制度**：裁判員制度は、**重大な刑事事件**の第一審において（裁判員の参加する刑事裁判に関する法律2条等）、**衆議院議員の選挙権を有する者**の中から選任（同法13条）された裁判員が、**裁判官と共に有罪か無罪かを判断し有罪の場合は量刑**（刑の量定）も行う（同法66条）ものである。

なお、「衆議院議員の選挙権を有する者」とは、「**日本国民で年齢満十八年以上**

の者は、衆議院議員及び参議院議員の選挙権を有する。」（公職選挙法9条）と規定されている。

　そして、評議で意見が一致しない場合、評決は裁判官及び裁判員の双方の意見を含む合議体の員数の**過半数の意見**による（裁判員の参加する刑事裁判に関する法律66条・67条）。裁判所が**証人**その他の者を尋問する場合、裁判員は、裁判長に告げて、裁判員の関与する判断に必要な事項について**尋問することができる**（同法56条）。被告人が任意に供述をする場合には、裁判員は、裁判長に告げて、いつでも、裁判員の関与する判断に必要な事項について**被告人の供述を求めることができる**（同法59条）。

●**陪審制**：陪審制とは、**有罪無罪**については**陪審員が判断**し、有罪の場合の**量刑**は**裁判官**が行うという制度である。アメリカ等で導入されている。

　裁判員制度は、陪審制**ではない**んだね！

●**検察審査会制度**：検察審査会制度とは、当該検察審査会の管轄区域内において**衆議院議員の選挙権を有する者**の中からくじで選定した11人の検察審査員で組織される検察審査会（検察審査会法4条）が、**検察官の公訴を提起しない処分の当否の審査等**（同法2条1項各号）をするものである。「衆議院議員の選挙権を有する者」は、裁判員制度と同様の定義である。

　そして、検察審査会が一旦起訴相当の議決（同法39条の5第1項1号）をした事件について、検察官は公訴を提起すべきか否かを検討する。その結果、公訴が行われなければ、検察審査会は再び起訴相当とする議決を行うことができる。この場合、**裁判所は**、起訴議決に係る事件について**公訴の提起等を行う者を弁護士の中から指定**しなければならず（同法41条の9第1項）、指定された弁護士は**速やかに**、起訴議決に係る事件について**公訴を提起しなければならない**（同法41条の10第1項柱書本文）。

●**被害者参加制度**：被害者参加制度は、刑事訴訟法の改正によって2008年に導入された。そして、一定の重大事件（刑事訴訟法316条の33第1項）の被害者や遺族が、刑事裁判に出席（同法316条の34第1項）し、裁判所の許可を得て、意見を述べ（同法316条の38第1項）、**被告人への質問**（同法316条の37第1項）、**証人への尋問**（同法316条の36第1項）ができるようになった。

> **ここで差をつける！** 裁判員と陪審員
>
> 裁判員…有罪か無罪か→**判断する**、有罪の場合の量刑→**行う**
> 陪審員…有罪か無罪か→**判断する**、有罪の場合の量刑→**行わない**

1 判例では、憲法81条は最高裁判所が違憲審査権を有する終審裁判所であることを明らかにした規定であって、下級裁判所が違憲審査権を有しないとしている。

× 判例では、憲法81条は、最高裁判所が違憲審査権を有する終審裁判所であることを明らかにした規定であって、**下級裁判所が違憲審査権を有することを否定していないと**している（最大判昭25.2.1）。

2 違憲審査は、当事者間の具体的な権利義務ないし法律関係に関する民事裁判・刑事裁判などの具体的訴訟の事件解決に必要な範囲内で行うことができる。

○ 「司法権」（憲法76条1項）と同じ「第六章　司法」に憲法81条が置かれていることから、当事者間の具体的な権利義務ないし法律関係に関する民事裁判・刑事裁判などの**具体的訴訟の事件解決に必要な範囲に関して違憲審査することができる。**

3 刑事裁判における再審に関しては、裁判によって刑が確定した後、判決の判断材料となった事実認定に合理的な疑いがもたれるような証拠が発見された場合等が再審事由となる。これまでに刑事裁判において再審によって無罪となった事件はない。

× 刑事裁判における再審に関しては、裁判によって刑が確定した後、判決の判断材料となった事実認定に合理的な疑いがもたれるような証拠が発見された場合等（刑事訴訟法435条柱書・6号等）が再審事由となる。これまでに刑事裁判において**再審によって無罪となった事件**として、**免田事件、財田川事件**等がある。

4 裁判官は、裁判によって、心身の故障のために職務を執ることができない、と決定された場合に限り罷免される。

× 裁判官は、裁判により、**心身の故障**のために職務を執ることができないと決定された場合と**公の弾劾**（弾劾裁判所で罷免が決定された場合）によらなければ罷免**されない**（憲法78条前段）。また、最高裁判所裁判官は、国民審査で投票者の多数が裁判官の罷免を可とする場合にも罷免される。

5 裁判員制度とは、重大な刑事事件の第一審において、衆議院議員の選挙権を有する者の中から選任された裁判員が、裁判官が有罪と判断した場合に、量刑に関して裁判官に意見する制度である。

× 裁判員制度は、**重大な刑事事件の第一審に限定して**（裁判員の参加する刑事裁判に関する法律2条等）、**衆議院議員の選挙権を有する者**の中から選任（同法13条）された裁判員が、**裁判官と共に有罪か無罪かを判断し有罪の場合は量刑も行う**（同法66条）ものである。

6 被害者参加制度において、一定の重大事件の被害者や遺族が、刑事裁判に出席することはできるが、意見を述べることや、被告人に対して質問したり、証人に尋問したりすることはできない。

× 被害者参加制度において、一定の重大事件（刑事訴訟法316条の33第1項）の被害者や遺族は、刑事裁判に出席（同法316条の34第1項）し、裁判所の許可を得て、意見を述べ（同法316条の38第1項）、**被告人への質問**（同法316条の37第1項）、**証人への尋問**（同法316条の36第1項）ができる。

過去問にチャレンジ！

問題 1

国家一般職（2019 年度）

我が国の司法に関する記述Ａ～Ｄのうち、妥当なもののみを挙げているのはどれか。

A 違憲審査権は全ての裁判所に認められており、この権限は、いずれの裁判所においても、刑事裁判や民事裁判などの具体的な訴訟の中で行使されるが、具体的訴訟とは無関係に法令や国家行為の合憲性を抽象的・一般的に審査することはできない。

B 裁判官は、心身の故障のため職務を果たすことができない場合や、国会の弾劾裁判所で罷免が決定された場合以外は罷免されない。ただし、最高裁判所の裁判官については、任命後最初の衆議院議員総選挙のとき及びその後10年を経過した後初めて行われる衆議院議員総選挙ごとに行われる国民審査において、罷免を可とする投票が多数であった場合には罷免される。

C 行政機関が最高裁判所の裁判官の懲戒処分を行うことは、裁判官の職権の独立を保障するため憲法上禁止されているが、下級裁判所の裁判官については、最高裁判所が認めた場合に限り、行政機関が懲戒処分を行うことができる。

D 裁判員制度における裁判員は、裁判官と共に事実認定、被告人の有罪・無罪の決定及び量刑の評議を行うが、証人に対する尋問及び被告人に対する質問については、高度な法的知識が必要となるため、裁判官のみが行うこととされている。

1．A、B
2．A、D
3．B、C
4．B、D
5．C、D

➡解答・解説は別冊 P.010

問題2　　　　　　　　　　　　　　　特別区 I 類（2018年度）

我が国の司法制度に関する記述として、妥当なのはどれか。

1　日本国憲法は、すべての司法権が最高裁判所と下級裁判所に属することを定めており、下級裁判所には、高等裁判所、地方裁判所、行政裁判所、家庭裁判所、簡易裁判所がある。

2　違憲審査権とは、国会で定めた法律や行政機関が定めた政令・省令などが憲法に違反していないかどうかを審査する権限であり、最高裁判所だけでなく下級裁判所にも与えられている。

3　検察審査会制度とは、有権者の中から無作為に抽出された検察審査委員が検察官の不起訴処分の適否を審査するものであり、同じ事件で2回起訴相当とされた場合には、裁判所が指名した検察官によって強制的に起訴される。

4　再審制度とは、裁判によって刑が確定した後、判決の判断材料となった事実認定に合理的な疑いがもたれるような証拠が発見された場合は、裁判のやり直しを行うことをいうが、これまで再審によって無罪となった事件はない。

5　裁判員制度とは、20歳以上の国民の中から選任された裁判員が、裁判官とともに有罪か無罪かを判断し、有罪の場合は量刑に関しても決定するものであるが、評議で意見が一致しない場合、評決は裁判員のみの過半数で行われる。

➡解答・解説は別冊 P.011

問題 3

日本の裁判制度に関する記述として、妥当なのはどれか。

1 憲法は裁判官の独立を定め、裁判官に身分保障を与えており、裁判官は心身の
故障のために職務を行えない場合を除いて罷免されることはない。

2 裁判所には、最高裁判所と地方裁判所があり、地方裁判所には高等裁判所、家
庭裁判所、特別裁判所の3種類がある。

3 再審制度とは、第一審に不服があるときに上級審の裁判所の判断を求めること
をいい、原則として三度の機会がある。

4 行政裁判は民事裁判の一種で、国や地方公共団体の行為や決定に対して、国民
や住民が原告となって訴えを起こすものである。

5 日本の裁判員制度は陪審制に当たり、無作為に選ばれた裁判員が、裁判官から
独立して有罪・無罪を決定したあと、裁判官が量刑を確定する。

➡解答・解説は別冊 P.012

問題 4

我が国の司法制度に関するＡ～Ｄの記述のうち、妥当なものを選んだ組合せはどれか。

A 2009年に導入された裁判員制度は、重大な刑事事件の第一審において、国民から選ばれた裁判員が、裁判官とともに、有罪・無罪の決定や量刑を行う制度である。

B ADRとは、民事上及び刑事上の紛争について、裁判によらない解決をめざし民間機関等の第三者が和解の仲介や仲裁を行う裁判外紛争解決手続のことである。

C 2008年に導入された被害者参加制度により、一定の重大事件の犯罪被害者や遺族が刑事裁判に出席し、意見を述べることができるようになったが、被告人や証人に質問することはできない。

D 検察審査会制度とは、国民の中からくじで選ばれた検察審査員が検察官の不起訴処分の適否を審査するものであり、同一の事件で起訴相当と2回議決された場合には、裁判所が指名した弁護士によって、強制的に起訴される。

1．A、B
2．A、C
3．A、D
4．B、C
5．B、D

➡解答・解説は別冊 P.013

3 地方自治

STEP 1 要点を覚えよう！

POINT 1 住民自治・団体自治と地方公共団体

（1）住民自治と団体自治

住民自治：地方自治が**住民の意思**に基づいて行われるという民主主義的要素

団体自治：**地方公共団体**が**国の指定・監督を受けることなく、独立して政治・行政を行う**自由主義的要素

憲法92条では、地方公共団体の組織及び運営に関する事項は地方自治の本旨に基づいて法律でこれを定めると規定されているが、住民自治と団体自治はこの「**地方自治の本旨**」の要素である。

（2）地方公共団体の分類

普通地方公共団体	都道府県、市町村 （地方自治法1条の3第2項）
特別地方公共団体	特別区、地方公共団体の組合・財産区 （同法1条の3第3項）

（3）条例の制定

憲法94条において、地方公共団体は**法律の範囲内**で条例を制定することができると規定され、**条例制定権**が認められている。

これを受けて、地方自治法14条1項では、普通地方公共団体は**法令に違反しない限り**において条例を制定することができると規定されている。

（4）条例による財産権の制限

憲法29条2項において、財産権の内容は公共の福祉に適合するように法律で定めることができると規定されている。

また憲法では条例制定権が認められており、「条例」も「法律」と同じく**議会によって民主的に制定**（地方自治法176条3項）されることから、「条例」によって**財産権を制限**することも認められると解されている。

（5）条例による処罰

条例によって処罰規定を定める場合において、①法律の個別具体的な委任がなくても許されるのか（法律の委任の**有無**）、②法律の委任がある場合は個別具体的なものである必要があるか（法律の委任の**程度**）が問題となる。この①②について、

次の判例が重要となる。

●条例による処罰①

判例は、ため池の破損、決かいの原因となる（ため池の）堤とうの使用行為は、憲法でも民法でも適法な財産権の行使として保障されていないものであって、財産権の行使の埒外にあり、これらの行為を条例で禁止・処罰しても憲法・法律に反しないとしている（奈良県ため池条例事件：最大判昭38.6.26）。

●条例による処罰②

判例では、条例は地方公共団体の議会によって制定される**自治立法**であり、行政府の制定する命令等とは性質を異にし、国会によって制定される法律に類するものであるから、条例によって刑罰を定める場合には、法律の授権が**相当な程度**に具体的であり、限定されていれば足りるとしている（最大判昭37.5.30）。

（6）条例における地方差異

判例は、憲法が各地方公共団体の条例制定権を認める以上、地域によって差別を生ずることは当然に予期されることであるから、かかる差別は憲法みずから**容認**するところであり、地方公共団体が売春の取締について各別に条例を制定する結果、その取扱いに差別を生ずることがあっても、憲法に違反しないとしている（最大判昭33.10.15）。

（7）課税主体

判例では、普通地方公共団体は、地方自治の不可欠の要素としてその区域内における公務の提供等を受ける個人又は法人に対して、**国とは別途に課税権の主体**となることが憲法上予定されており、普通地方公共団体の課税権は、法律の範囲内で行使されるとしている（神奈川県臨時特例企業税事件：最判平25.3.21）。

（8）地方交付税交付金

地方交付税交付金とは、地方公共団体間の財政格差を是正し、地方公共団体が自主的に財産管理、事務処理、行政執行する権能をそこなわずにその財源の均衡化を図り、地方自治の本旨の実現に資するとともに、地方団体の独立性を強化することを目的とするものである（地方交付税法1条）。

ただし国は、交付に当たり地方自治の本旨を尊重し、条件をつけ、又はその**使途を制限してはならない**（同法3条2項）。

（9）不信任議決と拒否権

普通地方公共団体の**議会**において、当該普通地方公共団体の長を**不信任**とする**議決**をすることができ、議決後10日以内に限り、普通地方公共団体の**長は議会を解散**することができる（地方自治法178条1項）。

もっとも、普通地方公共団体の議会の**議決について異議**があるときは、当該普通地方公共団体の長は、**再議に付す（拒否権の行使をする）**ことができる（同法176条1項）。

（10）国地方係争処理委員会

　地方公共団体は、国の関与に不服があるときは、**総務省**に置かれた**国地方係争処理委員会**（地方自治法250条の7第1項）に対して申出をすることができる（同法250条の13第1項）。

　そして、国地方係争処理委員会は、不服事項の審査を行い、国の関与が違法又は不当であると認めるときは、当該国の行政庁に対し必要な措置を講ずべきことを**勧告**する（同法250条の14第1項）。

> 明治憲法には**地方自治**に関する規定は**存在せず**、全て法律によって定められていたんだ。
> 　知事は内務省によって任命されるなど、内務大臣の指揮監督に属するものとされており、中央集権的な性格が強いものだったよ。

POINT 2　住民の直接請求権等

●**直接請求権**：間接民主制を補完する仕組みとして、地方公共団体の住人が有権者の一定割合の署名を集めることで、地方公共団体の政治に直接参加できる権利。

　直接請求の種類には、**条例**の制定又は改廃の請求、事務の**監査請求**、議会の**解散請求**、首長・議長・役員の**解職請求（リコール）**がある。

●**直接選挙**：憲法93条2項において、地方公共団体の**長、その議会の議員及び法律の定めるその他の吏員（地方公務員）**については、その地方公共団体の住民が、**直接**これを**選挙**すると規定されている。

●**オンブズマン制度（オンブズパーソン制度）**：第三者（オンブズマン、オンブズパーソン）が政府や公共機関を監視し、これらの機関に対する苦情などを処理する制度である。

　オンブズマン制度は、神奈川県川崎市などに導入されている。

POINT 3　地方分権一括法

（1）地方分権一括法

　地方分権一括法は、「中央集権的な行政の在り方を見直し、国から地方へ権限や財源の移譲を進める法律」の総称であり、1999年に成立した。この法律により、2000年の地方分権改革が行われた。

　この改革の一つとして、国から地方公共団体等へ委任された事務である**機関委任事務**（国から委任された事務で、国の強力な指揮監督の下で行われた）は**廃止**され、地方公共団体の事務は**法定受託事務**と**自治事務**に再編された。

●**法定受託事務**

　法定受託事務は、第一号法定受託事務と第二号法定受託事務に分類される。

第一号法定受託事務	第二号法定受託事務
都道府県、市町村又は特別区が処理する事務のうち国による関与が必要なものとして法令で定められるものである（地方自治法2条9項1号）。	市町村又は特別区が処理する事務のうち都道府県による関与が必要なものとして法令で定められるもの（同法2条9項2号）である。
具体例としては、旅券の交付、戸籍事務がある。	具体例としては、地方選挙に関する事務がある。

● 自治事務

　地方公共団体が処理する事務のうち法定受託事務以外のものである（地方自治法2条8項）。

　具体例としては、病院・薬局の開設許可がある。

● 補足

　自治事務は地方公共団体の裁量により執行できる（同法2条13項等）点で機関委任事務と異なる。また、法定受託事務では第一号法定受託事務に国の関与はあるものの、国の包括的指揮監督権は廃止されており、条例制定権（憲法94条、地方自治法14条1項）が認められる点で、機関委任事務と異なる。なお、自治事務も同様に条例制定権が認められる。

（2）必置規制

　必置規制とは、地方公共団体に特定の施設や特別の資格を持った職員を置く義務のこと（地方分権推進法5条）である。

　地方分権一括法による地方分権改革において、憲法92条における「地方自治の本旨」を尊重し、地方公共団体の自主的な組織・運営を推進することを目的として、必置規制は廃止・緩和された。

> ここで差をつける！ 　三位一体の改革
>
> 三位一体の改革とは、「地方にできることは地方に」という理念の下、国の関与を縮小し、地方の権限・責任を拡大して地方分権を一層推進することを目指し、国庫補助負担金改革、税源移譲、地方交付税の見直しの三つを一体として行う改革である。
> このうち、税源移譲とは、納税者（国民）が国へ納める税（国税）を減らし、都道府県や市町村に納める税（地方税）を増やすことで、国から地方へ税源を移すことである。
> なお、三位一体の改革は、地方分権一括法による地方分権改革ではないことに注意する。

1 住民自治とは、地方公共団体が国の指定・監督を受けることなく、独立して政治・行政を行う自由主義的要素である。団体自治とは、地方自治が住民の意思に基づいて行われるという民主主義的要素である。

× 　住民自治とは、地方自治が住民の意思に基づいて行われるという**民主主義的要素**である。**団体自治**とは、地方公共団体が国の指定・監督を受けることなく、独立して政治・行政を行う**自由主義的要素**である。

2 普通地方公共団体とは都道府県であり、特別地方公共団体とは市町村、特別区、地方公共団体の組合・財産区である。

× 　普通地方公共団体とは、**都道府県、市町村である。特別地方公共団体**とは、**特別区、地方公共団体の組合・財産区**である。

3 普通地方公共団体の議会では、当該普通地方公共団体の長の不信任の議決をすることができる。また、普通地方公共団体の議会の議決について異議があったとしても、当該普通地方公共団体の長は、拒否権を行使し、審議のやり直しを求めることはできない。

× 　普通地方公共団体の議会において、当該普通地方公共団体の**長の不信任の議決をすることができ**（地方自治法178条1項）、普通地方公共団体の議会の議決について異議があるときは、当該普通地方公共団体の長は、**再議に付す**（拒否権の行使）**ことができる**（同法176条1項）。

4 憲法では、地方公共団体の長、その議会の長については、その地方公共団体の住民が、直接これを選挙すると規定されている。

× 　憲法93条2項において、地方公共団体の**長、その議会の議員及び法律の定めるその他の吏員**（地方公務員）については、その地方公共団体の住民が、直接これを選挙すると規定されているが、議長は規定されていない。

5 地方分権一括法による地方分権改革において、法定受託事務は廃止され、機関委任事務と自治事務になった。

× 地方分権一括法による地方分権改革において、国から地方公共団体等へ委任された事務である**機関委任事務**（事務に関する条例の制定等について地方公共団体等は関与できない）が廃止され、地方公共団体の事務は**法定受託事務**と**自治事務**に再編された。

6 地方分権一括法による地方分権改革において、地方公共団体の必置規制は廃止・緩和された。

○ 地方分権一括法による地方分権改革において、憲法92条における「**地方自治の本旨**」を尊重し、地方公共団体の**自主的な組織・運営を推進**することを目的として、**必置規制は廃止・緩和**された。

7 地方交付税交付金とは、地方公共団体間の財政独自化を促し、地方公共団体が自主的に財産管理、事務処理、行政執行する権能をそこなわずにその財源の独立化を図り、国民主権の実現に資するとともに地方団体の個別性を強化することを目的とするものである。

× 地方交付税交付金とは、地方公共団体間の**財政格差を是正**し、地方公共団体が自主的に財産管理、事務処理、行政執行する権能をそこなわずにその財源の**均衡化**を図り、地方自治の本旨の実現に資するとともに地方団体の**独立性**を強化することを目的とするものである（地方交付税法1条）。

8 地方公共団体は、国の関与に不服があるときは、総務省に置かれた国地方係争処理委員会に対して申出をすることができる。

○ 問題文の通りである。そして、国地方係争処理委員会は、不服事項の審査を行い、国の関与が違法又は不当であると認めるときは、当該国の行政庁に対し必要な措置を講ずべきことを**勧告**する（同法250条の14第1項）。

問題 1

特別区 I 類（2023 年度）

我が国の地方自治に関する記述として、妥当なのはどれか。

1 地方自治法は、都道府県を普通地方公共団体と定め、特別区及び市町村を特別地方公共団体と定めている。

2 地方公共団体の事務には、自治事務と法定受託事務があり、旅券の交付や戸籍事務、病院・薬局の開設許可などが法定受託事務に該当する。

3 地方交付税交付金とは、地方公共団体間の財政格差を是正するために、国が使途を指定して交付する補助金である。

4 地方公共団体の議会は首長の不信任決議権を持ち、首長は議会の解散権を持つが、首長は議会の議決に対して拒否権を行使することはできない。

5 行政機関を監視し、住民からの苦情申立てを処理するためのオンブズパーソン制度が一部の地方公共団体で導入されている。

➡解答・解説は別冊P.014

問題 2

東京都Ⅰ類（2015年度）

我が国の地方自治制度に関する記述として、妥当なのはどれか。

1 明治憲法下では、地方自治制度は、憲法に規定されず、知事は中央政府の任命によるなど、中央集権的な性格の強いものであった。

2 地方自治の本旨のうち、住民自治とは、地方公共団体が国の指揮・監督を受けることなく、独立して政治・行政を行うことをいう。

3 地方公共団体の長及び議員は、住民の直接選挙により選出されるが、その長については、条例で定めれば、議員による間接選挙で選出することができる。

4 財産権の内容は法律で定めなければならず、地方公共団体が、条例で財産権を制限することは一切認められていないとされている。

5 地方公共団体は、住民の投票において、その過半数の同意を得れば、法令に違反する条例を制定することができる。

➡解答・解説は別冊 P.015

地方分権に関する次のA～Dの記述のうち、妥当なもののみをすべて挙げているのはどれか。

A 1999年に成立した地方分権推進一括法により、それまで国の事務が地方公共団体の執行機関に委任されていた機関委任事務は廃止され、大多数が自治事務と法定受託事務に分類された。自治事務は、地方公共団体の裁量により執行できる事務であり、法定受託事務は、原則的に地方議会が条例を制定できる点が機関委任事務と異なる点である。

B 地方公共団体に特定の施設や特別の資格を持った職員を置くことを義務付けていた必置規制は、1999年に成立した地方分権推進一括法により廃止・緩和された。必置規制の廃止・緩和は、「地方公共団体の組織及び運営に関する事項は、地方自治の本旨に基づいて、法律でこれを定める」とする日本国憲法92条を尊重したものである。

C 地方公共団体が国の関与に不服があるとき、法務省に新設された第三者機関である国地方係争処理委員会に申し立てることが、地方自治法において認められている。委員会は、地方公共団体によって申し立てられた不服事項を審査し、国の関与が違法であると認めた場合は、国に必要な措置を講じるよう勧告を出すことができる。

D 小泉政権により進められたいわゆる三位一体の改革では、国と地方公共団体の行財政システムの改革が進められ、国から地方公共団体へ税源を移譲する代わりに、国庫支出金の補助金の削減や地方における基幹道路の建設費用として使われてきた自動車重量税などの暫定税率の廃止が図られた。

1. A、B
2. A、C
3. B、D
4. C
5. D

→解答・解説は別冊 P.016

問題 4

我が国の地方自治に関するA〜Dの記述のうち、妥当なものを選んだ組合せはどれか。

A 住民自治とは、地方自治が国から独立した団体に委ねられ、団体自らの意思と責任の下でなされることをいう。

B オンブズマン制度とは、政府や公共機関を監視し、これらの機関に対する苦情などを処理する制度である。

C 地方公共団体の事務は、法定受託事務が廃止されたため、固有の事務として独自に処理できる自治事務と、国や都道府県による関与が必要なものとして法令で定められる機関委任事務の2つになった。

D 地方自治法に規定する特別地方公共団体には、特別区、地方公共団体の組合及び財産区の3種類がある。

1. A、B
2. A、C
3. A、D
4. B、C
5. B、D

➡解答・解説は別冊P.017

4 日本国憲法の概論・基本的人権

STEP 1 要点を覚えよう！

POINT 1 日本国憲法の概要

（1）大日本帝国憲法（明治憲法）

　君主に強い権力を認めていた**ドイツ（プロイセン）**憲法を参考に、伊藤博文を中心として井上毅、伊東巳代治らが起草、枢密院の審議を経て、1889（明治22）年に欽定憲法*として発布された。大日本帝国憲法では、**天皇**に、統治権の総攬（4条）、陸海軍の統帥（11条）、緊急勅令（8条1項）、独立命令（9条）、**条約の締結**（13条）といった権限が認められていた。また、**帝国議会**は天皇の立法権に**協賛**する機関（5条）であり、**各国務大臣**は天皇を輔弼して行政権を行使（55条1項）するものとされ、裁判所も天皇の名において司法権を行う（57条1項）ものと規定されていた。

> 明治憲法には検閲禁止規定（日本国憲法21条2項前段）は**存在しなくて**、行政が発表物を事前に審査し、不適切と認められると発表が禁止（発禁）されたんだ。

（2）日本国憲法の作成過程

　国務大臣松本烝治を中心とする**憲法問題調査委員会（松本委員会）**によって作成された**松本案**が連合国軍総司令部（GHQ）へ提出されたが、大日本帝国憲法と大差のない案であったため**拒否**され、GHQが日本政府に示した**マッカーサー草案**をもとに日本国憲法が作成された。そして、日本政府の憲法改正案が、初めての男女普通選挙によって選ばれた衆議院議員で構成する帝国議会に提出され、審議のうえ、**国家賠償**、**生存権**、**納税の義務**、**刑事補償**等に関する規定が**追加された**。

POINT 2 自由権

（1）プライバシーの権利（憲法13条）

　かつての判例では、**私生活をみだりに公開されない法定保障ないし権利**と解されていた（京都府学連事件：最大判昭44.12.24等）が、**近年**は、**自己に関する情報**をコントロールする権利とも解されている（住基ネット訴訟：最判平20.3.6）。なお、2003年5月に制定された個人情報保護関連5法とは、①個人情報の保護に関する法律、②行政機関の保有する個人情報の保護に関する法律、他3法のことである。①は、**民間事業者による取扱い**について定められている。②は、2022年の改正により①に一本化されたことに伴い廃止された。

＊ **欽定憲法**…君主によって制定された憲法。

(2) 表現の自由（憲法21条1項）

　表現の自由における重要なテーマの一つが、表現物である教科書を審査する教科書検定である。教科書検定が検閲禁止規定（憲法21条2項前段）に違反するか否かが問題となったのだ。第一次家永教科書事件（最判平5.3.16）における判例では、**教科書検定**は、**一般図書としての発行を何ら妨げるものではなく**、発表禁止目的や発表前の審査などの特質がないため、検閲には当たらず、憲法21条1項に**違反しない**としている。

(3) 知る権利（憲法21条1項）

　マス・メディアの発達により、国民は情報の受け手に固定されることが多いため、国民の側から表現の自由を「知る権利」として積極的に主張することが必要である。「**知る権利**」は、憲法21条によって保障され、情報の提供・公開を国家機関に対して要求する性質をもつ権利である。なお、情報公開法（行政機関の保有する情報の公開に関する法律）は、行政文書の原則公開を**義務付け**ている（同法5条1項柱書）とともに、**政府の説明責任（アカウンタビリティ）**を全うするという目的が掲げられている（同法1条）。ただし、法に「知る権利」という文言は登場しない。

(4) 通信の秘密（憲法21条2項後段）

　憲法上は法律による制限が可能となってはいないが、**通信傍受法**（犯罪捜査のための通信傍受に関する法律）により、**裁判官の発する傍受令状がある場合に限って**、捜査機関が犯罪捜査のために通信内容を取得することは認められている（同法3条1項）。

(5) 法人の権利

　判例では、国民の権利及び義務の各条項は、性質上可能な限り**内国の法人にも適用**され、会社は、自然人たる国民と同様、国や政党の特定の政策を支持、推進し又は反対するなどの**政治的行為**をなす自由を有する。また、**政治資金の寄付**もまさにその自由の一環であり、これを自然人たる国民による寄付と別異に扱うべき憲法上の要請はなく、政治資金の寄付の自由を**有する**としている（八幡製鉄所政治献金事件：最大判昭45.6.24）。

(6) 外国人の権利

　判例では、憲法の基本的人権の保障は、権利の性質上日本国民のみを対象と解されるものを除き、日本に在留する外国人にも**等しく及ぶ**としている。我が国の政治的意思決定に影響を及ぼす活動など外国人の地位にかんがみこれを認めることが相当でないと解されるものを除き、政治活動の自由は外国人に**保障される**としている（マクリーン事件：最大判昭53.10.4）。

（7）思想良心の自由（憲法19条）

憲法19条は「思想及び良心の自由は、これを侵してはならない。」と規定し、思想良心の自由を保障している。

重要な判例として、「**名誉を回復するに適当な処分**」として謝罪広告を新聞紙等に掲載することを加害者に命ずることは、単に事態の真相を告白し陳謝の意を表明するにとどまる程度のものであれば、思想良心の自由（憲法19条）を**侵害しない**としたものがある（謝罪広告事件：最大判昭31.7.4）。

（8）学問の自由（憲法23条）

憲法23条は「学問の自由は、これを保障する。」と規定し、学問の自由を保障している。

①**学問研究**の自由：研究内容や研究方法を研究者が決定できる自由。
②**研究発表**の自由：研究成果を外部に発表する自由。
③**教授**の自由：主として大学の教授が学生に対する教育を行う自由。

POINT 3 　人身の自由

①憲法38条1項において、刑事手続における**自白偏重による不当な人権侵害を防止**するため、**黙秘権**が保障されている。
②憲法38条3項において、「何人も、自己に不利益な唯一の証拠が本人の自白である場合には、有罪とされ、又は刑罰を**科せられない**。」と規定されている。
③憲法39条において、「何人も（中略）同一の犯罪について、重ねて刑事上の責任を問はれない。」と規定されている。裁判の制度として**再審制度**が認められているが、重ねて刑事上の責任を問うのではなく、**有罪の言渡しを受けた者の利益のためにするための制度**であるから、これは憲法39条に**違反しない**。

POINT 4 　社会権

（1）生存権の保障

生存権（憲法25条1項）は、ドイツのワイマール憲法において初めて規定された**社会権的基本権**である。「国は、すべての生活部面について、社会福祉、社会保障及び公衆衛生の向上及び増進に努めなければならない。」（**憲法25条2項**）と規定されており、これを受けて制定された法律の一つとして**老人福祉法**がある。なお、**教育基本法**は、生存権と同じ社会権に分類される、**教育を受ける権利**（憲法26条）に基づいて制定された法律の一つである。

（2）朝日訴訟（**最大判昭42.5.24**）

生活保護基準が生存権保障に違反しているかについて争われた。判例では、憲法25条1項は、全ての国民が健康で文化的な最低限度の生活を営み得るように国政を運営すべきことを**国の責務として宣言**したにとどまるとしている。

（3）堀木訴訟（最大判昭57.7.7）

　児童扶養手当と障害福祉年金の併給禁止が生存権保障に違反しているか争われた。判例では、「健康で文化的な最低限度の生活」なるものは、きわめて**抽象的・相対的な概念**であって、**立法府の広い裁量**にゆだねられており、それが著しく合理性を欠き明らかに裁量の逸脱・濫用と見ざるをえないような場合を除き、憲法25条1項に反しないとしている。

（4）勤労・労働の権利

　勤労の権利（憲法27条前段）や、勤労者の団結権、団体交渉権、団体行動権の労働三権（憲法28条）は憲法で保障されている。これらの規定に基づいて、**労働基準法、労働組合法、労働関係調整法**のいわゆる労働三法が制定されている。

POINT 5　平等権

（1）憲法14条

　「すべて国民は、法の下に平等であつて、**人種、信条、性別、社会的身分又は門地**により、政治的、経済的又は社会的関係において、差別されない。」（憲法14条1項）と規定され、平等権が保障されている。また、憲法14条2項において華族その他の貴族の制度を禁止している。

（2）非嫡出子相続分規定違憲決定（最大決平25.9.4）

　判例は、**非嫡出子の法定相続分を嫡出子の法定相続分の2分の1**とする旧民法900条4号ただし書前段の規定について、子にとっては自ら選択ないし修正する余地のない事柄を理由としてその子に不利益を及ぼすことは許されず、平成13年7月当時において立法府の裁量権を考慮しても、嫡出子と嫡出でない子の法定相続分を区別する**合理的な根拠は失われ**ており、憲法14条1項に**違反**していたとした。これを受けて、平成25年12月に**民法が改正**され、旧民法900条4号ただし書前段の規定が**削除**された。

（3）ヘイトスピーチ

　ヘイトスピーチとは、**特定の国の出身者**であること又はその子孫であることのみを理由に、日本社会から追い出そうとしたり危害を加えようとしたりするなどの**一方的な内容の言動**のことである（内閣府「人権擁護に関する世論調査（平成29年10月）」）。日本政府は、国連人種差別撤廃委員会からヘイトスピーチについて法的規制を行うよう**勧告**され、これを受けて、ヘイトスピーチを規制する「**ヘイトスピーチ解消法（本邦外出身者に対する不当な差別的言動の解消に向けた取組の推進に関する法律）**」が平成28年6月に施行された。

> **ここで差をつける！** ▶ 男女共同参画社会基本法（1999年制定）
>
> 主に、**男女の人権の尊重、家庭生活における活動と他の活動の両立**等を定めている。

1 大日本帝国憲法は、君主に強い権力を認めていたドイツのワイマール憲法を参考に作られており、検閲禁止規定が存在する。

× 　**大日本帝国憲法**は、君主に強い権力を認めていた**ドイツ（プロイセン）憲法**を参考に作られており、日本国憲法では21条2項前段に規定されている検閲禁止規定は存在し**ない**。

2 プライバシーの権利について、かつての判例では、自己に関する情報をコントロールする権利と考えられていたが、近年は、私生活をみだりに公開されない法定保障ないし権利と考えられている。

× 　プライバシーの権利（憲法13条）について、かつての判例は、**私生活をみだりに公開されない法定保障ないし権利**とした（京都府学連事件：最大判昭44.12.24等）が、近年は、**自己に関する情報をコントロール**する権利としている（住基ネット訴訟：最判平20.3.6）。

3 判例では、教科書検定は、一般図書としての発行を何ら妨げるものではないが、発表禁止目的や発表前の審査などの点から、検閲に当たり、憲法21条1項に違反するとしている。

× 　第一次家永教科書事件（最判平5.3.16）において判例は、**教科書検定**は、一般図書としての発行を何ら妨げるものではなく、発表禁止目的や発表前の審査などの特質がないため、検閲には当たらず、憲法21条1項に**違反しない**としている。

4 刑事手続における自白偏重による不当な人権侵害を防止するため、黙秘権が刑事訴訟法においては保障されているが、憲法においては保障されていない。

× 　人身の自由として、**憲法38条1項**において、刑事手続における**自白偏重による不当な人権侵害を防止**するため、**黙秘権**が保障されている。

5 生活保護基準が生存権保障に違反しているかについて争われた判例では、憲法25条1項は、全ての国民が健康で文化的な最低限度の生活を営み得るように国政を運営すべきであるから、具体的な権利を保障したとしている。

× 生活保護基準が生存権保障に違反しているかについて争われた判例（朝日訴訟：最大判昭42.5.24）において、憲法25条1項は、全ての国民が健康で文化的な最低限度の生活を営み得るように国政を運営すべきことを国の責務として宣言したにとどまるとしている。

6 憲法では平等権が保障されているが、華族その他の貴族の制度は禁止されていない。

× 「すべて国民は、法の下に平等であつて、人種、信条、性別、社会的身分又は門地により、政治的、経済的又は社会的関係において、差別されない。」（憲法14条1項）と規定され、平等権が保障されている。そして憲法14条2項において、華族その他の貴族の制度を禁止している。

7 かつては、非嫡出子の法定相続分は嫡出子の法定相続分の2分の1と規定されていたが、憲法14条1項に違反するとしてこの規定は改正され、現在は非嫡出子と嫡出子の法定相続分の区分は撤廃されている。

○ 子にとっては自ら選択ないし修正する余地のない事柄を理由としてその子に不利益を及ぼすことは許されず、平成13年7月当時において立法府の裁量権を考慮しても、嫡出子と嫡出でない子の法定相続分を区別する合理的な根拠は失われており、憲法14条1項に違反していたとした（非嫡出子相続分規定違憲決定：最大決平25.9.4）。

問題 1

大日本帝国憲法又は日本国憲法に関する記述として、妥当なのはどれか。

1 大日本帝国憲法は、君主に強い権力を認めていたワイマール憲法を参考にして、伊藤博文や井上毅らが起草し、枢密院の審議を経て、欽定憲法として発布された。

2 大日本帝国憲法では、天皇は統治権を総攬することが規定され、陸海軍の統帥権、緊急勅令、独立命令という天皇大権が認められていたが、条約の締結は天皇大権として認められていなかった。

3 大日本帝国憲法では、帝国議会は天皇の立法権に協賛する機関であり、各国務大臣は天皇を輔弼して行政権を行使するものとされ、裁判所も天皇の名において司法権を行うものとされた。

4 日本国憲法は、連合国軍総司令部（GHQ）に提出した憲法研究会の高野案が、大日本帝国憲法と大差のない案であったため拒否され、GHQが日本政府に示したマッカーサー草案をもとに作成された。

5 日本国憲法は、日本政府の憲法改正案として初の男女普通選挙によって選ばれた衆議院議員で構成する帝国議会に提出され、審議のうえ修正が加えられ可決されたが、この改正案の修正は生存権の規定の追加に限られた。

➡ 解答・解説は別冊P.017

問題 2

日本国憲法に規定する社会権に関する記述として、妥当なのはどれか。

1 日本国憲法は、「すべて国民は、健康で文化的な最低限度の生活を営む権利を有する」と定め、生存権を保障しており、この権利は、ドイツのワイマール憲法において初めて規定された自由権的基本権である。

2 日本国憲法は、「国は、すべての生活部面について、社会福祉、社会保障及び公衆衛生の向上及び増進に努めなければならない」と定めており、この規定に基づいて、老人福祉法、教育基本法が制定されている。

3 日本国憲法は、勤労の権利をはじめ、勤労者の団結権、団体交渉権、団体行動権の労働三権を保障し、この規定に基づいて、労働基準法、労働組合法、労働関係調整法のいわゆる労働三法が制定されている。

4 最高裁判所は、生活保護基準が生存権を保障する日本国憲法に違反しているかについて争われた堀木訴訟において、憲法の生存権の規定は、国の政策的な指針を示すものであり、個々の国民に対して具体的な権利を保障したものであるという立場をとった。

5 最高裁判所は、児童扶養手当と障害福祉年金の併給の禁止が日本国憲法に違反しているかについて争われた朝日訴訟において、併給の禁止を定めるかどうかは国会の裁量に属し、憲法違反とはならないとする抽象的権利説の立場をとった。

➡解答・解説は別冊 P.018

特別区Ⅰ類（2020年度）

法の下の平等に関するA～Dの記述のうち、妥当なものを選んだ組合せはどれか。

A 日本国憲法は、全て国民は法の下に平等であって、人種、信条、性別、社会的身分又は門地により、政治的、経済的又は社会的関係において差別されないとし、また、華族その他の貴族の制度を禁止している。

B ヘイトスピーチとは、特定の人種や民族への差別をあおる言動のことをいい、国連から法的規制を行うよう勧告されているが、我が国ではヘイトスピーチを規制する法律は制定されていない。

C 最高裁判所は、2013年に、婚外子の法定相続分を嫡出子の半分とする民法の規定を違憲と判断し、これを受けて国会は同規定を改正した。

D 1999年に制定された男女共同参画社会基本法は、性的少数者に対する偏見の解消に向けた地方公共団体の責務を定めており、これを受けて地方公共団体は、同性カップルのパートナーシップの証明を始めた。

1. A、B
2. A、C
3. A、D
4. B、C
5. B、D

➡解答・解説は別冊P.019

CHAPTER

法学・法律

この章で学ぶこと

 契約自由の原則（私的自治の原則）

　民法の基本的な考え方として契約自由の原則（私的自治の原則）があります。個人と個人の間で結ばれる契約については、国家が干渉せず、それぞれの個人の意思を尊重するというものです。この原則は、個人の自由を尊重し、国家はできるだけ私人同士の関係に干渉すべきではないという近代法の考え方に基づいています。しかし、資本主義の発展が進み、社会的な力の大きい私人が誕生すると、弱い私人に対する、人権侵害的状況が起こるようになりました。

 実質的な平等を図るための例外

　契約自由の原則は、対等な個人同士の契約を前提としています。しかし、現実の社会に目を向けると、必ずしも対等契約ばかりが行われているとは限りません。例えば、一般の消費者と事業者との間には、商品に対する情報の質や量、交渉力に格段の差があることは明らかです。消費者などの社会的・経済的弱者に対等な個人を前提とする契約自由の原則を徹底すると、事業者などの社会的・経済的強者にとって有利な契約ばかりが成立しかねず、かえって不平等や不公正を助長する結果となってしまいます。そこで実質的な平等を図り、社会的・経済的弱者を保護するために契約自由の原則が修正（制限）される特別な制度が設けられました。

◯ 3種の弱者保護規定

　「労働に関する法律」は労働者を保護し、雇用者との間での実質的平等を図るために設けられた規定であり、「消費者保護に関する法律」は消費者と事業者との間の格差に着目し、消費者を保護して事業者との間での実質的平等を図るために設けられた規定です。また、例えば、マスメディアが一般市民の個人情報を許可なく流した場合、一般市民はマスメディアに比べて社会的な力が圧倒的に弱く、対抗する手段がありません。「情報に関する法律」は個人情報や知的財産を守ったり、その他情報について設けられた規定です。

　いずれも、各々の規定を独立した知識としてだけ覚えるのではなく、民法の補足としての位置付けを意識しながら確認していきましょう。

国家総合職（教養区分）

国の重点政策の観点から出題されることが多い。正確な理解が要求されるため、表面的な文言の暗記ではなく法制の趣旨から紐解く学習を心掛けたい。常に行政側の視点で分析する姿勢を持ち、具体的に踏み込んで事象を想起しよう。

国家一般職・専門職

令和6年度の採用試験より、知識分野の出題が「自然・人文・社会に関する時事、情報」6題に変更となった。主に併願先の対策を想定して取り組むのが効率的。

地方上級

出題数は減少傾向にあるが、定期的に出題されるので対策を怠ってはいけない。正誤問題や組み合わせ問題など、やや複雑な形式で出題されることもあるが、しっかりと考えれば容易に解けるものが多い。原理原則や趣旨の正しい理解が重要である。

裁判所職員

国家一般職・専門職採用試験と同様に裁判所職員採用試験においても、知識分野の出題が時事問題を中心とする6題に変更となった。主に併願先の対策を想定して取り組むのが効率的である。

東京都Ⅰ類

出題範囲は幅広く、本番で学習していないものが出題されることもある。しかし、決して些末な部分まで暗記することが要求されているのではなく、趣旨からその場で導き出す柔軟性が求められている。近年は知識よりも思考が重視されている。

特別区Ⅰ類

基本概念が問われることが多い。知識よりも法学的思考力が求められているため、暗記ではなく、導き出されるプロセスに注目しよう。前提となる概念の理解に重点を置くと良い。

市役所

出題数は多くないが、時事的な事項や現代との関連において捉えるように心掛けよう。各種法律の趣旨に注目し、内容を正しく理解することが重要である。

警察・消防

出題頻度は高くない。細かい部分までは要求されないため、重要事項を押さえたら、主に問題演習を通して実践的に学習しよう。

1 法学一般

STEP 1 要点を覚えよう！

POINT 1 法の支配・法治主義

	法の支配	法治主義
定義	恣意的な支配を排除して権力を法によって拘束し、国民の権利を擁護しようとする原理である。	法の内容よりも法の形式を重視した原則である。
地域	イギリスやアメリカ等において英米法系として発展してきた。	ドイツにおいて発展してきた。
備考	国王が全てを支配する「人の支配」に対立する考え方である。	法律によれば個人の自由も制限可能であるという意味を含んでいる。

●コモン・ロー：イギリスにおいて、裁判所が判決を通じて作り上げてきた慣習法の体系である。普通法、一般法とも呼ばれ、議会が制定した制定法と区別される。
●エドワード・コーク：イギリスの法律家である。「国王は何人の下にもあるべきではない。しかし、国王といえども神と法の下にあるべきである」というブラクトンの言葉を引用して、王権に対するコモン・ローの優位を主張した。「権利の請願」の作成に貢献。

POINT 2 法の分類

（1）法の分類（自然法と実定法）

自然法	人為的に作る法ではなく、人間の本性に基づく普遍的な法
実定法	実際に行われている法規範。制定法、慣習法など

（2）法の分類（成文法と不文法）

	説明	例
成文法	文章でその内容が表現された法	憲法、条約、法律、命令、条例、規則
不文法	文章でその内容が表現されていない法	判例（判例法）、慣習法など

　不文法である判例（判例法）とは、過去の裁判所の判断（判決や決定）と同種の係属事件に関して、裁判所が同様の判断を繰り返すことで法と同じような拘束力をもつことである。判決は書面として残されるが、**他の係属事件に関する裁判**

所の判断を拘束する内容が文章で表現されてはいない。また、**全て裁判官は憲法及び法律にのみ拘束**され（憲法76条3項）、判例に拘束されない。**慣習法**は、人々の生活の中で長い期間繰り返され、定着された行動や振る舞いがルールとなったもので、自然発生的にできたものである。

（3）法の分類（規制の対象）

	説明	例
公法	国家・地方公共団体と私人の関係を規律する法	憲法、行政法（地方自治法、国家公務員法）、刑法など
私法	私人相互の関係を公的に規律する法	民法、商法など
社会法	社会的な問題を修正する、公法と私法の中間的な法	労働基準法、生活保護法など

（4）法の分類（具体的な規範）

	説明	備考
法律	国会の議決によって制定される法	刑法、民法、商法など
命令	国の行政機関が定める規範	政令（内閣が定める）、内閣府令（内閣府が定める）、省令（各省大臣が定める）
規則	手続きや内部規律についてのルールを文章で表現したもの	衆議院規則、参議院規則、最高裁判所規則など
条例	地方公共団体が制定するもの	「法律の範囲内」（憲法94条）に限られる。国の法令に反する条例を定めることはできない
条約	国際法。国家間の文書による合意	国連憲章、日米安全保障条約など

POINT 3 法の解釈

拡張解釈	日常的に使用している通常の意味よりも広く解釈すること
縮小解釈	日常的に使用している通常の意味よりも狭く解釈すること
類推解釈	ある事項に関する規定がない場合に、類似する別の事項に関する規定を適用して解釈すること
反対解釈	ある事項に関する規定がある場合に、その規定にない別の事項については、その規定は適用されずに、その規定とは反対の効果があると解釈すること
文理解釈	規定されている文言・文章について、その意味を文字通りそのまま解釈すること
論理解釈	規定されている文言・文章について、その意味を文字通りではなく、文言・文章の意味以外のことも取り入れて解釈すること

1 「法の支配」とは、法を権力によって拘束し、国民の権利を擁護しようとする原理である。

× 「法の支配」とは、恣意的な支配を排除して**権力を法によって**拘束し、国民の権利を擁護しようとする原理である。

---

2 「法治主義」とは、法の内容を重視した原則であり、ドイツで発達した。そして、法律によれば個人の自由も制限可能であるという意味を含んでいる。

× 「法治主義」とは、法の内容よりも**法の形式**を重視した原則であり、**ドイツ**で発達した。そこには、法律によれば個人の自由も制限可能であるという意味を含んでいる。

---

3 文章でその内容が表現されていない法が不文法である。人々の生活の中で自然発生的にできたルールである慣習法は、判例と同様に、成文法に分類される。

× 文章でその内容が表現されていない法が不文法である。人々の生活の中で自然発生的にできたルールである慣習法は、判例と同様に、**不文法**に分類される。

---

4 公法とは、国家・地方公共団体と私人の関係を規律する法である。その具体例としては民法がある。そして、私法とは、私人相互の関係を公的に規律する法である。その具体例として刑法がある。

× 公法とは、国家・地方公共団体と私人の関係を規律する法である。その具体例として、私人の犯罪について国家が科す刑罰を規律した法である**刑法**がある。そして、私法とは、私人相互の関係を公的に規律する法であり、その具体例として、私人間の権利義務関係を公的に規律した法である**民法**がある。

5 長い期間繰り返され、定着した行動や振る舞いが自然発生的にルールとなったものは、実定法である。その具体例として最高裁判所規則などがある。

× 長い期間繰り返され、定着した行動や振る舞いがルールとなったものは、**慣習法**である。最高裁判所規則は実定法であり、成文法である。

6 命令とは、国の行政機関が定める規範のことで、内閣が定める省令、内閣府が定める内閣府令、各省大臣が定める政令などがある。

× 命令とは、国の行政機関が定める規範のことである。その具体例としては、内閣が定める**政令**（憲法73条6号）、内閣府が定める**内閣府令**（内閣府設置法7条3項）、各省大臣が定める**省令**（国家行政組織法12条）などがある。

7 条約とは、国家間の文書による合意であり、国際法の代表例である。

○ 条約とは、国家間の文書による合意であり、国際法の代表例である。なお、条約の締結は内閣の権限（憲法73条3号）とされているが、事前に又は事後に国会の承認が必要（同号）となり、**国会の承認**によって国内法として効力発生する。

8 条例とは地方公共団体の議会によって制定されるもので、国の法令に反する条例を定めることはできない。

○ 条例とは、地方公共団体の議会によって制定されるものである（地方自治法96条1項1号）。そして、各地方公共団体の自治に関する事項を定めることができるが、**法律の範囲内**（憲法94条）に限られ、国の法令（法律その他下位規範）に反する条例を定めることはできない。

問題 1

特別区Ⅰ類（2017年度）

法の支配に関するA〜Dの記述のうち、妥当なものを選んだ組合せはどれか。

A 法の支配とは、恣意的な支配を排除して権力を法によって拘束し、国民の権利を擁護しようとする原理であり、国王が全てを支配する人の支配に対立する考え方である。

B コモン・ローは、ドイツにおいて、裁判所が判決を通じて作り上げてきた慣習法の体系であり、普通法・一般法ともよばれ、議会が制定した制定法と区別される。

C エドワード・コークは、「国王は何人の下にもあるべきではない。しかし、国王といえども神と法の下にあるべきである」というブラクトンの言葉を引用して、王権に対するコモン・ローの優位を主張した。

D 法治主義とは、イギリスで発達した考え方で、法の形式よりも法の内容を重視した原則であり、法律によれば個人の自由も制限可能であるという意味を含んでいた。

1．A、B
2．A、C
3．A、D
4．B、C
5．B、D

→解答・解説は別冊P.021

問題2

成文法と不文法に関する次のA～Dの記述の正誤の組合せとして最も妥当なものはどれか。

A 文章でその内容が表現された法を成文法といい、判決は記録されて書面として残されるから、判例は成文法である。

B 衆議院規則、参議院規則、最高裁判所規則などは、手続や内部規律についてのルールを定めたものであるから、成文法には含まれない。

C 文章の形式をとらないが法源として認められるものを不文法といい、人々の生活の中で自然発生的にできたルールである慣習法は不文法の代表的な例である。

D 国際法の代表例である条約は、国家間の文書による合意であり、法源としては成文法に分類される。

```
      A    B    C    D
1.    正   正   誤   誤
2.    正   誤   正   誤
3.    正   誤   誤   正
4.    誤   正   誤   正
5.    誤   誤   正   正
```

➡解答・解説は別冊P.021

問題3　　　　　　　　　　　　　　　　　　

法の分類に関する記述として、妥当なのはどれか。

1　条約は、国家間で合意された国際法であり、条約には国連憲章や日米安全保障条約などがある。

2　公法は、国家と私人の権力関係や、私人相互の関係を公的に規律する法であり、公法には刑法や民法などがある。

3　社会法は、国家や地方公共団体相互の関係を規律する法であり、社会法には地方自治法や国家公務員法などがある。

4　自然法は、長い期間繰り返され、定着された行動や振る舞いがルールとなったものであり、自然法には慣習法などがある。

5　成文法は、権限に基づく行為により定められ、文書の形をとった法であり、成文法には判例法などがある。

➡解答・解説は別冊P.022

問題 4

裁判所職員（2021年度）

法の存在形式に関する次のA～Dの記述のうち、妥当なもののみを全て挙げているものはどれか。

A 命令とは、国の行政機関が定める規範のことをいい、内閣が定める政令、内閣府が定める内閣府令、各省大臣が定める省令などがある。

B 判例とは、先例となる判決や決定のことをいい、裁判官は、憲法や法律に拘束されるのと同じく過去の同様の事件における判例にも拘束される。

C 地方公共団体の議会によって制定される条例は、各地方公共団体の自治に関する事項を定めることができるが、国の法令に反する条例を定めることはできない。

D 条約は、外務大臣が締結し、国会が事前又は事後に承認することで国内法としての効力を有することになる。

1. A、B
2. A、C
3. B、C
4. B、D
5. C、D

➡解答・解説は別冊 P.022

2 | その他の法

STEP 1 | 要点を覚えよう！

POINT 1 民法の基礎

（1）基本原則

民法における基本原則が民法1条において規定されている。

①まず、民法等の私法上の権利は、公共の福祉に適合しなければならない（民法1条1項）。

②次に、権利の行使及び義務の履行は、信義に従い誠実に行わなければならない（民法1条2項）。

③権利の濫用は、これを許さない（民法1条3項）。

（2）損害賠償の範囲

債務不履行により損害を被った場合、債権者は債務者に対して、**通常生ずべき**損害の賠償をさせることができる（民法416条1項）。もっとも、特別な事情による損害について、「当事者がその事情を**予見すべき**であったときは、債権者は、その賠償を請求することができる。」（同条2項）。

（3）損害賠償の方法

「損害賠償は、別段の意思表示がないときは、**金銭をもってその額を定める。**」（民法417条）と規定されており、金銭賠償が原則である。なお、債務不履行がなかったのと**同じ状態**に戻すことを原状回復という。

（4）賠償額の予定

「当事者は、債務の不履行について損害賠償の額を予定することができる。」（民法420条1項）、「違約金は、賠償額の予定と推定する。」（同条3項）と規定されている。

●**重要判例①**：判例では、「金銭を目的とする債務の履行遅滞による損害賠償の額は、法律に別段の定めがある場合を除き、約定又は法定の利率により、債権者はその損害の証明をする必要がないとされているが、その反面として、たとえそれ以上の損害が生じたことを立証しても、その賠償を請求することはできない」としている（最判昭48.10.11）。

●**重要判例②**：判例では、「契約の一方当事者が、当該契約の締結に先立ち、信義則上の説明義務に違反して、当該契約を締結するか否かに関する判断に影響を及ぼすべき情報を相手方に提供しなかった場合には、上記一方当事者は、相手方が当該契約を締結したことにより被った損害につき（中略）当該契約上の債務の不

履行による賠償責任を負うことは**ない**」としている（最判平23.4.22）。

POINT 2　労働に関する法律

(1) 労働法

　労働法とは、具体的な法律の名称ではなく、労働者と使用者との雇用関係等の個別的労働関係、また労働組合と使用者との団体的労働関係等を規律する法律の総称である。そして、労働三法とは、**労働基準法**、**労働組合法**及び**労働関係調整法**のことである。

(2) 労働基本権

　労働基本権（憲法28条）の内容として、団結権、団体交渉権、団体行動権（争議権）があり、**労働組合法**等の労使関係法により具体化されている。

①**団結権**：団結権とは、使用者と対等な立場で交渉するために、一般的に労働組合を組織する権利をいう。

　なお、労働組合には、労働者に対して組合への入会を強制し、労働者が労働組合員でなくなった場合には、使用者がその労働者を解雇するという使用者との協定（ユニオン・ショップ協定）が存在する場合がある。

②**団体交渉権**：団体交渉権とは、団結権に基づいて結束した労働組合が、労働条件などを使用者と交渉する権利である。

③**団体行動権（争議権）**：団体行動権（争議権）とは、労働条件の実現を図るために行動をする権利をいう。

　なお、労働組合が団体交渉権を行使しても、使用者にその交渉に従うべき義務はないため、労働者が使用者に対して労働条件を改善するよう圧力をかけるために、**ストライキ**（労働を行わないこと）、**サボタージュ**（労働効率を下げること）、**ボイコット**（不買運動）などを行うことがある。

(3) 労働組合法

・労働組合が争議行為を行った場合、労働者は正当な行為である限り刑罰を**科されない**（同法1条2項）。

・「使用者は、同盟罷業*その他の争議行為であつて正当なものによつて損害を受けたことの故をもつて、労働組合又はその組合員に対し賠償を請求することが**できない**。」（同法8条）。

(4) 労働関係調整法

　労働争議に関し当事者間の自主的な解決が不調の場合、**労働委員会**が、あっせん・調停・仲裁等の方法によって公正な調整を図る（同法5条等）。

(5) 労働に関する法律の重要判例

●**重要判例**①：国家公務員法等の各法令により、国家公務員や地方公務員は労働三権が制限されており、最高裁の判例は、**公務員の争議行為の一律禁止**は**合憲**で

---

*　同盟罷業…ストライキのこと。

あるとの判断を示し（全農林警職法事件：最大判昭48.4.25）、今日に至っている。
●**重要判例②**：判例では、結社の自由（憲法21条1項）や団結権（憲法28条）に基づいて結成された労働組合は、その目的を達成するために必要かつ合理的な範囲で、組合員に対して統制権を有している。また、地方議会議員の選挙にあたり、組合を挙げてその選挙運動を推進することは、組合活動として立候補を思いとどまるよう勧告、説得するまでは許されるが、**立候補を取りやめるよう要求し、従わない場合は違反者として処分すること**は**違法**であるとしている（三井美唄労働組合事件：最大判昭43.12.4）。

POINT 3 　消費者保護に関する法律

（1）消費者契約法

・消費者は、事業者が重要事項について事実と異なることを告げた場合等には、誤認に基づき行われた契約を**取り消す**ことができる（同法4条1項各号）。
・被害に遭った消費者に代わり、**内閣総理大臣**が認定した**消費者団体**（同法13条1項）が、被害を発生させた事業者に対して訴訟などをできる消費者団体訴訟制度が定められている（同法12条等）。

（2）消費者基本法の関連事項

・消費者保護基本法（1968年施行）から消費者基本法（2004年施行）へ改正。
・消費者庁及び消費者委員会設置法に基づいて**消費者庁・消費者委員会**を設置。
・国民生活センターが1970年に設立（消費者保護基本法に基づくものではない）。

（3）クーリング・オフ制度

・クーリング・オフ制度とは、一定期間内であれば違約金や取消料を支払うことなく契約を解消できる制度である（特定商取引法〔特定商取引に関する法律〕48条）。ただし、訪問販売や電話勧誘などに限って認められており、店舗での販売のほか、通信販売や電子商取引などは**対象外**となっている。
・割賦販売法において個別クレジット契約に関するクーリング・オフ制度（同法35条の3の10・11）を**規定している**が、電子契約法（電子消費者契約に関する民法の特例に関する法律）においてはクーリング・オフ制度に関する規定は**存在しない**。

（4）製造物責任法（PL法）

　「**欠陥**により他人の生命、身体又は財産を**侵害**したときは、これによって生じた損害を**賠償**する責めに任ずる。」（同法3条本文）。

（5）多重債務の問題

・グレーゾーン金利とは、利息制限法の制限利率に違反した高利率となるが、出資法（出資の受入れ、預り金及び金利等の取締りに関する法律）の上限金利の範囲内の金利である。

- みなし弁済とは、一定の条件を満たした貸金業者は、利息制限法に違反した高利率な金額を受領しても有効とみなす旧貸金業規制法（貸金業の規制等に関する法律）の制度である。
- 多くの貸金業者がみなし弁済としてグレーゾーン金利で営業していたため、法改正により、出資法の利率引き下げ、貸金業規制法を貸金業法と改めてみなし弁済規定の廃止や総量規制（個人年収の3分の1超の貸付け禁止）が導入された。また、利息制限法の制限利率に違反する場合、その超過部分は無効となった。

POINT 4 情報に関する法律

（1）個人情報保護法（個人情報の保護に関する法律）

個人情報取扱事業者は個人情報の利用目的特定義務がある（同法17条1項）。法令に基づく場合などを除き、あらかじめ本人の同意を得ないで個人データを第三者に提供することを禁じている（同法27条）。

（2）情報公開法（行政機関の保有する情報の公開に関する法律）

国民主権の理念の下、中央省庁（同法2条）に対して、行政文書の開示請求権と、政府の説明責任（アカウンタビリティ）を規定（同法1条）している。誰でも開示を請求することができる（同法3条）。

（3）特定秘密保護法（特定秘密の保護に関する法律）

特定秘密の指定及び取扱者の制限その他の必要な事項を定めて、その漏えいの防止を図り、国や国民の安全確保を目的とする（同法1条）。行政機関の長が指定した機密情報を漏えいした公務員に対して罰則（同法第七章「罰則」）がある。

（4）知的財産権を保護するための法律

著作権は、著作者人格権（著作権法18条〜20条）と著作財産権（同法21条〜28条）を内容としており、そのうち著作財産権は、著作者が一定期間独占的に著作物を利用できる権利である。

発明は特許法、考案は実用新案法、デザインは意匠法、ロゴマークは商標法という各法の規定に従って特許庁へ申請することで各知的財産権の保護を受ける。なお、許可なしに顔写真などの肖像を撮影・利用されたりしないように主張できる肖像権、有名人の名前や肖像が無断で商品化・宣伝などに利用されたりできないようにするパブリシティ権に関する規定は、商標法には存在しない。

ここで差をつける！ ▶ 知的財産権とその対象

著作権…著作物（小説、楽曲など）　　特許権…発明
意匠権…デザイン　　　　　　　　　　商標権…ネーミング・マーク（識別標識）
実用新案権…考案（物品の形状、構造又は組合せ）

1 民法において、損害賠償は、現物を返還することが原則となっており、返還ができない場合は例外的に金銭賠償ができるとされている。

× 民法417条に「損害賠償は、別段の意思表示がないときは、**金銭**をもってその額を定める。」と規定されており、損害賠償は金銭賠償が原則である。

2 労働法とは、具体的な法律の名称で、労働者と使用者との雇用関係等の個別的労働関係、労働組合と使用者との団体的労働関係等を規律する。そして、労働三法とは、労働基準法、労働組合法及び労働関係調整法のことである。

× 労働法とは、具体的な法律の名称**ではなく**、労働者と使用者との雇用関係等の個別的労働関係、労働組合と使用者との団体的労働関係等を規律する法律の総称である。そして、労働三法とは、**労働基準法、労働組合法及び労働関係調整法**のことである。

3 法律により国家公務員や地方公務員は労働三権が制限されている。最高裁は公務員の争議行為の一律禁止は違憲であるとの判断を示し、今日に至っている。

× 国家公務員法等の各法令により、国家公務員や地方公務員は労働三権が制限されているが、最高裁は公務員の争議行為の一律禁止は**合憲**であるとの判断を示し（全農林警職法事件：最大判昭48.4.25）、今日に至っている。

4 事業者が重要事項について事実と異なることを告げただけで消費者に損害が発生していないのであれば、消費者は、いくら誤認に基づく契約であっても取り消すことはできない。

× 消費者は、事業者が重要事項について**事実と異なる**ことを告げた場合等には、誤認に基づき行われた契約を取り消すことができる（消費者契約法4条1項各号）。

5 情報公開法（行政機関の保有する情報の公開に関する法律）において、国民は誰でも中央省庁に対して行政文書の開示請求ができるとし、政府の説明責任を規定している。

○　国民主権の理念の下、中央省庁（情報公開法2条）に対して、行政文書の開示請求権と、政府の**説明責任**（アカウンタビリティ）を規定（同法1条）している。また、外国人も開示請求できる（同法3条）。

6 個人情報保護法において、個人情報取扱事業者は個人情報の取扱いについて、利用目的を特定する義務がある。また、原則として、あらかじめ本人の同意を得ないで個人データを第三者に提供することを禁じている。

○　個人情報取扱事業者は個人情報の**利用目的特定義務**があり（個人情報保護法17条1項）、また、法令に基づく場合などを除き、あらかじめ本人の**同意**を得ないで個人データを第三者に提供することを**禁じている**（同法27条）。

7 消費者契約法では、被害に遭った消費者に代わり内閣総理大臣が認定した消費者団体が、国や地方公共団体に対して不当な行為による損害賠償請求訴訟を起こせる消費者団体訴訟制度が定められている。

×　消費者契約法では、被害に遭った消費者に代わり内閣総理大臣が認定した消費者団体（同法13条1項）が、被害を発生させた**事業者**に対して訴訟を起こせる消費者団体訴訟制度が定められている（同法12条等）。

8 クーリング・オフ制度とは、一定期間内であれば違約金や取消料を支払うことなく契約を解消できる制度である。

○　クーリング・オフ制度とは、一定期間内であれば違約金や取消料を支払うことなく契約を**解消**できる制度である（特定商取引法〔特定商取引に関する法律〕48条）。

問題 1

東京都 I 類（2022 年度）

債務不履行による損害賠償に関する記述として、妥当なのはどれか。

1 債務不履行により債権者が損害を被った場合には、損害賠償の範囲は債務不履行がなければ生じなかった損害全てに及び、特別な事情による損害も、通常生ずべき損害と同様に損害賠償の対象となる。

2 債権者と債務者の間であらかじめ違約金を定めておいた場合には、その違約金は原則として債務不履行に対する制裁と推定されるため、債務者は、債権者に対し、現実に発生した損害賠償額に加えて違約金を支払わなければならない。

3 金銭賠償とは、損害を金銭に算定して賠償するものであり、原状回復とは、債務不履行がなかったのと同じ状態に戻すものであるが、債務不履行による損害賠償の方法としては金銭賠償が原則とされる。

4 昭和48年に最高裁は、金銭を目的とする債務の履行遅滞による損害賠償については、法律に別段の定めがなくとも、債権者は、約定または法定の利率以上の損害が生じたことを立証すれば、その賠償を請求することができるとした。

5 平成23年に最高裁は、売買契約の締結に先立ち、信義則上の説明義務に違反して、契約締結の判断に影響を及ぼす情報を買主に提供しなかった場合、売主は契約締結により買主が被った損害に対し、契約上の債務不履行による賠償責任を負うとした。

➡解答・解説は別冊 P.023

問題2

労働法に関する記述として、妥当なのはどれか。

1 労働基本権とは、団結権、団体交渉権、団体行動権（争議権）の三つをいい、労働基準法において定められている。

2 労働法とは、個別的労働関係、団体的労働関係を規律する法の総称であり、労働三法とは労働基準法、労働契約法、労働関係調整法をいう。

3 国家公務員や地方公務員は労働三権に制限が加えられ、最高裁では全農林警職法事件において公務員の争議行為の一律禁止は合憲であるとの判断を示し、今日に至っている。

4 労働関係調整法は、労働争議が発生し、当事者間の自主的な解決が不調の場合に労働基準監督署が、あっせん・調停・勧告の三つの方法によって、争議の収拾にあたることなどを定めている。

5 労働組合法は、労働組合が争議行為を行った場合、労働者は正当な行為である限り刑罰を科されることはないが、使用者は当該争議行為によって受けた損害について、労働組合に賠償請求できるとしている。

➡解答・解説は別冊 P.024

我が国における情報の管理・保護に関する記述として最も妥当なのはどれか。

1　個人情報保護法は、個人情報取扱事業者が個人情報を取り扱う場合は、その利用の目的をできる限り特定することを義務付けている。また、法令に基づく場合などを除き、あらかじめ本人の同意を得ないで、個人データを第三者に提供することを禁じている。

2　情報公開法は、国民主権の理念に基づいて、中央省庁の行政文書の開示を請求する権利と、政府の説明責任（アカウンタビリティ）を規定している。同法に基づき、行政文書の開示が認められるためには、請求者が我が国の国籍を有し、かつ18歳以上であることが必要である。

3　特定秘密保護法は、機密情報を保護し、その漏えい防止を図るための法律である。機密情報は、公務員が職務上知り得た情報のうち、国家安全保障会議が指定したものであり、この機密情報を漏えいした公務員に対する罰則が規定されている。

4　著作権法は、知的財産権を保護するための法律の一つである。著作権は、新しい発明や考案、デザインやロゴマークなどの著作者が、それらを一定期間独占的に利用できる権利であり、同法による保護を受けるためには、特許庁に申請する必要がある。

5　商標法は、知的財産権を保護するための法律の一つである。同法は、許可なしに顔写真などの肖像を撮影されたり、利用されたりしないように主張できる肖像権や、有名人の名前や肖像が無断で商品化されたり、宣伝などに利用されたりできないようにするパブリシティ権を規定している。

→**解答・解説は別冊P.025**

CHAPTER

国際関係

この章で学ぶこと

● 議院内閣制と大統領制

　まずは既習の日本の議院内閣制と、大統領制を対比して押さえます。議院内閣制では、選挙で選ばれるのは立法府議員だけで、多数派が行政府を組織します。内閣は原則として立法府議員から構成され、連携して政治を進めて行く特色が強く出ています。一方で、大統領制は行政を担う大統領を国民が選挙で選びます。立法府である議会から選出されないどころか、大統領は議員との兼職もできません。独任制で強い権限がありますが、原則として大統領は法案提出や議会解散はできませんし、議会も大統領の不信任決議を採ることはできません。行政と立法は完全に権力が分立し、干渉を極力排除しているのが特徴です。

● アメリカの統治機構

　連邦議会の上院は各州２名で選出されます。元々、アメリカ合衆国連邦と言うのは、各州が独立した国であり、それが連合した共同体です。国と国が結ぶ条約は本来ならば州が個別に締結するものなので、条約批准承認権は上院に与えられています。一方で、下院は人口に比例して議席数が定められています。つまり民意がより反映されているため、何にお金を使うかの予算先議権は下院に与えられています。
　アメリカ大統領を選出する選挙は、国民が直接投票するのではなく、どの候補に投票するかを明示した選挙人を選びます。選挙人は各州の人口などによって割り当てられており、ほとんどの州では、投票された選挙人の数で勝った候補がその州の割り当て数を総取りします。この「総取り」に、各州が独立した国という意識が強く表れています。「州としての判断は1つしかない」という考えで、地域を代表する選挙人も全員で同一の意思表示をするのです。そしてアメリカ全土で選挙人の過半数を得た候補者が当選する仕組みです。

● 英米の二大政党制

　主に自由重視か福祉重視かで政党が分かれています。アメリカは共和党と民主党です。共和党は元々奴隷制廃止の勢力から生まれたため、政府介入を抑え自由競争や減税を推進し、民主党は社会保障や生活保護などの福祉を推進します。イギリスは保守党と労働党です。保守党は自由を重視し、労働党は「ゆりかごから墓場まで」の福祉を重視します。

国家総合職（教養区分）

　国際政治に関する出題が多く、頻出分野であると認識しておこう。各国の統治機構の違いを整理するのみならず、自身で説明できる段階まで深めておきたい。世界の条約や機構と日本の批准や参加の経緯、国内への影響などをまとめておこう。

国家一般職・専門職

　令和6年度の採用試験より、知識分野の出題が「自然・人文・社会に関する時事、情報」6題に変更となったが、国際的な機構や条約につき、最新時事と絡めて出題される可能性は高い。

地方上級

　しばしば出題されているため、重要事項をしっかりとまとめておきたい。国際政治もよく出題されるが、他の試験と比べ、主要国の統治機構が頻繁に聞かれる傾向がある。

裁判所職員

　国家一般職・専門職採用試験と同様に裁判所職員採用試験においても、知識分野の出題が時事問題を中心とする6題に変更となったが、国際的な機構や条約につき、最新時事と絡めて出題される可能性は高い。

東京都Ⅰ類

　時事的な情勢を踏まえた出題が多く、頻出分野となっている。内容は基礎的事項を問うものが中心のため、そこまで深い考察は求められない。ニュースなどで話題を見たらその都度、関連する重要事項を確認するような学習が望ましい。

特別区Ⅰ類

　出題は頻出である。主要国の統治体制を比較しながら整理するとともに、地域紛争や時事的に取り上げられているテーマに関しての歴史的経緯を踏まえておくと良い。

市役所

　国際政治がしばしば出題されている。基本事項をまとめておき、時事問題で出てくる度に確認するような学習が効果的である。

警察・消防

　難しい事項や深い考察は出題されないため、キーワードをしっかりと押さえておこう。普段からニュースを見ておくことも対策として有効である。

各国の政治制度

STEP **1** 要点を覚えよう！

POINT **1** アメリカの政治体制

アメリカの大統領制度は、立法権をもつ連邦議会議員と行政権の長である大統領がそれぞれ国民の選挙によって選出され、**厳格な三権分立制度**がとられている。

議会が制定する法案は、大統領に送付されるが、大統領は承認しないこともできる（**拒否権**）。連邦裁判所は、制定された法令が憲法に違反しないかどうか審査する**違憲審査権**を有している。

大統領は、国民による**間接選挙**によって選ばれる。すなわち、国民は各州に配分されている大統領選挙人を選挙によって選出し、大統領選挙人が大統領を選出する。大統領の任期は**4年**で、三選は禁止されている。

アメリカは民主党と共和党の**二大政党制**であり、2021年からは第46代大統領として、民主党のバイデン大統領が就任している。

大統領は、**法案提出権や議会解散権を有しない**が、議会に教書を送付したり、議会が制定した法案に対する拒否権を有する。拒否権を行使された法案は、議会がさらに3分の2以上の賛成で再可決すれば成立する。

連邦議会は、6年の任期で各州から2名ずつ選出された合計100名の議員からなる上院と、2年の任期で各州からその人口に比例して選出される議員からなる下院による両院制（二院制）である。いずれも国民の**直接選挙**によって選ばれる。条約の締結や高級官吏の任命については、上院のみ同意権を有している。

裁判所は、制定された法令に対して違憲審査権を有しているが、憲法で規定されているわけではなく、判例によって認められたものである（**マーベリー対マディソン事件判決**）。

POINT **2** イギリスの政治体制

イギリスは、世襲の君主が主権をもつ君主制をとっているものの、中世の絶対王政の君主のように絶対的権限をもっているわけではない。名誉革命を通して、国王は君臨すれども統治せずという、いわゆる**立憲君主制**がとられている。

国王は勲章の授与や議会の解散、首相の任命などの権限を有するが、いずれも議会の制定した法律や慣習法に則って行使している。

また議会は、下院である庶民院と上院である貴族院の両議院制である。

首相は、慣習法により、下院議員の中から総選挙で庶民院の過半数の議席を獲得した政党の党首が任命される。

政府、与党の内閣と対する組織として**影の内閣**が存在し、その首相には野党第

一党の党首が就任する。これによって、野党は政権交代に備えることができる。

> 日本は、イギリスと同様に議院内閣制をとっているよ。

POINT 3　フランスの政治体制

　フランスは、議院内閣制をとりながらも、より強力な権限をもつ大統領制も採用している。いわゆる**半大統領制**と呼ばれるものである。

　従来、形式的・儀礼的なものとされていた大統領の権限は、第五共和国憲法のもとでは、軍の指揮権、条約の批准権、首相の任免権、国民議会の解散権など大幅に**強化された**。一方で、内閣は議会に対して責任を負う議院内閣制をとっている。

　なお、大統領の任期は5年である。大統領選挙では、第1回の投票でいずれの候補者も有効投票の過半数を得ることができなければ、上位2人による決選投票が行われる。

POINT 4　ドイツの政治体制

　ドイツは、**議院内閣制**がとられており、行政権は連邦議会議員から選出された**首相**が行う。首相の任期は4年である。連邦会議によって選出される大統領は、国家統合の象徴としての役割をもつにすぎない。大統領の任期は5年である。

POINT 5　中国の政治体制

　中国では、いわゆる**民主集中制**がとられており、**三権分立が否定**されている。立法権をもつ**全国人民代表大会（全人代）**によって、国家主席や最高人民法院院長が選ばれる。全人代は一院制であり、毎年1回開催され、議員の任期は5年である。他政党もあるが、共産党による事実上の一党制となっている。**国家主席**は中国の代表であり、任期は5年、三選禁止となっていたが、2018年以降、終身制となっている。

POINT 6　ロシアの政治体制

　ロシアでは、大統領と首相が存在する**半大統領制**がとられているが、**大統領が強い権限**をもっており、首相任命権や議員の同意なしに大統領令を発し、議会を解散する権限をもつ。大統領の任期は6年である。

ここで動き出る！▶ 大統領が存在する国の政治体制

アメリカ→大統領制
フランス→半大統領制で大統領権限が強い
ドイツ　→議院内閣制で**首相**が行政権をもつ
ロシア　→半大統領制で大統領権限が強い

1 アメリカの大統領制は、厳格な三権分立がとられているが、大統領の権限が強いため、大統領は議会に対する解散権をもつ。

×　アメリカの大統領制は、厳格な三権分立がとられているため、議会は大統領に対する**不信任決議権**がないし、大統領は議会に対する**解散権**をもたない。

2 アメリカでは、立法権を有する連邦議会に対し、行政権を有する大統領が法案提出権を有するが、連邦議会はこれを拒否する拒否権を有する。

×　アメリカでは、大統領に**法案提出権**がないが、議会が制定した法案に対して、大統領が承認を拒絶する拒否権を**有する**。

3 アメリカでは、大統領、連邦議会議員はそれぞれ国民からの直接選挙によって選出されることで、互いに抑制と均衡が働いている。

×　アメリカでは、大統領は国民から選出された大統領選挙人による**間接選挙**、連邦議会議員は国民からの**直接選挙**によって選出される。

4 イギリスでは、政治において君主制をとっているものの、「国王は君臨すれども統治せず」とされており、実際の政治は議会の信任に基づく内閣によって行われる議院内閣制をとっている。

○　イギリスでは、政治において君主制をとっているものの、「国王は君臨すれども統治せず」とされており、いわゆる**立憲君主制**をとっている。実際の政治は議会の信任に基づく内閣によって行われる議院内閣制をとっている。

5 フランスでは、大統領と首相が存在しており、大統領は形式的、儀礼的な存在にすぎず、実際には首相が行政権を有する議院内閣制を採用している。

×　フランスでは、大統領と首相が存在しているが、大統領は、**首相任免権**など強大な権限をもち、**半大統領制**と呼ばれている。

6 日本は、アメリカ型の大統領制ではなく、イギリス型の議院内閣制を採用している。

○ 日本は、国会によって首相を選出するなどイギリス型の**議院内閣制**を採用している。

7 ドイツでは、アメリカと同様に大統領制がとられており、大統領には強い権限が与えられている。

× ドイツでは大統領が存在するが、国家統合の**象徴**としての役割をもつにすぎない。行政の実務は首相が行っており、議院内閣制がとられている。

8 イギリスでは、内閣に対する組織として影の内閣が存在し、いつでも政権交代に対応できるようになっている。

○ イギリスでは、与党である内閣に対する組織として、野党の党首を中心とした**影の内閣**が存在し、いつでも政権交代に対応できるようになっている。

9 中国では、民主集中制がとられており、最高機関である全国人民代表大会（全人代）によって国家主席が選出され、最高人民法院の院長は、国家主席によって選出される。

× 中国では、**民主集中制**がとられており、最高機関である**全国人民代表大会（全人代）**によって国家主席や最高人民法院の院長が選出される。

10 ロシアでは、議院内閣制が採用され、大統領は象徴的な存在にすぎず、実質的に行政権を行うのは首相である。

× ロシアでは、大統領と首相が存在する**半大統領制**がとられているが、**大統領**が強い権限をもっている。大統領の任期は6年で、三選が禁止されているが、2020年に改憲が成立し、今までの通算任期の数をゼロとみなすことになっているため、プーチン大統領の続投が可能となっている。

問題 1

特別区Ⅰ類（2022 年度）

世界の政治体制に関するA～Dの記述のうち、妥当なものを選んだ組合せはどれか。

A　アメリカの連邦議会は、各州から2名ずつ選出される上院と、各州から人口比例で選出される下院から成り、上院は、大統領が締結した条約に対する同意権を持つ。

B　アメリカの大統領は、国民が各州で選んだ大統領選挙人による間接選挙によって選ばれ、軍の最高司令官であり、条約の締結権や議会への法案提出権などを持つが、連邦議会を解散する権限はない。

C　フランスは、国民の直接選挙で選出される大統領が議会の解散権などの強大な権限を有する大統領制と、内閣が議会に対して責任を負う議院内閣制を併用していることから、半大統領制といわれる。

D　中国では、立法機関として全国人民代表大会、行政機関としての国務院、司法機関としての最高人民法院が設けられており、厳格な権力分立制が保たれている。

1．A、B
2．A、C
3．A、D
4．B、C
5．B、D

➡解答・解説は別冊P.026

　　　　　　　　　　　　　　　　　　　　　国家総合職（2020年度）

現代における各国の政治制度に関する記述として最も妥当なのはどれか。

1 英国では、君主制が存続しているが、国王は君臨するのみで統治権を持たない。また、議会は、非民選の上院（貴族院）と民選の下院（庶民院）から成り、首相には、下院で多数を占める政党の党首が選出されることが慣例である。下院では、二大政党が政権獲得を目指しているが、野党となった政党は、影の内閣（シャドー・キャビネット）を組織して政権交代に備えている。

2 フランスでは、国家元首である大統領が国民の直接選挙で選ばれるが、同時に、直接選挙で選ばれた首相が内閣を形成し、内閣は議会に対して責任を負うという半大統領制が採用されている。ただし、国家元首である大統領は大きな権限を有しておらず、専ら儀礼的・形式的な権限のみを有している。

3 米国では、連邦議会によって定められた法律に対する国民の信頼が強く、また、権力分立を徹底するため、連邦裁判所に違憲審査権は認められていない。一方、憲法に違反する法令が執行されることを防ぐため、大統領には、連邦議会が可決した法案に対する拒否権が認められている。

4 我が国では、議院内閣制が採用されており、内閣は、衆議院又は参議院で不信任の決議案が可決されるか、信任の決議案が否決されたときは、10日以内に衆議院が解散されない限り、総辞職をしなければならない。また、内閣総理大臣は、国務大臣を任命することができるが、その過半数は衆議院議員でなければならない。

5 中国では、国家の最高機関である一院制の全国人民代表大会（全人代）が年2回開催され、全人代の議員の任期は3年である。また、権力集中制（民主集中制）が採用されており、権力分立が否定されていることから、全人代で選出される国家主席が、司法機関である最高人民法院の院長を兼務することとされている。

➡解答・解説は別冊 P.026

問題3

次のA～Eのうち、アメリカの大統領制に関する記述の組合せとして、妥当なのはどれか。

A　大統領は、議会が大統領を選ぶ間接選挙によって選出される。

B　大統領は、議会の不信任決議に対し、議会を解散する権限をもつ。

C　大統領は、議会が可決した法案への署名を拒否する拒否権をもつ。

D　大統領は、議会に対し、教書を送付する権限をもつ。

E　大統領は、憲法の最終解釈権をもち、違憲立法審査権を行使する。

1．A、B
2．A、E
3．B、C
4．C、D
5．D、E

➡解答・解説は別冊 P.027

問題4

大統領が存在する国に関する次のA～Dの記述のうち、妥当なもののみを全て挙げているものはどれか。

A フランスの大統領は任期5年で国民の直接選挙で選出され、首相を任免するなどの強大な権限があるが、一部議院内閣制を取り入れていることから、フランスは半大統領制の国といえる。

B アメリカは厳格な三権分立の国であるため、任期4年で国民の間接選挙で選出される大統領は、議会を解散することができず、議会から不信任決議を受けることもない。

C ドイツでは連邦議会から任期5年の大統領と首相が選出されるが、首相は象徴的な存在とされ政治的な実権を有さないことから、ドイツの政治体制は大統領制とされる。

D ロシアは大統領と首相が共に存在し、大統領は任期6年で三選が禁止され、首相は連邦議会から選出されるため、内閣は議会を解散し議会は内閣に不信任決議をすることができる。

1. A、B
2. A、C
3. B、C
4. B、D
5. C、D

➡ 解答・解説は別冊P.027

STEP 1 要点を覚えよう！

POINT 1 人権保障に関する条約

　第二次世界大戦による凄惨な人権侵害の反省から、**1948年**に国連は人権の具体的内容を定めた**世界人権宣言**を採択した。これには法的拘束力はないが、その後、**1966年**に締約国に対する拘束力をもつ**国際人権規約**を採択した。国際人権規約は、「経済的、社会的及び文化的権利に関する国際規約」（社会権規約、**A規約**）と「市民的及び政治的権利に関する国際規約」（自由権規約、**B規約**）及び選択議定書から成り立っている。

　日本も1979年に一部を留保し、両規約を批准している。ただし、選択議定書は批准していない。その他、日本が批准している条約としては、女子差別撤廃条約や児童の権利に関する条約*、人種差別撤廃条約などがある。

POINT 2 国際法

　三十年戦争の最中である1625年、**オランダ**の**グロティウス**が『**戦争と平和の法**』を著し、国家間の戦争におけるルールについて、自然法を適用して論証した。これが国際法の始まりとされている。

　国際法には、国家間の行為が反復継続的に行われることで慣例化されルールになった**国際慣習法**と、文書によって明文化された国家間の合意である**条約**がある。前者の例として**公海自由の原則**、後者の例として憲章、規約などが挙げられる。また、適用場面での分類として平時国際法、戦時国際法がある。

　国際法の課題は、国内法とは違い、統一的な立法機関や司法機関が存在しないため、法的強制力に限界がある点である。

POINT 3 国際連合の主要機関

　国際連合（国連）は、第二次世界大戦前の国際連盟に代わって、**1945年**に設立された国際機構である。主要機関として、毎年１回開催され、全ての加盟国が参加し、あらゆる国際課題を議論する**国連総会**と、国際間の平和と安全の維持を目的とし、強大な権限をもつ**安全保障理事会（安保理）**がある。安保理は、米・英・仏・露・中からなる常任理事国と、任期２年の非常任理事国10か国で構成される。安保理の決定には、15か国中９か国以上の賛成が必要だが、実質事項については、常任理事国が拒否権を行使することができる。

　また、主要機関として国連の経済的、社会的、人道的及び文化的活動に関与し、経済・社会の発展のために研究・勧告を行う経済社会理事会、紛争当事国同士の

　＊　**児童の権利に関する条約**…1989年国連総会で採決。すべての児童(18歳未満)の基本的人権の尊重の促進を目的とする。日本は批准後に児童虐待防止法を制定した。

同意を得て裁き、総会や安全保障理事会に対し裁決・意見の言い渡しを行う**国際司法裁判所**（オランダのハーグに置かれている）、国連の管理部門で、国連事務総長を長とする国連事務局、そして信託統治理事会がある。

POINT 4 国家間協力の組織

地球規模の市場経済が発展していく中で、各地域の特性を反映した国家間協力の組織が形成されている。

ヨーロッパでは、第二次世界大戦の反省から経済面の統合を図るためEEC（ヨーロッパ経済共同体）が設立された。そのEECなどが母体となって**EC（ヨーロッパ共同体）**、さらには**EU（ヨーロッパ連合）**へと発展し、ヨーロッパ統合を深化させた（ただし、**イギリスは2020年に離脱**）。**1999年**には単一通貨**ユーロ**が導入されている。

東南アジアでは、1967年、バンコク宣言によって地域の平和と安定、経済促進を目的とした**ASEAN（東南アジア諸国連合）**が設立され、順次加盟国が増えている。また、ASEAN を核としたアジア太平洋の安全保障の向上を目的としたASEAN 地域フォーラム（ARF）も 1994年から開催されている。

さらに、オーストラリアの提唱で、「開かれた地域協力」を掲げ、アメリカ、日本、オーストラリア、東アジア、南米など太平洋を囲む国々が経済協力を強化する、**アジア太平洋経済協力（APEC）**も設立されている。

これ以外にも、1995年に、域内の関税の撤廃を目的として締結された南米南部共同市場（メルコスール）があるよ。

POINT 5 核軍縮

第二次世界大戦からアメリカ、ソ連、イギリスがそれぞれ核実験を相次いで成功させるが、キューバ危機をきっかけに1963年、アメリカ・イギリス・ソ連で**部分的核実験禁止条約（PTBT）**が締結された。1968年には、核保有国以外の核保有が禁止される**核拡散防止条約（NPT）**が国連総会で採択された。

アメリカ、ソ連（ロシア）間では、1972年に第一次戦略兵器制限条約（SALT1）を締結、1979年に第二次戦略兵器制限条約（SALT2）に調印（ただし、未発効）された。1987年には**中距離核戦力（INF）全廃条約**が締結されたが、2019年に**アメリカがロシアに破棄を通告し、失効**している。1991年には、第一次戦略兵器削減条約（START Ⅰ）、2010年にはその後継となる新戦略兵器削減条約（新START）が締結された。

1996年には、国連総会で、地下を含むあらゆる空間での核実験を禁止する**包括的核実験禁止条約（CTBT）**が採択されたが、未発効の状態にある。また、2017年には核兵器の全面撤廃を目的とした**核兵器禁止条約**が採択されたが、**核保有国やアメリカと同盟関係にある国**（日本も含む）などは**参加していない**。

1 三十年戦争中に『法の精神』を著したオランダのグロティウスは、自然法の立場から、国際社会において諸国家が従うべき国際法の必要性を訴えた。

× 　オランダの法学者である**グロティウス**は、三十年戦争中の**1625年**に『**戦争と平和の法**』を著した。

2 国際法には、国家間の行為が慣例化され成立した国際慣習法と、文書によって明文化された国家間の合意である条約がある。

○ 　国際法には、国家間の行為が慣例化され成立した**国際慣習法**と、文書によって明文化された国家間の合意である**条約**がある。国際慣習法の例としては、**公海自由の原則**が挙げられる。

3 1948年に国連で採択された世界人権宣言は、「経済的、社会的及び文化的権利に関する国際規約」と「市民的及び政治的権利に関する国際規約」からなる。

× 　「経済的、社会的及び文化的権利に関する国際規約」と「市民的及び政治的権利に関する国際規約」からなるのは、**1966年**に採択された国際人権規約である。

4 国連の安全保障理事会の決定は、5常任理事国のうち1国でも拒否すれば決議は否決される。

○ 　**安全保障理事会**は、**5常任理事国のうち1国でも拒否すれば決議が否決**される。なお、国連総会は、全ての加盟国が参加し、各国1票行使することができる。一般事項については多数決、重要事項については3分の2以上の賛成が必要である。その決議は勧告にとどまり、法的拘束力はない。

5 アメリカのニューヨークに置かれている国際司法裁判所では、紛争当事国の一方が訴えを提起すれば、裁判が開始される。

× 国際司法裁判所は、国連本部とは違い、**オランダのハーグ**に置かれている。また、**紛争当事国同士が同意の上で裁判が開始される**のであって、当事国の一方が訴えを提起するだけでは足りない。

6 旧ソ連などの東欧諸国に対抗するために西側諸国の集団防衛組織として発足したEUは、次第に東方に拡大し、欧州統合を深化させている。

× **EU**は、主に**経済的統合**を目指して創立されたECを基につくられた組織である。旧ソ連などの東欧諸国に対抗するために西側諸国の集団防衛組織として発足したのは、**北大西洋条約機構（NATO）**である。

7 1987年、米ソ間で緊張緩和が進む中で初の核兵器削減条約である中距離核戦力（INF）全廃条約が締結された。

○ 1987年、米ソ間で初の中距離核戦力削減条約である中距離核戦力（INF）全廃条約が締結されたが、2019年に**アメリカは条約を破棄し、失効**した。

8 2017年に、国連総会で、核兵器の全面的廃止を目的とした核兵器禁止条約が採択され、日本は翌年、これを批准した。

× 2017年に、国連総会で、核兵器の全面的廃止を目的とした核兵器禁止条約が採択されたが、日本は参加していない。

問題1

国家総合職（2019年度）

人権の国際的保障に関する記述として最も妥当なのはどれか。

1 世界人権宣言は、第二次世界大戦後、ファシズムによる人権抑圧や戦争の惨禍を教訓に、人権保障に関する共通の基準を示したものであり、国連総会で採択された。同宣言は、個人の具体的な権利を規定した法的拘束力を有する国際文書であり、戦後独立した多くの国の憲法や法律における人権規定の基準となった。

2 国際人権規約は、社会権的人権を保障する「経済的、社会的及び文化的権利に関する国際規約」（A規約）と自由権的人権を保障する「市民的及び政治的権利に関する国際規約」（B規約）の二つから成っている。我が国は、死刑制度を存置しているため、A規約については批准しているものの、B規約については批准していない。

3 人種差別撤廃条約は、第二次世界大戦後に、人種間、民族間の対立が深刻化した地域でジェノサイド（集団殺害）が多発したため、ジェノサイドの禁止を主な目的として国連総会で採択された。憲法で拷問や残虐な刑罰を絶対的に禁止している我が国は、同条約が採択された当初から条約を批准している。

4 女子差別撤廃条約は、男女の経済的な平等の達成に貢献することを目的として、募集、採用、配置、昇進、解雇など、雇用の分野におけるあらゆる差別を撤廃することを基本理念としている。我が国は、この条約を批准した後、男女雇用機会均等法や育児・介護休業法を制定して、条件整備を更に進めた。

5 児童の権利条約は、18歳未満の全ての人の保護と基本的人権の尊重を促進することを目的として、国連総会で採択された。同条約では、児童に対する全ての措置に児童の最善の利益を考慮するよう求め、児童の意見表明の権利や表現の自由を保障する規定も置かれている。我が国は、この条約を批准した後、児童虐待防止法を制定した。

➡解答・解説は別冊P.028

問題 2

国家専門職（2018年度）

国際法等に関する記述として最も妥当なのはどれか。

1 『戦争と平和の法』を著したオランダのグロティウスは、自然法の立場から、国際社会において諸国家が従うべき国際法の必要性を訴えた。国際法には、国際慣習法と国家が相互に結んだ条約などがある。

2 難民の地位に関する条約において、難民とは、人種、宗教、政治的意見などを理由に迫害を受けたために、他国に逃れた人々とされる。また、自国内で避難を余儀なくされている国内避難民は、通常、経済難民と呼ばれ、その数は2013年以降減少傾向にある。

3 非政府組織（NGO）は、平和・人種・環境問題などについて、国際的に活動している民間の組織・団体を指す。戦争の犠牲者の保護などを行うアムネスティ・インターナショナルや、自然災害や戦争などの被災者へ医療活動を行うため、ドイツで結成された国境なき医師団などがある。

4 領海とは、海洋法に関する国際連合条約（国連海洋法条約）において、低潮時の海岸線などの基線から12海里であり、国によらず一定とされる。また、領空とは、領土及び領海の上空であり、大気の存在しない宇宙空間も含むものとされる。

5 国連海洋法条約は、我が国や米国などG7を含む160以上の国等により批准されている。この条約において、排他的経済水域（EEZ）とは、領海の外側の100海里以内とされ、沿岸国はこの水域の資源を優先的に利用でき、他国の船舶は自由に航行できないものとされる。

➡解答・解説は別冊 P.029

国際連合に関する記述として、妥当なのはどれか。

1 総会は全加盟国により構成され、一国一票の投票権を持つが、総会での決議に基づいて行う勧告には、法的拘束力はない。

2 国際連合には現在190か国以上の国々が加盟しており、日本は、国際連合が設立された当初から加盟している。

3 安全保障理事会は、常任理事国6か国と非常任理事国10か国によって構成されており、安全保障理事会における手続き事項の決定は、常任理事国だけの賛成で行うことができる。

4 国際司法裁判所は、国際的紛争を平和的に解決することを目的として設立され、現在では、国際人道法に反する個人の重大な犯罪も裁いている。

5 平和維持活動（PKO：Peacekeeping Operations）について、日本は、紛争当事者のいずれかが平和維持隊への参加国に日本を指名していることなど、全部で6つの原則を参加の条件としている。

➡解答・解説は別冊 P.030

CHAPTER

経済理論

［この章で学ぶこと］

○ 経済は「人の気持ち」

　経済は「人の気持ち」で成り立っています。「人の気持ち」に波があるように、経済の動向である景気にも波があります。複雑そうに見える計算式やグラフも「人の気持ち」の集積に他なりません。よって、経済を学ぶ際は「これはどんな気持ちが表れているのだろう」と推し量りながら考察する姿勢が大切です。知識として暗記するのではなく、常に「気持ち」に立った理由を考えるようにしてください。また、企業や国家が入ると「人の気持ち」は見えにくくなりますが、その向こう側には人がいることを必ず念頭に置きましょう。

○ 「神の見えざる手」

　経済学のグラフや計算を見た時に、経済学者アダム・スミスが『国富論』で唱えた「神の見えざる手」という言葉から、式に値を代入すれば必然的に答えが出るようなイメージを持つ人がいるかもしれません。しかし、アダム・スミスが「神の見えざる手」と言った背景には、「政府による独占や規制への抗議」がありました。当時は政府による独占や規制が厳しく、それにより経済が委縮している状況に警鐘を鳴らしたのです。つまり、政府が介入せず各人が自由に取引をすれば、各々の「気持ち」によって調整されるから自然と良い結果に落ち着く、との趣旨でした。決して「絶対的な神の法則」が存在するわけではなく、各人の「気持ち」による調整を、あえて政府よりも上位概念である「神」という言葉を使って説明したに過ぎません。

○ 行動経済学との融合にも注意

　多くの人は教科書に載っている理論は絶対法則だと思い込んでいますが、実際には1つの仮説に過ぎません。例えば、近年、「人間は不合理な決断をする感情の生き物である」ことを前提にした行動経済学に世界的注目が集まり、「人間は合理的で感情に左右されない」ことが前提だったこれまでの伝統的経済学に大きな疑問が投げかけられました。その結果、公務員試験においても頻出だった経済理論の出題が一気に減少しました。しかし、AIによる自動最適化やECの普及に伴い、「合理的で感情に左右されない」方への揺り戻しも現在では顕著です。今後は行動経済学と伝統経済学の融合した出題の復活が予想されます。

試験別対策

国家総合職（教養区分）

ここ数年の出題は激減している。但し、出題された年はいずれも典型問題であり、失点が許されないレベルの内容であった。難しい事項に踏み込む必要はないが、基本概念をしっかりと理解することが大切である。

国家一般職・専門職

令和6年度の採用試験より、知識分野の出題が「自然・人文・社会に関する時事、情報」6題に変更となった。主に併願先の対策を想定して取り組むのが効率的である。

地方上級

かつては毎年必ず出題される最頻出分野であったが、ここ数年の出題頻度は激減している。一方で、難度の高い内容が出題されることもあるため、考察を踏まえた探究的学習をしていきたい。

裁判所職員

国家一般職・専門職採用試験と同様に裁判所職員採用試験においても、知識分野の出題が時事問題を中心とする6題に変更となった。主に併願先の対策を想定して取り組むのが効率的である。

東京都Ⅰ類

定期的に出題されており、内容も基本的な事項が中心であるため、学習優先度は高い。問題演習を通して実践的に理解を定着させていこう。

特別区Ⅰ類

ここ数年は出題が減っているが、特別区は他の分野で原理原則を問う出題が非常に多いため、復活の可能性は比較的高いと分析する。単なる知識の暗記に留まらず、概念を正確に理解するようにしたい。

市役所

かつては最頻出分野であったが、ここ数年の出題頻度は激減している。興味の湧くところやイメージしやすいところを中心に押さえておこう。

警察・消防

出題頻度は高くないが、身近な話も多く含まれるので、基礎事項のメカニズムを考えながらゆっくりと理解しよう。尚、計算問題はできなくても良い。

ミクロ経済学

STEP 1 要点を覚えよう！

POINT 1 需要曲線と供給曲線

　経済学ではモノのことを**財**という。また、財と貨幣が交換される場所のことを**市場**という。市場には、財を消費する**消費者**（家計）と財を生産する**生産者**（企業）が登場する。ここで、縦軸に価格P、横軸に数量Qを取ったグラフを考える。消費者が直面する価格と数量の関係は右**下がり**となる。一方、生産者が直面する価格と数量の関係は右**上がり**となる。

　消費者が直面する価格と数量の関係を表した右下がりの曲線を**需要曲線**（Dと表記される）という。また、生産者が直面する価格と数量の関係を表した右上がりの曲線を**供給曲線**（Sと表記される）という。

　需要曲線と供給曲線は価格と数量の関係のみを示しているが、価格と数量以外の何かが変化した場合、曲線はシフトする。もし、**消費者にとって「もっとたくさん購入しよう」という事象が起これば**、需要曲線が右側にシフトする（図1のD→D´）。需要曲線が右側にシフトする要因としては、所得の増大、購入意欲の増加（貯蓄意欲の低下）、代替財の価格の上昇などがある。

　一方、もし、**生産者にとって「もっとたくさん生産しよう」という事象が起これば**、供給曲線が右側にシフトする（図2のS→S´）。供給曲線が右側にシフトする要因としては、技術革新、原材料費の下落、賃金の下落などがある。

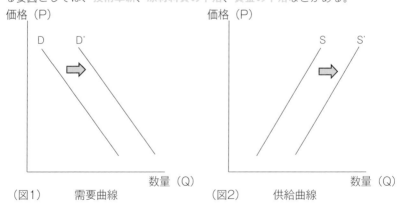

価格（P）　　　　　　　　　　　価格（P）

（図1）　　需要曲線　　　　　　（図2）　　供給曲線

　市場で需要と供給が一致している状態を**市場均衡**という。**価格メカニズム**（市場メカニズム）に任せると需要と供給が一致するように（図3の需要曲線Dと供給曲線Sの交点E）価格が決まる。このときの価格のことを**均衡価格**（図3のP^*）

という。

　需要と供給が常に一致するとは限らない。例えば、図3のP_1の水準では価格が高く、供給の方が需要を上回っている。このように**供給が需要を上回っている状態**のことを**超過供給**という。閉店間際のスーパーを想像してほしい。売れ残っているお弁当がまさに超過供給である。売れ残っているお弁当が値引きされるように、超過供給が生じた際には価格が下がることで、均衡価格に調整される。このように、数量に不一致が生じているときに価格によって調整されるメカニズムを**価格の自動調整機能（ワルラス的調整過程）**という。一方、図のP_2の水準では価格が低く、需要の方が供給を上回っている。このように**需要が供給を上回っている状態**のことを**超過需要**という。超過需要が生じた際には価格が上がることで均衡価格に調整されると考える。

　市場の調整過程はワルラス的調整過程の他、価格に不一致が生じているときに数量によって調整される**マーシャル的調整過程**と、農作物のように価格調整や数量調整に相当な時間がかかる場合、曲線を回るようにして調整される**くもの巣の調整過程**がある。

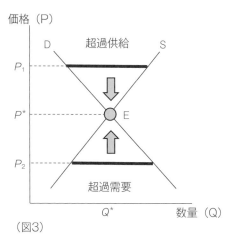

価格（P）

（図3）

POINT 2　市場の失敗

　市場に生産者が多数存在している**完全競争市場**では、価格メカニズムにより需要と供給が一致するよう価格が決まるが、価格メカニズムが損なわれると均衡価格が達成されず効率的な資源配分が実現できない。これを**市場の失敗**という。ただし、市場の失敗が生じたとしても価格メカニズムを矯正することで効率的な資源配分を実現することができる。市場の失敗の例には、次のようなものがある。

●**独占・寡占**：ある財を生産し、市場に供給している企業が1社しかない状態を**独占**、2社しかない状態を**複占**、数社しかない状態を**寡占**といい、これらを総称して**不完全競争市場**という。独占や寡占の場合、企業は自社の都合で価格を自由にコントロールすることができるため、価格メカニズムが損なわれ市場の失敗が生じる。なお、一つあるいは少数の企業が決定した価格が、その業界全体で一致されて定められるようになる価格のことを**管理価格**という。

　独占や寡占によって市場の失敗が生じた場合、その市場に他の企業が参入することで競争市場に近づけることができ、効率的な資源配分が実現できる。

●**外部性**：ある経済主体の活動が**市場での取引を介さず**に別の経済主体の活動に

影響を与えることを**外部性**という。企業は市場での取引を介さずに別の企業の影響を受け、消費量や生産量にも影響が出ることから、価格メカニズムが正常に機能せず市場の失敗となる。外部性は2つに分けられ、ある経済主体の活動が別の経済主体に**良い影響を与えているものを外部経済**、悪い影響を与えているものを**外部不経済**という。外部経済の例として養蜂業者や果樹園、借景、ボランティアなどがある。外部不経済の例としては公害がある。

外部性によって市場の失敗が生じた場合の矯正には当事者間で交渉する方法と課税する（又は補助金を与える）方法がある。例えば、外部不経済が生じた場合、**当事者間で交渉**し、加害企業が被害企業に賠償金を支払うことで解決することができる。また**政府が課税**し、加害企業の生産量を減少させることで解決することができる。このときに課せられる税金のことを**ピグー税**という。

要点を覚えよう！

●公共財：公共財は**非排除性**と**非競合性**という2つの性質をあわせもつ財である。**非排除性**とは、対価を支払わない者をその財の消費から排除できないという性質、つまり、無料で利用できるという性質である。**非競合性**とは、誰もが同じ財を同時に消費できるという性質である。非排除性と非競合性の**2つを満たす財を純粋公共財**という。一方、非競合性と非排除性のうち、**どちらか一方のみを満たす財を準公共財**という。無料で利用できるという性質である非排除性があるため、公共財を民間企業が供給することはできない。市場によっては効率的な財の配分ができない。

【例】**電車**＝準公共財

　　　　　　複数の人が同時に同じ電車に乗ることができる→非競合性
　　　　　　電車に乗るためには運賃が必要→非排除性は満たしていない

　　　灯台、公園、警察サービス＝純粋公共財

　　　　　　複数の人が同時に利用することができる→非競合性
　　　　　　無料で利用できる→非排除性

公共財による市場の失敗が生じた場合の矯正方法は、政府が市場の代わりに公共財を供給することである。

●平均費用逓減産業：**平均費用逓減産業**とは、生産量が増えるにしたがって平均費用が下がり続ける産業であり、莫大な初期費用が必要な産業である。平均費用逓減産業の例として、鉄道事業や電力、水道、ガスなどのインフラ事業が挙げられる。初期費用が莫大なために、誰も参入することができず独占状態となることから、価格メカニズムが機能せず市場の失敗が生じる。なお、平均費用逓減産業は**自然独占**とも呼ばれる。

平均費用逓減産業による市場の失敗が生じた場合の矯正方法は政府が価格に介入することである。独占企業は自社の都合で価格を自由にコントロールすることができるため、価格が高く設定されるが、政府が価格の上昇を規制することで効率的な資源配分を実現することができる。

●情報の非対称性：**情報の非対称性**とは、財やサービスに関し、売り手と買い手で情報に格差が生じることである。売り手と買い手の間での商品・サービスに対する情報の格差により、適正な価格での取引ができなくなるため、価格メカニズムが機能せず市場の失敗が生じる。

情報の非対称性による市場の失敗が生じた場合の矯正方法には**シグナリング**や**スクリーニング**がある。シグナリングは情報をもっている者が情報をもっていない者へ情報の開示を行うことである。スクリーニングはシグナリングの逆で、情報をもっていない者が情報をもっている者に情報の開示を求めることである。

POINT 3　企業の形態

企業の形態	説明
私企業	民間人が出資し、経営する企業。商店や農家などの個人企業と法律により認められた法人企業がある。
公企業	国、地方公共団体が所有。国有林野事業などの国営企業や市営バスや水道事業などの地方公営企業、独立行政法人や公庫などの特殊法人がある。
公私合同企業 （公私混合企業）	民間と政府が共同で出資している企業である。なお、日本銀行は公私合同企業である。

会社の種類	説明
株式会社	株式を発行することによって資金を調達する。資金の提供者である株主が社員であり、会社の負債に対する社員の責任は出資額を限定とする有限責任である。株式会社の経営は専門的な知識や能力をもつ専門経営者にゆだねられる（資本と経営の分離）。
合同会社	2006年の会社法改正で新しく設けられた会社形態であり、出資者と経営者が同一な会社形態である。社員は全員有限責任社員となる。
合資会社	持分会社の一種で、無限責任社員と有限責任社員によって構成されている。
合名会社	持分会社の一種で、出資者の全員が無限責任社員であり、全員が経営に関与する。

独占や寡占、独占的形態の一つで同一産業の複数の企業が価格や生産量などに関して協定を結ぶ**カルテル**などでは、価格メカニズムが機能せず、国民生活に弊害を及ぼす危険性がある。これを防ぐため、日本では1947年に**独占禁止法**が制定され、**公正取引委員会**が監視している。なお、同一産業内の企業が合併して新たな企業を組織する独占的形態を**トラスト**という。また、異なる業種の複数企業が資本的に結合し実質的に一つのグループとなる形態（親会社が子会社、孫会社をもつ企業集団）を**コンツェルン**という。独占禁止法ではカルテルの他、原則トラストも禁止されているが、**コンツェルンは禁止されていない**。

1 自由な市場では価格メカニズムにより需要と供給が一致する均衡価格となる。もし、価格が均衡価格よりも低くなると供給が需要を上回る超過供給となる。このとき、価格が上がることで均衡状態となる。

✕　価格が均衡価格より低くなると需要が供給を上回る**超過需要**となる。超過需要が生じた際にはおのずと価格が上がって均衡状態となる。超過供給が生じている場合にはおのずと価格が下がって均衡状態となる。

2 財の需要量が増加するとき、需要曲線は右側にシフトする。また、供給量が増加するときも供給曲線が右側にシフトする。需要曲線が右側にシフトする要因には、所得の増加、代替財の価格の上昇、貯蓄意欲の減少などがある。

◯　需要曲線が右側にシフトする要因には他に、購買意欲の**増加**、補完財の価格の**下落**などがある。一方、供給曲線が右側にシフトする要因には技術革新や原材料費の下落、賃金の下落などがある。

3 ある企業の活動が市場での取引を介さずに他の企業に影響を与えることを外部性という。この影響が良い影響であるなら外部経済、悪い影響であるなら外部不経済となる。外部不経済が生じた際にはいかなる対策を講じても市場の失敗を矯正することはできない。

✕　前半の記述は合っている。外部性のうち良い影響のものを外部経済（養蜂業と果樹園など）、悪い影響のものを外部不経済（公害など）という。外部不経済が生じた場合でも、当事者間で交渉したり、課税（ピグー税）したりすることで市場の失敗を矯正することが**できる**。

4 純粋公共財とは、対価を支払わない者をその財の消費から排除できないという性質である非競合性と、誰もが同じ財を同時に消費できるという性質である非排除性を同時に満たす財である。純粋公共財の例としては高速道路や灯台がある。

× 非排除性と非競合性の記述が逆である。対価を支払わない者をその財の消費から排除できないという性質を**非排除性**という。また、誰もが同じ財を同時に消費できるという性質を**非競合性**という。また、一般的に高速道路は、非競合性は満たすが、高速料金がかかるため非排除性を満たさないため**準公共財**である。

5 独占や寡占、複数の企業が価格や生産量などに関して協定を結ぶ独占形態のカルテルなどは自由な競争を妨げ、国民生活に弊害を及ぼす可能性がある。これを防ぐため日本では独占禁止法が制定され、公正取引委員会が監視している。

○ 独占禁止法では独占や寡占の他、独占的形態であるカルテルも**禁止**されている。また、原則、トラストも禁止されているがコンツェルンは禁止されていない。独占禁止法を運用しているのは総務省や経済産業省、消費者センターなどではなく**公正取引委員会**であることに注意したい。

6 企業が一定の利益を確保できるように、その市場に影響力のある一つあるいは少数の企業によって設定された価格を管理価格という。

○ **管理価格**とは一つあるいは少数の企業が決定した価格が、その業界全体で一致されて定められるようになる価格のことで、市場支配力によって設定される。独占などの不完全競争市場では企業間の価格競争は起きにくく価格が下がりにくくなる。これを価格の**下方硬直性**という。

問題1

東京都Ⅰ類（2021年度）

競争的な状態である市場に関する記述として、妥当なのはどれか。

1 供給量が需要量を上回る超過供給の時には価格が上昇し、需要量が供給量を上回る超過需要の時には価格が下落する。

2 価格が上昇すると需要量が増え、価格が下落すると需要量が減るので、縦軸に価格、横軸に数量を表したグラフ上では、需要曲線は右上がりとなる。

3 縦軸に価格、横軸に数量を表したグラフ上では、需要曲線と供給曲線の交点で需要量と供給量が一致しており、この時の価格は均衡価格と呼ばれる。

4 需要量と供給量の間にギャップがあるときには、価格の変化を通じて品不足や品余りが自然に解消される仕組みを、プライマリー・バランスという。

5 技術革新でコストが下がり、全ての価格帯で供給力が高まると、縦軸に価格、横軸に数量を表したグラフ上では、供給曲線は左にシフトする。

➡解答・解説は別冊P.031

問題 2

裁判所職員（2018 年度）

下の図は需要曲線と供給曲線をそれぞれ表したものである。需要曲線と供給曲線のシフトに関する記述として最も妥当なものはどれか。

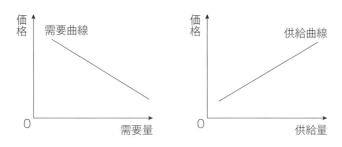

1 需要曲線が右にシフトする要因として、所得の減少が考えられる。

2 需要曲線が右にシフトする要因として、貯蓄意欲の増加が考えられる。

3 需要曲線が右にシフトする要因として、その財の代替財の価格の上昇が考えられる。

4 供給曲線が左にシフトする要因として、原材料費の下落が考えられる。

5 供給曲線が左にシフトする要因として、賃金の下落が考えられる。

➡解答・解説は別冊 P.031

経済学における市場の失敗に関する記述として、妥当なのはどれか。

1 市場を通さずに他の経済主体に影響を与える外部性のうち、正の影響を与える外部経済の場合には、財の最適な供給が実現するが、負の影響を与える外部不経済の場合には、財の最適な供給が実現しない。

2 公共財とは、複数の人が不利益なしで同時に利用でき、料金を支払わない人の消費を防ぐことができない財のことをいい、利益が出にくいため、市場では供給されにくい。

3 情報の非対称性とは、市場において虚偽の情報が流通することによって、取引の当事者同士が、当該情報を正しいものとして認識し合っている状態のことをいう。

4 寡占・独占市場においては、企業が少数であることから、十分な競争が行われないため、消費者にとって不利益になるが、社会全体の資源配分に対する効率性は失われない。

5 寡占・独占企業が市場の支配力を用いて価格を釣り上げないように行われるのが独占禁止政策であり、日本ではこれを実施する機関として消費者庁が設けられ、カルテルなどの行動に対して罰金支払命令等の措置をとることができる。

→解答・解説は別冊 P.032

問題 4

市場経済に関する記述として最も妥当なのはどれか。

1 経済を構成する経済主体は、主として家計、企業、地方自治体から成っており、地方自治体は、家計や企業から租税を徴収し、公共財を供与する。地方自治体の税収が増加することで、家計や企業に供与される公共財水準が高まることを資産効果と呼ぶ。

2 経済の状態は、一定期間における取引の大きさであるフローと、ある時点での経済的な蓄積の水準であるストックの二つの側面から把握される。ストックの指標の一つである国内総生産（GDP）は、生産、消費、支出の三つの側面から捉えることができる。

3 市場は、価格機構を通じて効率的な経済環境を達成するが、価格機構が全く機能せずに市場が効率的に機能しない場合を市場の失敗と呼ぶ。このうち、外部性は外部経済と外部不経済に分けられるが、公害は外部経済の一つである。

4 寡占市場では、影響力の強いプライス・リーダーが設定した価格に他企業が従っているような価格を管理価格といい、価格の下方硬直性が見られることがある。

5 企業は、公企業と私企業に大別される。私企業について、我が国の会社法では株式会社、合同会社、合資会社、合弁会社の4種類がある。株式会社が負債を抱えて倒産した場合、その負債が出資額以上であっても、株主はその負債を全部弁済しなければならない。

➡解答・解説は別冊P.032

2 マクロ経済学

STEP **1** 要点を覚えよう！

POINT 1 国内総生産（GDP）

　一国の国内で一定期間内に生産された総生産額から材料費などの中間生産物を除いた値のことを**GDP**（国内総生産）という。GDPは**付加価値の合計**と表現されることもある。似た指標に GNI（国民総所得）というものがある。GNIはかつて GNP（国民総生産）と呼ばれていた。GDPとGNIの違いとして、**GDPが国内の取引に限定**しているのに対し、GNIは国内、国外問わず国民の取引を計上する。例えば、日本にあるアメリカ企業が生産した付加価値は日本のGDPに計上される。一方、アメリカにある日本企業が生産した付加価値は日本のGNIには計上されるが、日本のGDPには計上されない。また、**GDPに海外からの純所得の受け取り**を加えると**GNI**になる。

　生産されたものは必ず消費される（あるいは売れ残る）ため、GDPを**支出**の面から見ることもできる。GDPを支出の面から見ると、以下の式で定義される。

> **GDP＝消費＋投資＋政府支出＋輸出－輸入**

　なお、支出の面から見たGDPを GDE（国内総支出）という場合がある。また、GDPは分配の面から見ることもできる。GDPを**分配**の面から見ると、以下の式で定義される。

> **GDP＝雇用者所得＋営業余剰＋固定資本減耗＋間接税－補助金**

　分配の面から見たGDPを GDI（国内総所得）と呼ぶ場合がある。GDPは生産、支出、分配それぞれの面から求めることができ、全て同じ値となる。この性質を三面等価の原則という。

　GDPから固定資本減耗を差し引くとNDP（国内純生産）となる。固定資本減耗とは資産価値の減少分のことであり減価償却とも呼ばれる。同様に、GNIから固定資本減耗を差し引くと**NNI**（国民純所得）となる。さらに、NNIから間接税を引き、補助金を加えたものを NI（国民所得）という。

重要度

国家総合職（教養）：★★★	地方上級：★★★	東京都Ⅰ類：★★★	市役所：★★★
国家一般・専門職：★★★	裁判所職員：★★★	特別区Ⅰ類：★★★	警察・消防：★★★

国民所得 ＝GNI －固定資本減耗 －間接税 ＋ 補助金

GDPは市場で取り引きされた財・サービスのみが計上される。したがって、専業主婦の家事労働や飲食店の賄い、ボランティアなどはGDPに計上されない。ただし、**持ち家の仮の家賃である帰属家賃（帰属価格）や農家の自家消費、公共サービス**は例外的にGDPに含まれる。一方、株価や貯蓄など、いわゆるストックの概念はGDPに含まれない（GDPはフローの概念）。ただし、貯蓄を引き出した際の手数料はGDPに計上される。また、新品時に計上しているため**中古品の取引も計上されない。**

GDPには名目GDPと実質GDPがある。名目GDPは実際に市場で取り引きされている価格に基づいた値であるのに対し、実質GDPは物価変動の影響を考慮した値である。GDPの対前年増加率を経済成長率といい、名目GDPの対前年増加率を名目経済成長率、実質GDPの対前年増加率を実質経済成長率という。**実質経済成長率は名目経済成長率から物価上昇率を差し引く**ことで求めることができる。

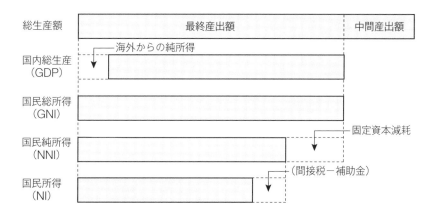

POINT 2 景気循環の波

景気は循環するもので、好調な時もあれば不調の時もある。このような変動を**景気循環**という。この循環は「**好況→後退→不況→回復**」の4つの局面が繰り返すものと考えられている。また、景気循環のサイクルには大きく分けて4つの種類がある。

サイクルの種類	周期	主要因
キチンの波	約40か月	在庫投資
ジュグラーの波	約10年	設備投資
クズネッツの波	約20年	建設投資
コンドラチェフの波	約50年	技術革新

CHAPTER

5

経済理論

2

マクロ経済学

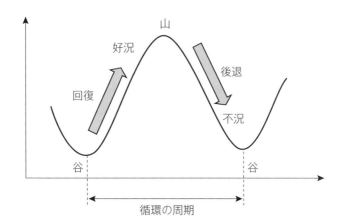

POINT 3 インフレーションなど

　物価が持続的に上昇することを**インフレーション（インフレ）**、物価が持続的に下落することを**デフレーション（デフレ）**という。インフレーションにはいくつかの種類がある。景気の拡大によって人々の購買意欲が高まると、需要が増加し、需要曲線は右にシフトする。その結果、物価が上昇する。このように、需要サイドに起因する物価上昇をディマンド・プル・インフレーション（図1）という。一方、賃金や原材料費が上昇すると、生産は縮小し、供給曲線は左にシフトする。その結果、物価が上昇する。このように供給サイドに起因する物価の上昇をコスト・プッシュ・インフレーション（図2）という。

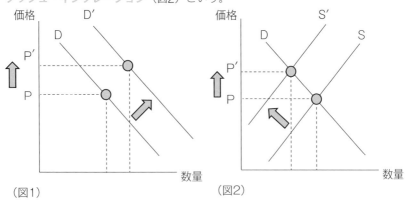

（図1）　　　　　　　　　　　　（図2）

　物価上昇の速度に応じたインフレーションの分類もある。年率1〜4％で慢性的に継続する物価上昇を**クリーピング・インフレーション**という。また、1年間で物価が何倍も高騰することを**ハイパー・インフレーション**という。

　また、景気の**後退**と物価の**上昇**が同時に進行する状況を**スタグフレーション**という。

POINT 4　45度線分析

　財が取り引きされる市場のことを財市場という。また、経済学では財が購入されることを財が需要されるという。私たち（家計）が財の購入として思い浮かぶのは消費であるが、実は家計以外も財を購入している。企業も財を購入しているし、政府も財を購入している。企業が財を購入することを投資、政府が財を購入することを政府支出という。一国全体での需要を総需要というが、外国との取引を考えない閉鎖経済の場合、「**総需要＝消費＋投資＋政府支出**」となる。また、外国との取引を考えた開放経済の場合、「**総需要＝消費＋投資＋政府支出＋輸出－輸入**」となる。なお、縦軸に総需要、横軸に総供給を取った図を考えると総需要は切片を持ち、傾きが1よりも緩やかな直線となる。

　一方、財市場において財が生産されることを供給といい、一国全体での供給を総供給という。総供給は必ず国民所得と等しくなる。そのため、縦軸に総供給、横軸に国民所得を取った図では総供給は**45度線**で示される（図3・図4）。

　総需要と総供給が等しいときの国民所得を**均衡国民所得**といい、図3・4では**Y^***が均衡国民所得である。このように45度線を用いて国民所得の決定を考えるモデルを**45度線分析**という。

　労働市場において需要と供給が等しいときの国民所得のことを**完全雇用国民所得**という。言い換えると、完全雇用国民所得は失業が生じていない（これを完全雇用という）ときの国民所得である。完全雇用国民所得は均衡国民所得と必ずしも一致しない。図3は完全雇用国民所得Y_Fが均衡国民所得Y^*を**下回っている**。このとき、完全雇用国民所得の水準では総需要が総供給を上回っている。このように総需要が総供給を上回っている状態を**インフレ・ギャップ**という。図3の太線の部分がインフレ・ギャップの大きさとなる。

　一方、図4では完全雇用国民所得Y_Fが均衡国民所得Y^*を上回っている。このとき、完全雇用国民所得の水準では総供給が総需要を**上回っている**。このように総供給が総需要を上回っている状態を**デフレ・ギャップ**という。図4の太線の部分がデフレ・ギャップの大きさとなる。

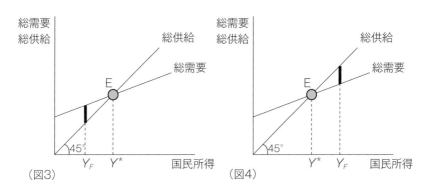

（図3）　（図4）

1 一定期間内に国内で生産された付加価値の合計のことをGDPという。GDPには農家の自家消費分や中古品の取引も計上される。また、GDPに海外からの純所得の受け取りを加えた値をGNIという。

× GDPは市場で取り引きされた財・サービスのみが計上される。そのため飲食店などの賄いなどの自家消費はGDPに計上されないが、例外として農家の自家消費はGDPに計上される。また、中古品はGDPに計上されない。なお、持ち家の仮の家賃である帰属家賃や公共サービスはGDPに含まれることに注意したい。

2 名目GDPは実際に市場で取り引きされている価格に基づいて算出される経済指標であるのに対し、実質GDPは名目GDPから物価変動の影響を除いた経済指標である。

○ 名目GDPの対前年増加率を名目経済成長率、実質GDPの対前年増加率を実質経済成長率といい、名目経済成長率 − 物価上昇率 ＝ 実質経済成長率の関係にある。

3 好景気と不景気が交互に繰り返すことを景気循環というが、景気循環には4つの波があるとされている。設備投資を要因とする約10年周期の波のことをジュグラーの波という。また、建設投資を要因とする約30年周期の波のことをクズネッツの波という。

× ジュグラーの波の記述は妥当である。建設投資を要因とするクズネッツの波の周期は30年ではなく約20年である。この他に在庫投資を要因とする約40か月の周期の波であるキチンの波と技術革新を要因とする約50年周期の波であるコンドラチェフの波がある。景気変動を緩和させる方法（ビルト＝イン＝スタビライザーやポリシー＝ミックスなど）もP.152で読んでおこう。

4 国民所得は生産、支出、分配の3つの面から捉えることができる。いずれの面からみても理論的には一致する。これを三面等価の原則という。また、国民所得はGDPから固定資本減耗と補助金を差し引き、間接税を加えることで求めることができる。

× 前半の記述は妥当である。国民所得を求めるためには、まずGDPを**GNIに変換**しなければならない。GDPに**海外**からの**純所得**の受け取りを加えるとGNIとなる。そこから**固定資本減耗**と**間接税**を差し引き、**補助金**を加えることで国民所得を求めることができる。

5 賃金や原材料費の高騰などにより引き起こされるインフレーションのことをコスト・プッシュ・インフレーションという。コスト・プッシュ・インフレーションは供給曲線が左にシフトすることで説明され、生産量の減少がおこる。

○ コスト・プッシュ・インフレーションは**供給サイドの要因**で引き起こされる。一方、**需要が拡大**することで引き起こされるインフレーションのことを**ディマンド・プル・インフレーション**という。ディマンド・プル・インフレーションは需要曲線が右にシフトすることで説明される。

6 インフレーションで、1年間に物価が何倍も高騰するものをクリーピング・インフレーションという。一方、年率1〜4%で慢性的に継続するインフレーションのことをハイパー・インフレーションという。

× クリーピング・インフレーションとハイパー・インフレーションの記述が逆である。戦争や石油危機などの特殊な状況で、1年間に物価が何倍も高騰するインフレーションのことを**ハイパー・インフレーション**という。一方、年率1〜4%で慢性的に継続するインフレーションのことを**クリーピング・インフレーション**という。

STEP 3 過去問にチャレンジ！

STEP 3

過去問にチャレンジ！

問題 1

国家一般職（2014 年度）

国民所得や景気変動に関する記述として最も妥当なのはどれか。

1 GNP（国民総生産）は、GDP（国内総生産）より海外からの純所得（海外から送金される所得 − 海外へ送金される所得）を控除することで得られる。GNPとGDPを比較すると、GNPはGDPより必ず小さくなる。

2 名目GDPの増加率である名目成長率から、物価上昇率を差し引くと、実質GDPの増加率である実質成長率が求められる。また、我が国の場合、第二次世界大戦後から2013年までに、消費者物価上昇率（前年比）が7.5％を上回ったことはない。

3 NI（国民所得）は、生産、支出、分配の三つの流れから捉えることが可能である。また、生産国民所得から支出国民所得を差し引いた大きさと分配国民所得の大きさが等しいという関係が成り立つ。

4 景気が好況時に断続的に物価が上昇することをスタグフレーションという。我が国の場合、デフレーションと不況が悪循環となるデフレスパイラルの現象が見られたことはあるが、スタグフレーションの現象が第二次世界大戦後から2013年までに見られたことはない。

5 景気の波のうち、在庫調整に伴って生じる周期3年から4年ほどの短期の波を、キチンの波という。一方、大きな技術革新などによって生じる周期50年前後の長期の波を、コンドラチェフの波という。

➡解答・解説は別冊P.033

問題 2 東京都 I 類（2022 年度）

景気変動に関する記述として、妥当なのはどれか。

1 景気変動は、世界貿易機関（WTO）設立協定の前文で、好況、均衡、不況の3
つの局面が、安定的に一定の周期で出現する現象と定義されている。

2 不況期のため生産物の売れ行きが鈍るにもかかわらず、物価が持続的に上昇す
る現象を、デフレスパイラルという。

3 コンドラチェフは、企業の在庫投資による在庫調整の変動を原因とする、約1
年の短期波動があることを明らかにした。

4 フリードマンは、政府が公共投資などによって有効需要を創出し、景気を回復
させるべきであると説いた。

5 財政には、累進課税制度等が組み込まれることにより景気変動を緩和させる仕
組みが備わっており、これをビルトイン・スタビライザーという。

→解答・解説は別冊 P.034

問題3

国家専門職（2017年度）

景気に関する記述として最も妥当なのはどれか。

1 景気循環は、好況・後退・不況・回復の四つの局面が一つの周期になっている。建設投資や設備投資は、好況期に最大、不況期に最小となり、利子率は、好況期に低水準、不況期に高水準になる。

2 景気循環は、その周期によって類別され、代表的なものとして、主たる原因が在庫変動によるもの（3～4年）、建設投資によるもの（7～10年）、設備投資によるもの（20年前後）、技術革新などによるもの（50～60年）がある。

3 景気変動の幅が大きくなると、不況期には大量の失業や設備の過剰が生じ、好況期にはインフレーションなどの問題が生じる。景気変動の幅をできるだけ小さくして景気の安定を図るために、財政政策や金融政策などの複数の政策手段を組み合わせるポリシー・ミックスが行われることがある。

4 我が国では、1950年代半ばから1970年代初めにかけて、実質国民総生産が平均して年率30％で成長したが、第1次石油危機により成長率は低下し、景気停滞（スタグネーション）とデフレーションが同時に進行するスタグフレーションに直面した。

5 我が国では、バブル経済崩壊後の1990年代から景気の低迷が続き、第二次世界大戦後初めてマイナス成長を経験した。2008年のリーマン・ショック直後には、日本経済がデフレーションの状態にあるとの政府見解がバブル経済崩壊後初めて示された。

➡解答・解説は別冊P.034

CHAPTER

金融・財政

🖕 この章で学ぶこと

○ お金の本質は「信用」

　私たちが一般的にお金と呼んでいる紙幣は、単なる紙切れに過ぎません。地球のことを全く知らない宇宙人が現れ、紙幣を渡して何かと交換しようと言っても「こんな紙切れは要らない」と拒絶されてしまうことでしょう。その紙切れを日本銀行券とすることで「信用」が付着し、初めて相当の価値を持つ「お金」として機能します。お金の本質は、目に見える紙幣ではなく、数値化された「信用」なのです。お金の流れは、まさに「信用」の流れと言っても過言ではありません。

○ 生きた金融、生きた財政

　「1＋1が2、2＋2が4だと思いこんでいる秀才には、生きた財政は分からない」
　かつて昭和恐慌を知恵と工夫で乗り切った大蔵相高橋是清はこう言いました。しかし、残念ながら現在、金融や財政に携わっている人の大半は「1＋1が2、2＋2が4」という試験を通過してきた秀才ばかりです。マネタリーベースがそのまま流通するのであれば話は単純ですが、信用創造で膨張するマネーストックや、国際情勢が影響する為替レートの変動など、前提条件が目まぐるしく変わるため、固定された対象としてではなく、まるで「生き物」であるかのように柔軟に捉えなければ適切な対応は不可能です。机上の理論だけでは到底、今のVUCA時代の金融を正しく理解することはできません。知識偏重に陥らず、知恵と知性によって日々変貌する「お金の実態」を見る眼を養いましょう。

○ 国家は国民のために

　財政を考える際には、国民と国家を対峙させて考えることが重要です。「国民は国家に税金を納め、国家は国民のためにお金を使う」が基本です。国家の役割は何よりも国民が豊かな生活を送れるようにすることなのです。一方で「プライマリーバランスを黒字に」という考え方は、「国民の生活」よりも「国家のために国民からお金を取る」を優先する点で適切とは言えません。どちらかと言えば、赤字を強調しているのは、「お金があるんだったらもっと私に使え」という要求を回避するための一種の方便的意味合いが強いと言えます。
　※「財政」の項目は、監修者の方針により積極財政論の立場で解説をしています。

国家総合職（教養区分）

最近、国家の金融政策に関して方向性が揺れることが多く、一義的な立場からの出題を抑えているためか、ここ数年での出題は減っている。過去には金融、財政、租税から定期的に出題されていた。まずは基本概念を正確に押さえておけば良い。

国家一般職・専門職

令和6年度の採用試験より、知識分野の出題が「自然・人文・社会に関する時事、情報」6題に変更となった。主に併願先の対策を想定して取り組むのが効率的である。

地方上級

財政の分野での出題が顕著である。財政事情から理論問題まで深い理解が要求される。金融政策に関しては、年度によって高度な内容が出題されることもある。但し、知識問題ではないので問題の考察と理論に則った思考で十分に対処できる。

裁判所職員

国家一般職・専門職採用試験と同様に裁判所職員採用試験においても、知識分野の出題が時事問題を中心とする6題に変更となった。主に併願先の対策を想定して取り組むのが効率的である。

東京都I類

金融政策についての出題が頻出である。同じ内容が何度も出題されているので、ここは自分で説明できるぐらいまで熟知しておくことが望ましい。

特別区I類

ここ数年の出題は極めて少なく、学習の優先順位は低い。出題される場合は時事と絡めた問題である可能性が高いため、時事の対策を優先し、その中で関連知識を補おう。

市役所

数年に1度の出題はあるが、頻度が低いため学習の優先順位は低い。深い内容にまで踏み込む必要はないので、概要を効率良く確認しておこう。

警察・消防

出題頻度は低い。細かいところや難しいところは気にせず、わかる範囲で、聞いたことのある用語を確実に理解する方向で学習を進めよう。

STEP 1 要点を覚えよう！

POINT 1 経済政策に関する思想

（1）アダム＝スミス

　イギリスの経済学者のアダム＝スミスは、個人や企業が自らの利益を求めて自由に競争すると**神の「見えざる手」**の導きにより、社会全体の利益が促進されるとした。

　価格メカニズムにゆだねることで最も効率的な資源配分の状態が実現する、という考え方は広く受け入れられ、政府は国防や治安維持などの必要最小限の活動にとどめるべきであるとされた。このような国家観を**安価な政府**（小さな政府）あるいは**夜警国家**という。また、政府は経済活動に干渉するべきではないとする考え方を**自由放任主義**（レッセ＝フェール）という。

（2）ケインズ

　1929年の世界大恐慌と1930年代の不況により政府の市場への介入が求められるようになった。その結果、ケインズ経済学が登場した。

　イギリスの経済学者のケインズは**有効需要拡大政策（財政政策・金融政策）が必要である**と主張した。価格メカニズムには深刻な欠陥があり、政府が積極的に市場介入する必要があるという主張である。そこで、政府は経済情勢を見極めて、税制の変更や政府支出の増加・減少を通じて、景気変動の緩和を目指す裁量的な政策が必要であるとした。

（3）フリードマン

　1973年の石油危機により、先進国は高い失業率とスタグフレーションに悩まされることになった。これまでのケインズ経済学ではこうした事態に有効な対処法を見いだせず、政府の財政赤字は拡大した。

　フリードマンを中心とするマネタリストは、ケインズ的な有効需要拡大政策は短期的には**有効**であるが、長期的には**無効**であると主張した。また、フリードマンは、経済成長を目的とした貨幣供給量を一定に保ち（k％ルール）、物価や経済を安定させることが重要であると主張した。

（4）マルクス

　ドイツの経済学者のマルクスは資本主義の問題を労働が商品化されていることだと指摘し、**社会主義経済**を実現しない限り、問題は解決しないと主張した。こ

うした考え方はレーニンによるロシア革命の後のソ連で実施されることになり、土地や工場設備といった生産手段の社会的所有（国有化）が行われた。社会主義政権は、その後、東ヨーロッパや中国、ベトナムなどで誕生し、**計画経済**が実施された。

POINT 2 金融

経済主体の間で資金を融通し合うことを**金融**という。企業が銀行から資金を調達することを**間接金融**、社債や株式の発行によって直接資金を調達することを**直接金融**という。

POINT 3 中央銀行の代表的金融政策

日本銀行は日本の中央銀行である。中央銀行には、「**銀行の銀行**」として民間の金融機関（市中銀行）と資金のやり取りをする、「**発券銀行**」として紙幣を発行する、「**政府の銀行**」として国庫金の出し入れ等を行う、という役割がある。

（1）公定歩合（基準割引率および基準貸付利率）操作

市中銀行は、中央銀行から借り入れた資金をもとに個人や企業へ貸出を行っている。市中銀行が中央銀行から借り入れた資金の利子率を公定歩合という。公定歩合操作はこの公定歩合を操作することで市中銀行の資金量をコントロールし、経済活動に影響を与えることを目的としている。**公定歩合が高くなれば、市中銀行は中央銀行からの借り入れを減らすため、貨幣供給量は減少する。**一方、**公定歩合が低くなれば、市中銀行は中央銀行からの借り入れを増やし、貨幣供給量は増加**する。

なお、公定歩合操作はかつて金融政策の中心であったが、1994年に金利自由化が完了し、公定歩合と預金金利との直接的な連動性はなくなったことから、金融政策の中心は公開市場操作となった。また、2006年に公定歩合という名称は「**基準割引率および基準貸付利率**」に変更された。

（2）公開市場操作

公開市場操作は中央銀行の手持ちの債券（国債など）や手形を売ったり買ったりすることで貨幣供給量を増減させる政策である。公開市場操作には買いオペレーション（買いオペ）と売りオペレーション（売りオペ）がある。中央銀行が市中銀行から債券等を**購入**することを買いオペレーションという。**買いオペレーションでは、中央銀行は債券の購入代金を市中銀行に支払うため、市場に供給される資金量は増加**する。一方、中央銀行が市中銀行に債券を**売却**することを売りオペレーションという。**売りオペレーションでは、市中銀行は債券の購入代金を中央銀行に支払うため、市場に供給される資金量は減少**する。

（3）預金準備率操作（法定準備率操作）

市中銀行は、預金者への払い戻しに備え、預金の一定割合を中央銀行に預け入

れる義務がある。その割合を預金準備率（法定準備率）という。**預金準備率を引き下げると、中央銀行に預け入れる割合を**減少**させ、個人や企業への貸し出しを**増やせるため、市場に供給される資金量は増加**する。一方、預金準備率を引き上げると、中央銀行に預け入れる割合を**増加**させ、個人や企業への貸し出しが**減る**ため、市場に供給される資金量は**減少**する。ただし、預金準備率操作は、1991年以降、金融政策の手段として用いられていない。

STEP 1

要点を覚えよう！

POINT 4 近年の日銀による金融政策

1999年2月～ 2000年8月	ゼロ金利政策	無担保コールレート（オーバーナイト物）の金利を限りなくゼロ近くに誘導する金融政策である。金利をゼロにすることで、銀行は資金を調達しやすくなるため、景気を刺激する効果が得られる。
2001年3月～ 2006年2月	量的緩和政策	操作目標を無担保コールレートから日銀当座預金残高に変更した。中央銀行が市中銀行から国債などを買い取り、市場に供給する資金の量を増やすことで、金融市場の安定や景気回復を図る。
2006年3月～ 2006年6月	ゼロ金利政策	政策目標を日銀当座預金残高から再び、無担保コールレートに変更した。
2010年10月～ 2013年6月	包括的な金融緩和政策	無担保コールレートを0～0.1％程度で推移するよう促すことが示された。また、資産買入等の基金が創設され、「中長期的な物価安定の理解」に基づく時間軸が明確化された。
2013年1月～	インフレ・ターゲット（ターゲティング）	中央銀行が物価上昇率に一定の数値目標を掲げ、通貨量を調節することにより、緩やかなインフレを誘導し、安定した経済成長につなげる金融政策である。物価上昇率2％とした。
2013年4月～	量的・質的金融緩和	金融政策の操作対象を無担保コールレートから資金供給量（マネーサプライ）の「量」に変更して、この供給量を増加、さらに「質」にも配慮して長期国債の買い入れなどを行った。
2016年1月～	マイナス金利付き量的・質的金融緩和	市中銀行が中央銀行に預けている預金金利の一部にマイナス金利を適用する金融政策である。市中銀行が日銀に預けると金利がとられることになるため、日銀に預けずに、企業などへの貸し出しを増やす効果がある。

POINT 5 信用創造

　信用創造とは銀行が貸し出しを繰り返すことによって、銀行全体として最初に受け入れた預金額の何倍もの預金通貨を作り出すことである。例えば、預金準備率が10％で最初に100万円が預金された場合、100万円の10％である10万円を

預金準備（準備金）として中央銀行に預け、残りの90万円が企業等に貸し出される。この貸し出された90万円は、何らかの経済取引に用いられ経済内を循環し、新たな預金としてどこかの市中銀行に預金される。90万円預金された場合、90万円の10%である9万円が預金準備として中央銀行に預けられ、残り81万円が企業等に貸し出しされる。これを繰り返すことで預金通貨が創造される。なお、**預金総額**は最初の預金額を預金準備率で割ることで求めることができる。また、**信用創造された預金額**は、預金総額から最初の預金額を差し引くことで求めることができる。

【例】

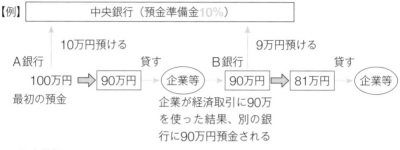

預金総額：　**100万円÷10%＝1,000万円**
　　　　　　　　　　(0.1)

信用創造された預金額：　**1,000万円－100万円＝900万円**

POINT 6 貨幣需要と貨幣供給

　人々が手元に保有しようとする貨幣のことを**貨幣需要**という。ケインズは人々が貨幣を保有しようとする動機を3つに分類した。
● 取引的動機の貨幣需要：財やサービスを購入するために貨幣を保有すること。
● 予備的動機の貨幣需要：将来、起こりうる不測の事態に備えて貨幣を保有すること。
● 投機的動機の貨幣需要：お金もうけをするために貨幣を保有すること。

　一方、国や金融機関以外の民間部門が保有する通貨量のことを**貨幣供給**といい、市中に流通する通貨量を指す。貨幣供給は**マネーストック**や**マネーサプライ**と呼ばれる。マネーストックは、対象となる金融商品や預入先となる金融機関などの違いによって4つの定義がある。
● M_1＝現金通貨＋普通預金（当座預金）
● M_2＝M_1＋定期性預金＋譲渡性預金　＊ただし、ゆうちょ銀行等は除く
● M_3＝M_1＋定期性預金＋譲渡性預金　＊ただし、ゆうちょ銀行等は含む
● 広義流動性＝M_3＋金銭信託＋投資信託＋国債等
　日本はマネーストックとして**M_3**を用いることが多い。ただし、経済学の理論ではマネーストックは**現金通貨と預金通貨の合計**としている。
　中央銀行が直接コントロールすることができる貨幣のことをハイパワード・マネーという。ハイパワード・マネーは**現金通貨と準備預金の合計**である。

1 ケインズは景気回復のために政府による財政政策や金融政策が必要であることを主張した。これを全面的に支持したフリードマンはケインズの理論を発展させ、貨幣供給量を一定に保つというk%ルールを提言した。

× 前半の記述は妥当である。ケインズが景気回復のために政府による財政政策や金融政策が必要であることを主張したが、フリードマンはこの考えを全面的には支持していない。フリードマンはケインズ的な有効需要の拡大は短期的には**有効**であるが、長期的には**無効**であると主張している。

2 フリードマンはケインズ的な有効需要拡大政策は長期的には有効であるが、短期的には無効であると主張した。

× フリードマンはケインズ的な有効需要拡大政策は貨幣錯覚が生じる短期的には**有効**であるが、人々の物価上昇への認識が改善される長期的には**無効**であると主張した。

3 金融政策の手段には公定歩合（基準割引率および基準貸付利率）操作、公開市場操作、預金準備率操作がある。このうち、日本銀行が行っている金融政策の中心は公開市場操作である。もし、景気を拡大するために市場に供給する資金量を増加する場合、買いオペレーションを行うことになる。

○ かつて日本における金融政策の中心は公開市場操作ではなく公定歩合操作であった。しかしながら、1994年に金利自由化が完了し、公定歩合と預金金利との直接的な連動性はなくなった。日銀は短期金利に関する誘導目標値を設定し、公開市場操作をしている。なお、預金準備率操作は1991年以降行われていない。

4 市中銀行は、預金者への払い戻しに備え、預金の一定割合を中央銀行に預け入れる義務がある。この割合のことを預金準備率という。景気を刺激するためにマネーサプライを増加させるためには、預金準備率を引き上げればよい。

× 前半の預金準備率操作の説明は妥当である。預金準備率の引き下げは、中央銀行に預け入れる割合を減少させ、個人や企業への貸し出しを増加させることになる。したがって、マネーサプライは増加する。マネーサプライを増加するためには預金準備率を**引き下げる**ことになる。

5 1999年に日本銀行は無担保コールレートを実質的にゼロ％とするゼロ金利政策を行い、企業への融資を活性化させ、景気を刺激した。しかしながら、日本銀行が利を利をマイナスにする政策を実施したことはない。

× 前半の記述は妥当である。日本銀行は2016年から「**マイナス金利付き量的・質的金融緩和**」を導入し、民間の金融機関が日本銀行に預けている預金金利をマイナスにした。民間の金融機関が日銀に預けると金利がとられることになるため、日銀に預けずに、企業などへの貸し出しを増やす効果がある。

6 2001年から2006年にかけて日本銀行は量的緩和政策を実施した。これは操作目標を日銀当座預金残高にし、市場に供給する資金の量を増やすことで、金融市場の安定や景気回復を図るものである。

○ 日本銀行は2001年にこれまで実施されていたゼロ金利政策から量的緩和政策に変更した。ゼロ金利政策の操作目標は無担保コールレートであったのに対し、量的緩和政策の操作目標は日銀当座預金残高である。ゼロ金利政策も量的緩和政策も市場に供給する資金の量を**増やす**ことが目的である。

裁判所職員（2020年度）

問題1

経済思想に関する次のA～Dの記述のうち、妥当なもののみを全て挙げているものはどれか。

A アダム＝スミスは、企業間の競争に任せると市場は独占が進みやすいため、政府が積極的に経済に介入する必要があると説いた。

B ケインズは、雇用の安定や経済成長には政府の財政政策は効果がなく、通貨供給量を抑制して物価を安定させ、市場の機能を重視するのがよいと説いた。

C マルクスは、恐慌や失業などが起きる資本主義経済を批判し、資本家による搾取が行われているとして、社会主義経済への移行の必然性を説いた。

D リカードは、各国はそれぞれ生産費が相対的に安い製品を生産、輸出し、他は外国から輸入するのが最も利益が大きくなるとする比較生産費説を説いた。

1. A、B
2. A、C
3. B、C
4. B、D
5. C、D

➡解答・解説は別冊P.036

問題 2 東京都 I 類（2019 年度）

日本の金融のしくみと働きに関する記述として、妥当なのはどれか。

1 直接金融とは、余剰資金の所有者が銀行などの金融機関に預金をし、金融機関が預かった資金を家計や企業に貸し付ける方式をいう。

2 間接金融とは、余剰資金の所有者が株式市場や債券市場を通じて株式や社債を購入することによって、資金を企業に融通する方式をいう。

3 日本銀行は、短期金利に関する誘導目標値を設定し、公開市場操作を行うことにより、金融調節を実施する。

4 日本銀行が金融機関から国債を買い上げ、金融市場に資金を供給することにより金利を上げることができる。

5 日本銀行は、好況の時には金融緩和政策を行い、家計・企業向けの預金・貸出金利が引き下がる金融調整を行う。

➡解答・解説は別冊 P.036

日本の金融政策に関する次のA〜Dの記述のうち、妥当なもののみを全て挙げているものはどれか。

A　日本の金融政策は、日本銀行の「金融政策決定会合」によって決定され、政府からは、財務大臣と経済財政政策担当大臣が出席し、議決権も有する。

B　インフレ率について数値目標を設定し、その達成を目的として金融政策を運営する仕組みを「インフレ・ターゲティング」といい、2013年、日本銀行は「消費者物価の前年比上昇率で2%」を目標に設定し金融政策を運営している。

C　金融政策の手段として、「公定歩合操作」、「準備率操作」、「公開市場操作」などがあるが、現在、中心的な政策手段となっているのは、「公開市場操作」である。

D　国債などの買い入れを通じて大量の資金を市場に供給する政策を「量的緩和政策」といい、日本では2001年から2006年にかけて、金融政策の誘導目標について通貨量を表す「コールレート」に切り替えることによりこの政策を実施した。

1.　A、B
2.　A、C
3.　B、C
4.　B、D
5.　C、D

➡解答・解説は別冊P.037

問題4

金融のしくみと働きに関する記述として、妥当なのはどれか。

1 直接金融とは、企業が必要とする資金を、金融機関から直接借り入れて調達する方法であり、実質的な貸し手は預金者である。

2 間接金融とは、企業が株式や社債などの有価証券を発行して、必要な資金を金融市場から調達する方法である。

3 日本銀行による金融調節の手法としては、公定歩合操作、預金準備率操作及び公開市場操作があるが、公開市場操作は現在行われていない。

4 外国通貨と自国通貨の交換比率をプライムレートといい、政府が外国為替市場に介入することをペイオフという。

5 信用創造は、金融機関が貸し付けを通して預金通貨をつくることであり、通貨量を増大させる効果をもつ。

➡解答・解説は別冊P.037

SECTION

2

財政

STEP 1 要点を覚えよう！

要点を覚えよう！

POINT 1 ビルト＝イン＝スタビライザーとフィスカル＝ポリシー

　財政には景気の安定化機能がある。景気の安定化機能の例には**ビルト＝イン＝スタビライザー**と**フィスカル＝ポリシー**がある。ビルト＝イン＝スタビライザーは自動安定装置とも呼ばれ、景気変動に応じてある程度自動的に経済の安定を図る仕組みである。累進課税制度がその一つで、不況期には減税の効果があり有効需要を増加させ、景気改善を促す。一方、好況期には増税の効果があり有効需要を減少させ、景気の過熱を抑える働きをもつ。フィスカル＝ポリシーは景気の状況に応じて、政府が行う裁量的な財政政策のことである。好況期には増税や公共事業の縮小によって有効需要の抑制を図り、不況期には減税や公共事業の拡大によって有効需要の拡大を図る。安定した経済成長を続けるために、財政政策だけでなく、金融政策や為替政策などを組み合わせる**ポリシー＝ミックス**が行われる。

　財政の機能には景気の安定化機能の他、市場では十分に供給されない財・サービスを公共財として政府が供給する資源配分機能、そして所得の高い人ほど高率の税を徴収し、それを財源にして生活困窮者へ社会保障給付を行う所得の再分配機能がある。

POINT 2 プライマリー＝バランス

　プライマリー＝バランスは**基礎的財政収支**とも呼ばれ、国債等の発行による収入を除いた歳入総額（税収及び税外収入）から、国債の利払いと償還費である国債費を除いた歳出を差し引いた値である。プライマリー＝バランスがプラス（黒字）ということは、国民生活に必要な支出を超えて国民の税負担などが過重に課されていることを意味する。逆に、マイナス（赤字）の場合、税負担ではなく国債を発行することで支出を賄っていることを意味する。

近年の日本は赤字の状態が続いているね。

POINT 3 日本の租税

　実際に税を負担する者が直接納税する租税を**直接税**（所得税、法人税など）といい、それらが異なる租税を**間接税**（消費税など）という。

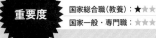

POINT 4　近年の国家財政

　2023年度（令和5年度）一般会計予算の規模は、114兆3,812億円で前年度比6.3%増であり、当初予算で**過去最大**となった。2012年度以降、予算規模は一貫して**増加**している。

　税収では**消費税**が最も多く、次いで所得税、法人税となっている。

　租税負担及び社会保障負担を合わせた負担の国民所得に対する比率のことを**国民負担率**というが、近年、日本の国民負担率は40%を超えている。2023年度の国民負担率は46.8%である。また、租税負担の国民所得に対する比率である**租税負担率**と社会保障負担の国民所得に対する比率である社会保障負担率を比較すると、租税負担率の方が高い。2023年度の租税負担率は28.1%、社会保障負担率は18.7%である。さらに、国民負担率に財政赤字を加えたものを潜在的な国民負担率というが、近年5割を超えている。2023年度の潜在的な国民負担率は53.9%である。

　歳入に占める公債金の割合のことを**公債依存度**という。近年、税収の伸びから公債依存度は減少傾向となっている。2023年度の公債依存度は31.1%である。なお、建設公債と特例公債を比較すると、特例公債の発行額の方が多い（2023年度は建設公債約6.6兆円、特例公債約29.1兆円）。

　国債以外の債務を含めた、今後返済していく債務の合計を**長期債務残高**という。国と地方を合わせた長期債務残高は近年劇的に増加しており、2014年度末に1,000兆円を突破した。2023年度末は1,280兆円となる見込みでこれはGDP比の224%となっている。

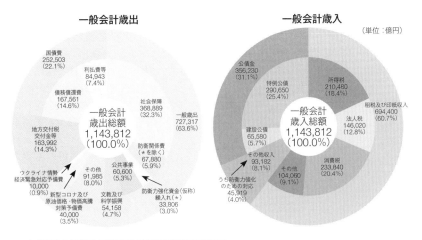

一般会計歳出　　　　　　一般会計歳入

（単位：億円）

※　「一般歳出」とは、歳出総額から国債費及び地方交付税交付金等を除いた経費のこと。
※　「基礎的財政収支対象経費」（＝歳出総額のうち国債費の一部を除いた経費のこと。当年度の政策的経費を表す指標）は、895,195（78.3%）

（注1）　計数については、それぞれ四捨五入によっているので、端数において合計とは合致しないものがある。
（注2）　一般歳出における社会保障関係費の割合は50.7%。

資料：「令和5年度予算のポイント」（財務省）

1 好況期には所得の増加に伴い需要が増え、累進課税により税収も増える。そのため、ますます景気は過熱し、長期にわたって好況期が継続する。このように自動的に景気変動を促進する仕組みのことをビルト＝イン＝スタビライザーという。

× ビルト＝イン＝スタビライザーは景気変動の促進のための仕組みではなく、自動的に景気変動を安定化させるための仕組みである。好況期は累進課税によって税収が増え、行き過ぎた需要拡大を抑制することになるので、景気変動を抑制することになる。

2 安定した経済成長を続けるために、財政政策だけでなく、金融政策や為替政策などを組み合わせることをフィスカル＝ポリシーという。

× 安定した経済成長を続けるために、財政政策だけでなく、金融政策や為替政策などを組み合わせることを**ポリシー＝ミックス**という。なお、フィスカル＝ポリシーは景気の状況に応じて政府が行う裁量的な財政政策のことである。

3 プライマリー＝バランスとは歳入から国債費を除いた歳出を差し引いたものであるが、近年の日本はプラス（黒字）となっている。

× プライマリー＝バランスとは基礎的財政収支ともいい、歳入・歳出のうち、**国債の発行による収入**と**国債費による支出**を除いたものである。これは、財政健全化目標に用いられる指標で、2023年度の日本のプライマリー＝バランスは約10.8兆円の**赤字**である。

4 2023年度（令和5年度）の一般会計予算の歳入を見ると約6割が「租税及び印紙収入」である。その中で最も大きな割合を占めているのは所得税であり、次いで消費税、法人税となっている。

× 前半の記述は妥当である。2023年度の一般会計予算の歳入のうち「租税及び印紙収入」の割合は60.7%、「公債金」の割合は31.1%、「その他収入」の割合は8.1%となっている。「租税及び印紙収入」のうち最も大きな割合を占めているのは消費税であり、歳入全体の20.4%である。次いで所得税18.4%、法人税12.8%となっている。

5 租税負担及び社会保障負担を合わせた負担の国民所得に対する比率のことを国民負担率というが、近年、日本の国民負担率は40%を超えている。また、租税負担の国民所得に対する比率である租税負担率と社会保障負担の国民所得に対する比率である社会保障負担率を比較すると租税負担率の方が高い。

○ 国民負担率は2013年度以降、一貫して40%を超えている。2023年度における国民負担率は46.8%である。また、2023年度の租税負担率は28.1%、社会保障負担率は18.7%であり、租税負担率の方が高くなっている。なお、国民負担率に財政赤字を加えた潜在的な国民負担率は53.9%で、5割を超えている。

6 2023年度（令和5年度）の一般会計予算の規模は約114兆円であり、前年度と比べて増加した。

○ 2023年度の一般会計予算の規模は、114兆3,812億円で、前年度と比べ6.3%増加した。なお、2012年度以降、予算規模は一貫して増加している。2023年度は新型コロナウイルス感染症の対策費に加え、物価上昇のための対策費が「新型コロナウイルス感染症及び原油価格・物価高騰対策予備費」として予算化された。

過去問にチャレンジ！

国家一般職・改題（2017年度）

問題 1

財政やその機能に関する記述として最も妥当なのはどれか。

1 財政とは、国が単独で行う経済活動をいい、その機能には、資源配分、所得再分配、景気調整、金融調節、為替介入の五つがある。例えば、景気を立て直そうとする場合に、景気調整と資源配分を組み合わせた財政政策が行われるが、これをポリシー＝ミックスという。

2 資源配分機能とは、電気、ガスなどの純粋公共財や、交通機関、通信回線などの公共サービスを政府が財政資金を用いて供給することをいう。例えば、政府は、電力会社や鉄道会社などに対して補助金を交付することで、全国一律の料金で同等のサービスが受けられるようにしている。

3 所得再分配機能とは、資本主義経済では所得格差が発生するため、税制度や社会保障制度を通じて所得の均一化を図ることをいう。例えば、所得の多い人ほど一般に消費性向が高く、消費税による税負担の割合が重くなるという累進課税がこの機能の一つである。

4 自動安定化装置（ビルト＝イン＝スタビライザー）とは、自動的に税収が増減したり、社会保障費が増減したりする機能である。例えば、景気の拡大期には、所得の増加に伴って個人消費が伸び、消費税による税収が増えることで積極的な財政政策を行わせ、景気を更に拡大させる。

5 裁量的財政政策（フィスカル＝ポリシー）とは、政府が公共支出や課税の増減を行うことで、有効需要を適切に保ち、景気循環の振幅を小さくして経済を安定させる政策である。例えば、不景気のときには、減税をしたり公共事業を増やしたりする。

→解答・解説は別冊P.038

問題 2

財政に関する記述A～Eのうち、妥当なもののみを挙げているものはどれか。

A　プライマリー＝バランス（基礎的財政収支）は、国債発行額を除く税収等の歳入から、国債の利払いと償還費である国債費を除く歳出を差し引いた収支のことを意味し、財政健全化目標に用いられている指標である。

B　租税負担額の国民所得に対する比率を国民負担率と呼び、租税負担額と社会保障負担額（公的年金や公的医療保険にかかる支払保険料）の合計の国民所得に対する比率を「潜在的な国民負担率」と呼ぶ。

C　財政には、政府が公共財を供給する資源配分機能、所得税に対する累進課税制度等によって所得格差を是正する所得再分配機能、税制や財政支出を用いて景気変動を小さくする景気調整機能の三つの機能がある。

D　我が国の租税を課税ベースから分類した場合、所得課税、消費課税、資産課税等に分類できる。このうち所得課税の例としては、国税においては所得税、法人税、相続税等が挙げられ、地方税においては住民税、印紙税、酒税等が挙げられる。

E　我が国が発行する公債である国債については、主として、公共事業、出資金及び貸付金の財源として発行される建設国債と、それ以外の歳出に充てられる特例国債の二つに区分され、いずれも財政法に基づき発行される。

1　A、C
2　A、E
3　B、D
4　B、E
5　C、D

➡解答・解説は別冊 P.039

日本の財政に関する次のA〜Dの記述のうち、妥当なもののみを全て挙げている
ものはどれか。

A　近年の一般会計予算（当初予算）の歳入では、法人税の占める割合が最も高く、
続いて所得税、消費税となっている。

B　近年の一般会計予算（当初予算）の歳入では、税収が順調に増加していること
から、公債金の占める割合は全体の2割以下に抑えられている。

C　一般会計予算の当初予算は、2019年度から2022年度の4年連続で100兆円を超え
ている。

D　近年の一般会計予算（当初予算）の歳出では、社会保障関係費の額は増加傾向
にあり、予算全体の3割以上を占めている。

1　A、B
2　A、C
3　B、C
4　B、D
5　C、D

➡解答・解説は別冊P.039

CHAPTER

7

国際経済・経済史

この章で学ぶこと

● 世界情勢と関連させながら

　現在は良くも悪くも世界経済は相互依存の状態であるため、世界情勢の変化に大きく影響を受けます。大国が関わる紛争や恐慌が発生した場合、途端にその余波が世界中に及びます。また、かつては先進国の経済発展を軸に議論されてきましたが、現在は新興国の台頭が著しく経済の大勢は急速に移りつつあります。経済事象のみを切り離して捉えても経済の本質は見えません。その時の出来事や社会構造と関連させつつ学習しましょう。

● 日米貿易摩擦

　アメリカのニクソン大統領はドルと金の交換停止を発表し、ドル円の固定レートも変動制に変えて円高圧力をかけました（ニクソンショック）。ベトナム戦争の戦費で赤字が累積すると、日本に繊維製品貿易の数値目標を要求し、対象品目は、鉄鋼・自動車・カラーテレビから半導体・スーパーコンピューターといった高付加価値製品に拡大します。また、日米の取引は、アメリカが日本から製品を輸入して対日貿易赤字を計上する一方で、日本は米国債などを購入して対米金融収支赤字を計上する構造でした。プラザ合意後の円高ドル安政策は日本の輸出競争力を弱めると同時に、日本が保有していた米国債の円貨換算価値も減少させます。東西冷戦が終息すると、アメリカは安全保障における脅威として日本に圧力をかける一方で、中国との宥和政策を推進しました。

● 一億総中流から格差社会へ

　昭和日本の高度経済成長は強者が弱者を守りながら進む護送船団方式が牽引し、格差のない「一億総中流」という理想の状態を実現させました。しかし、「強い者が勝ち、弱い者は負ける」競争を是とする新自由主義は、「富める者はますます富み、貧しき者はますます貧しくなる」格差社会を生み出します。フランスの経済学者トマ・ピケティは『21世紀の資本』において、資本収益率が経済成長率を上回ることを示しました。現在の経済においても、経済成長そのものよりも資本収益に重点を置く考え方が中心となっています。経済は人の志向によって動くため、資本収益型の経済は今後も続くでしょうが、一方で、経済市場から切り捨てられた多くの層をどのように救うかが大きな課題となっています。

国家総合職（教養区分）

かつては頻出分野であったが、ここ数年の出題は減少傾向にある。内容はオーソドックスなものが中心であるため、経済史や日本の経済事情を中心に流れを押さえておきたい。

国家一般職・専門職

令和6年度の採用試験より、知識分野の出題が「自然・人文・社会に関する時事、情報」6題に変更となったが、国際経済につき、最新時事と絡めて出題される可能性がある。

地方上級

日本の経済事情につきしばしば出題されている。経済分野が単独で出題されるよりも、政治や社会事情、時事などに絡めて出題されることも多いので、関連事項と絡めて理解しておきたい。

裁判所職員

国家一般職・専門職採用試験と同様、裁判所職員採用試験においても、知識分野の出題が時事問題を中心とする6題に変更となったが、国際経済につき、最新時事と絡めて出題される可能性がある。

東京都Ⅰ類

かつては頻出分野であったが、現在の出題頻度は高くない。日本の経済事情などを時事の学習の延長線上で重要事項を確認しておこう。

特別区Ⅰ類

頻繁に出題されており、特に経済史や国際経済についての出題が多い。複雑な内情よりも基礎事項の正確な理解が求められるため、一つ一つの用語を確実に押さえたい。

市役所

日本の経済事情に関する問題がしばしば出題される。基礎事項が中心のため、日々のニュースを見る中で動向を常にチェックする学習が効果的である。

警察・消防

出題頻度は高くないが、ニュースなどで馴染みのある一般常識レベルの事項は押さえておきたい。一問一答を活用し、効率的に学習しよう。

1 国際経済

STEP 1 要点を覚えよう！

POINT 1 国際収支

　国際収支とは、一国の居住者が一定期間内において諸外国の居住者との間で行う全ての経済取引をまとめたものである。国際収支は、**経常収支**、**資本移転等収支**、**金融収支**の3つの大項目からなる。

　経常収支は**貿易収支**、**サービス収支**、**第1次所得収支**、**第2次所得収支**から構成される。

貿易収支	一般の商品の輸出入が計上される。
サービス収支	国内居住者と諸外国の居住者との間のサービスの取引が計上される。海外旅行で使用された金額も計上される。
第1次所得収支	国内居住者と外国の居住者との間の生産要素（労働、資本）の提供に対する報酬の収支であり、雇用者報酬や投資収益（利子・配当等）からなる。
第2次所得収支	国内居住者と外国の居住者との間の対価を伴わない資産の提供に係る収支であり、海外への無償資金協力、寄付、贈与の受払などが含まれる。

　資本移転等収支は、対価の受領を伴わない固定資産の提供、債務免除等の収支である。**金融収支**は、国内居住者と外国の居住者間の金融資産にかかる債権・債務の移動を伴う取引が計上され、**直接投資**、**証券投資**、**金融派生商品**、**その他投資**、**外貨準備**の合計である。**直接投資**は企業が株式取得、工場を建設し事業を行うこと、**証券投資**は株式と債券の対外取引のことである。

> 国際収支の関係式
> **経常収支＋資本移転等収支－金融収支＋誤差脱漏＝0**

POINT 2 貿易に関する国際機関

●**世界貿易機関（WTO）**：関税及び貿易に関する一般協定（GATT）は輸出入を制限する関税を二国間の交渉によって引き下げ、その交渉成果を全ての加盟国に平等に適用し（最恵国待遇）、非関税障壁を加盟各国が廃止することによって自由な貿易を実現しようとする協定である。なお、1980年代の国際的な投資の拡大等に伴って、特許や商標などの知的財産権といった、モノの取引とは異なる新しい分野での調整も必要となった。**GATTウルグアイ＝ラウンド**では、農産物の市場

開放やモノ以外の国際取引を扱うサービス貿易の自由化が決まり、知的財産権についての国際的なルール作りなどにも合意した。

GATTの合意内容を継承・発展させる形で1995年に**世界貿易機関（WTO）**が発足した。WTOは各国が自由にモノ・サービスなどの貿易ができるようにするためのルールを決め、貿易障壁を削減・撤廃するために加盟国間で貿易交渉を行っている国際機関である。また、WTOには通商摩擦を政治問題化することを防ぐため、ルールに基づいた解決を目指す**紛争解決手続のシステム**が設けられている。

WTOは最恵国待遇の例外として、**自由貿易協定（FTA）**や経済連携協定（EPA）を認めている。**FTA**は特定の国や地域の間で、**物品の関税やサービス貿易の障壁等を削減・撤廃すること**を目的とし、**EPA**は貿易の自由化に加え、投資、人の移動、**知的財産の保護や競争政策におけるルール作り、様々な分野での協力の要素等を含む、幅広い経済関係の強化**を目的とする。2021年1月現在、日本はシンガポールやマレーシアなど、21のEPA・FTAを署名・発効済である。

●**経済協力開発機構（OECD）**：1961年に設立した国際機関で、38か国の先進国が加盟し、経済動向、貿易、開発援助に加え、持続可能な開発、ガバナンスといった新たな分野についても分析・検討を行っている。OECDの下部組織である**開発援助委員会（DAC）**はOECD加盟国による発展途上国援助の調整にあたる。

●**国際開発協会（IDA）**：1960年に創設された世界銀行のグループ機関。発展途上国の中で特に貧しい国々を対象として支援を行う。

●**アジア太平洋経済協力（APEC）**：1989年に発足したアジア太平洋地域の21の国と地域が参加する経済協力の枠組みである。APECでは、関税、サービス、投資等の多岐にわたる分野において障壁をなくし、自由化を進め、貿易・投資の促進を実施している。

●**石油輸出国機構（OPEC）**：1960年に発足した国際機関である。現在13か国が加盟し、加盟国の利益を個別及び全体的に守ることや、国際石油市場の価格の安定、消費国に対して安定的に石油を供給することなどを目的としている。

POINT 3　発展途上国への援助

発展途上国の社会・経済の開発を支援するため、政府が行う資金や技術の協力を**ODA**という。日本の2023年度（令和5年度）のODA予算は5,709億円で前年度と比べて1.7%増加した。日本のODAは1991年から2000年までの間、世界第1位の援助額であったが、2001年にアメリカに抜かれ世界第2位に後退した。**2022年の支出ベースで見た日本のODA実績**はアメリカ、ドイツに次いで**第3位**である。ただし、日本の対国民総所得（GNI）比で見たODAは0.39%で、DACメンバー中、第15位である。**国連が示すODAの目標は対GNI比の0.7%**であるが、日本のほか、多くのODA供与国はこの目標を達成できていない。

ODAには返済の必要のない無償資金協力と返済が必要な有償資金協力、技術協力の3種類の形態があるが、2022年の日本のグラント・エレメント比率*は約9割と決して高くはない。なお、二国間ODAの地域別内訳ではアジア向けが**約6割**となっている。

---

*　**グラント・エレメント比率**…将来返済の必要性のない割合のこと。グラント・エレメント比率が100%であれば、ODA全てが贈与となる。

1 経常収支は貿易収支、第1次所得収支、第2次所得収支で構成される。

× 経常収支は**貿易収支、サービス収支、第1次所得収支、第2次所得収支**で構成される。なお、近年の経常収支は一貫して黒字となっているが、貿易収支とサービス収支は必ずしも黒字というわけではない。2021年度は貿易収支もサービス収支も**赤字**であった。

2 国際収支における証券投資とは、外国に証券取引が行われる金融機関を建設することであり、証券投資は金融収支に含まれる。金融収支には外貨準備の増減は含まれない。

× 国際収支における**証券投資は外国の株式を購入する**ことであり、金融収支に含まれる。金融収支は直接投資、証券投資、金融派生商品、その他投資、外貨準備で構成される。したがって、外貨準備の増減は金融収支に**含まれる**。

3 経済協力開発機構（OECD）は1961年に設立した国際機関であり、現在、38か国の先進国が加盟している。また、OECDの下部組織である開発援助委員会（DAC）はOECD加盟国による発展途上国援助の調整にあたってきた。

○ 経済協力開発機構（**OECD**）は、経済動向、貿易、開発援助といった分野に加え、持続可能な開発、ガバナンスといった新たな分野についても分析・検討を行っている。OECDの委員会の一つとして**開発援助委員会**（**DAC**）が設置されており、OECD加盟国のうち31か国とEUがこれに参加している。

4 最恵国待遇は、特定の国に対する関税などの優遇措置を他の国にも適用するものである。差別がなく公正で自由な貿易を保障するWTOにとって、最恵国待遇は基本原則の一つである。したがって、WTO加盟国が2国間で協定を結び関税を撤廃するなどの措置は認められていない。

× 最恵国待遇はWTOの基本原則の一つであるが、**FTA**や**EPA**はこの最恵国待遇の例外とされている。FTAは特定の国・地域の間で、物品の関税やサービス貿易の障壁等を削減・撤廃することを目的とする協定であるのに対し、EPAは関税の削減・撤廃に加え、人的交流の拡大や知的財産の保護などが含まれている。

5 環太平洋パートナーシップ（TPP）協定は、1989年に発足したアジア太平洋地域の21の国と地域が参加する経済協力の枠組みである。関税、サービス、投資等の多岐にわたる分野において障壁をなくし、自由化を進め、貿易・投資の促進を実施している。

× **アジア太平洋経済協力（APEC）**に関する記述である。TPPはモノの貿易に限らず、サービスや知的財産等幅**広い分野での新しいルール**の構築を目指す協定である。APECと似ているが、**12か国**が交渉に参加し、大筋合意に達したのは**2015年**のことである。その後2018年には、代替となる**環太平洋パートナーシップに関する包括的及び先進的な協定（CPTPP）**が締結されている。

6 ODAには返済の必要のない無償資金協力と返済が必要な有償資金協力、技術協力の3種類の形態がある。将来返済の必要性のない割合をグラント・エレメント比率というが、日本のグラント・エレメント比率は100%となっている。

× 前半の記述は妥当である。将来返済の必要性のない割合はグラント・エレメント比率というが、2022年の日本のグラント・エレメント比率は**9割**程度である。グラント・エレメント比率が100%であれば、ODA全てが贈与ということになる。

問題1　　　　　　　　　　　　　　　　　　　　　　特別区Ⅰ類（2018年度）

国際収支に関する記述として、妥当なのはどれか。

1　国際収支は、一国の一定期間における対外経済取引の収支を示したものであり、経常収支、資本移転等収支、金融収支に大別され、統計上の誤差を調整する誤差脱漏も国際収支に含まれる。

2　経常収支は、財、サービスの国際取引を示す「貿易・サービス収支」、政府援助や国際機関への分担金などの「第一次所得収支」、国際間の雇用者報酬と利子・配当金などの投資収益を示す「第二次所得収支」からなる。

3　金融収支は、海外工場の建設にかかわる「直接投資」、株式・債権への投資である「証券投資」、デリバティブ取引などの「金融派生商品」からなり、通貨当局が保有する対外資産を表わす外貨準備は、金融収支に含まれない。

4　資本移転等収支は、資本形成を伴う無償資金協力や債務免除、資産の権利売買などが計上され、発展途上国への社会資本のための無償資金協力はプラスとなる。

5　国際収支は、金融収支において、対外資産の増加がプラスに、対外負債の増加がマイナスに計上され、理論上、「金融収支＋資本移転等収支－経常収支＋誤差脱漏＝0」となる。

➡解答・解説は別冊 P.040

問題2　　　　　　　　　　　　　　　　　国家一般職（2021年度）

国際経済に関する記述として最も妥当なのはどれか。

1　リカードは、保護貿易政策を理論的に擁護するために比較生産費説を提唱した。この考え方によると、A国とB国がそれぞれ、財1と財2を生産する場合、もしA国が両財共にB国よりも安く生産できるならば、両財共にA国が生産することが効率的となる。

2　一国の一定期間における対外経済取引の収支を示したものが国際収支であり、経常収支や金融収支などから成る。また、財貨・サービスの国際取引を示す貿易・サービス収支は経常収支に含まれる。

3　貿易収支は、輸出額から輸入額を引いて算定される。近年の我が国の貿易収支を暦年でみると、2010年から2019年まで黒字額が拡大傾向で推移した。一方、我が国のサービス収支についても、日本国外への旅行が増加したことに伴い、同期間では黒字が継続した。

4　外国為替市場の仕組みについてみると、例えば我が国の米国に対する貿易黒字が大きくなった場合、米国によるドルでの支払額が大きくなるため、為替市場でドル買い・円売りの圧力が大きくなり、ドル高・円安方向への動きが強くなる。

5　外国為替相場の状況についてみると、2000年代以降、円高・ドル安傾向が強くなっていったが、2010年代初頭の東日本大震災の直後には、未曾有の国難に伴う円売りの動きが強くなり、一時1ドル120円となった。その後、再び円高傾向が強くなり、その傾向は2016年頃まで続いた。

➡解答・解説は別冊 P.040

貿易に係る国際機関や協定等に関する記述として最も妥当なのはどれか。

1　経済協力開発機構（OECD）は、1995年に設立された、開発途上国や先進国に
　かかわらず、150以上の国と地域が加盟する国際機関であり、加盟している国・
　地域間で、自由にモノやサービスの貿易ができるようにするためのルールを定
　めている。

2　世界貿易機関（WTO）は、1961年に設立された、ヨーロッパを中心に我が国
　を含めた30か国以上の先進国が加盟する国際機関であり、加盟国経済の安定成
　長、国際貿易の安定的発展、開発途上国への援助促進などを目的としている。

3　アジア太平洋経済協力（APEC）は、1967年に成立した、アジアの11の国・地
　域間における、貿易と投資の自由化、経済・技術協力等を基本理念とした経済
　協力の枠組みであり、米国もオブザーバーとして参加している。

4　経済連携協定（EPA）とは、国・地域間での輸出入に係る関税の撤廃・削減、
　サービス業を行う際の規制の緩和・撤廃等を含んだ、包括的な国際協定であり、
　2014年末現在、我が国と同協定を締結した国の例として、シンガポール、マレー
　シアが挙げられる。

5　環太平洋パートナーシップ（TPP）協定は、農林水産物、工業製品などのモノ
　の貿易に特化し、各国の貿易の自由化やルール作りをする国際協定であり、
　2014年末現在、我が国を含めた環太平洋の30か国以上の国々が交渉に参加して
　いる。

➡解答・解説は別冊 P.041

問題 4

発展途上国への援助等に関する記述として最も妥当なのはどれか。

1 後発発展途上国とは、財政事情の悪化などにより、2000年まで発展途上国とみなされていなかった国のうち、それ以降に新たに発展途上国として国際連合から認定された国を指し、東南アジアの国々がその代表例として挙げられる。

2 発展途上国援助に関連する組織として、発展途上国援助の調整を行う開発援助委員会（DAC）や、世界銀行加盟国の一部によって活動が開始され発展途上国の中でも最も貧しい国々を対象として支援を行う国際開発協会（IDA）がある。

3 発展途上国と先進国との間の経済格差の問題を南北問題というが、近年では、発展途上国の中でも急速な経済成長を遂げた新興工業経済地域と、先進国との間で、発展途上国で産出される資源の獲得競争が問題となっており、これを南南問題という。

4 先進国側の働きかけにより、国連貿易開発会議（UNCTAD）が設立され、先進国と発展途上国との間の貿易拡大などが協議されたが、発展途上国では、先進国からの輸入品に対し関税面で優遇する一般特恵関税が義務付けられたため、両国間の経済格差が拡大した。

5 資源価格の高騰を背景に、欧州諸国に多額の資金を貸し付けていた中南米諸国では、1980年代に欧州諸国の一部が債務不履行の危機に陥ったことで累積債務問題が表面化し、救済策として債務繰延べなどが行われた。

→解答・解説は別冊 P.041

2 経済史

STEP 1 要点を覚えよう！

POINT 1 日本の戦後経済史

　第二次世界大戦後の困難な状況の中で、日本を占領した連合国軍最高司令官総司令部（GHQ）の指示により、経済民主化政策が進められた。その柱が財閥解体、農地改革、労働改革である。

●**財閥解体**：戦前の日本では、三井、三菱、住友、安田などの財閥が金融や工業などの主要産業を支配していたが、持株会社（コンツェルン）を禁止したことで財閥が解体された。

●**農地改革**：封建的な地主・小作関係に基づく寄生地主制が崩壊した。

●**労働改革**：1945年に治安維持法が廃止され、同年に**労働組合法**、1946年に**労働関係調整法**、1947年に**労働基準法**がそれぞれ制定され、労働民主化政策が進められた。

　占領下の日本政府は、経済復興のため、1946年に傾斜生産方式を採用し、産業の基幹である鉄鋼・石炭の増産のために資金や資材を集中的に投入した。この傾斜生産方式を資金的に支えたのが復興金融金庫である。復興金融金庫を通じて資金供給を増やした結果、インフレーションが発生した。これを復金インフレーションという。このインフレーションを収束させるためにGHQは1948年に経済安定9原則を指令した。この9原則を実施するために**ドッジ＝ライン**と呼ばれる経済政策がとられ、均衡予算によりインフレーションを収束させるとともに、1ドル＝360円の単一為替レートが確立された。その後の歩みは以下の表の通り。

| 1950年〜1953年 | 朝鮮特需 | 1950年6月に**朝鮮戦争**が勃発し、アメリカ軍から多量の物資・サービスの需要が発生した。1951年6月には景気の山を迎え戦後初めての好景気をもたらした。 |
| 1954年12月〜1957年6月 | 神武景気 | **設備投資**によって支えられた戦後最初の長期の好景気。この景気拡大により日本経済は戦前の最高水準を更新するまで回復し、1956年の経済白書には「もはや戦後ではない」と記された。**三種の神器**と呼ばれた白黒テレビ、洗濯機、冷蔵庫が普及した。 |

1957年〜1958年	なべ底不況	国際収支の悪化により急速に景気は低迷した。政府及び日本銀行は金融引き締め策をとったため、各企業は減益・減収、資金不足に陥った。
1958年6月〜1961年12月	岩戸景気	投資が活況化し、技術革新によって支えられた好景気。「投資が投資を呼ぶ」と言われた。1960年には池田勇人内閣による「国民所得倍増計画」が策定され、1961年から1970年までの10年間で国民所得を倍増することが打ち出された。
1962年10月〜1964年10月	オリンピック景気	1964年の東京オリンピック開催に伴い起こった建設投資ブームによってもたらされた好景気。東海道新幹線や首都高速道路、国立競技場、日本武道館などが建設された。
1964年〜1965年	40年不況（証券不況）	東京オリンピックが終了し、金融引き締めも重なると、企業業績の悪化が顕在化した。
1965年10月〜1970年7月	いざなぎ景気	戦後2番目の長さの好景気。低価格の大衆車の発売によってマイカーブームが起こった。所得水準の向上によって、3Cと呼ばれた車、クーラー、カラーテレビ（新・三種の神器）消費の大幅な伸びも見られた。
1973年〜1979年	石油危機（オイルショック）	OPECによる原油価格の大幅な値上げにより、世界経済が大きな打撃を受けた。1973年の第一次石油危機後、日本では狂乱物価が生じ、経済活動は停滞した。
1986年〜1987年	円高不況	プラザ合意後の円高により、国際競争力低下による輸出の減少などで景気が低迷した。
1986年12月〜1991年2月	バブル景気	株価の急上昇、不動産価格の上昇、また個人資産などの増大によりもたらされた好景気。1990年から株価は暴落し、地価も徐々に下がっていった。
2002年2月〜2008年2月	いざなみ景気	戦後最長の好景気。長期の好景気ではあったが、経済成長率は2%前後と伸び悩み、賃金の上昇率は低く、個人消費は拡大しなかった。「実感なき景気回復」と呼ばれた。

POINT 2 国際経済体制の変遷

　1944年、アメリカのブレトンウッズで開かれた会議では国際通貨基金（IMF）と国際復興開発銀行（IBRD、世界銀行）の設立が決まった（ブレトンウッズ協定）。これによりIMFは通貨の安定化と貿易の拡大を図るために必要な資金を融資し、世界銀行は復興開発を目的とした資金供与を行った。ブレトンウッズ協定に基づき、貿易の拡大を通して、各国の生活水準の向上と健全な雇用の実現を図ろうとする体制のことをブレトンウッズ体制という。この体制は金との交換を保証したドルを基軸通貨とする固定相場制であった。なお、1ドルは360円であった。

　アメリカでは、ベトナム戦争への介入や貿易黒字の縮小が続いたことからドルが流出する一方、金とドルの交換請求が増加した。1971年、ニクソン大統領はドルと金の交換停止を発表し、ブレトンウッズ体制は崩壊した。その後、先進国によるスミソニアン合意が成立し、ドルが切り下げられた。スミソニアン合意に基づく**スミソニアン体制**では固定相場制は維持されたが、円は1ドル＝360円から**1ドル＝308円**に引き上げられた。

　その後もドルの下落はとまらず、**1973年に主要国は変動相場制度へ移行した**。そして1976年の**キングストン合意**で、金とドルとの交換の廃止と変動相場制度への移行が正式に追認された。

　1980年代前半、レーガン政権下のアメリカでは財政赤字の増大によって国債が大量に発行され、アメリカ国内の金利が上昇した。金利の上昇はアメリカへの資本流入を増大させドル高となった。このドル高を是正するため、1985年にアメリカの呼びかけでG5による会議が開催され、為替介入を行うという**プラザ合意**がかわされた。プラザ合意後、急激なドル安がもたらされ、1987年にはG7によってドルの急落を抑えるために**ルーブル合意**がかわされた。

> **ここで差がつく！** ▶ 国際経済体制の変遷のまとめ
>
> **スミソニアン合意**→ドルの**切り下げ**。円は1ドル＝360円から308円へと切り上げ（1971年）
> **キングストン合意**→金とドルの交換の廃止、変動相場制へ移行（1976年）
> **プラザ合意**→1980年代の**ドル高是正**のためのG5による為替介入（1985年）
> **ルーブル合意**→プラザ合意後の急激な**ドル安是正**のためのG7による為替介入（1987年）

POINT 3　国際通貨の動向

　1997年7月の**タイ・バーツ切り下げ**を発端として、アジア諸国において発生した通貨危機及び金融危機のことを**アジア通貨危機**という。特に韓国やインドネシアでは、通貨危機と金融危機が深刻化し、IMFによる支援を受けた。

　また2008年、アメリカの大手金融機関であるリーマン＝ブラザーズはサブプライムローンが不良債権化したことで破綻した。これに端を発し世界的な不況となったことをリーマン＝ショックと呼んでいる。リーマン＝ショック後、円相場は1ドル100円を下回り円高が進行、2011年10月31日に1ドル75円32銭の史上最高の円高を記録した。2013年に入ると円相場は一気に円安方向に転じた。アメリカの連邦準備制度理事会（FRB）は2022年3月に利上げを開始して以降、さらに円安が進み、2022年10月21日には1ドル151円90銭台となった。これは1990年7月以来32年ぶりの円安水準であった。

POINT 4　リーマン＝ショックと金融危機

（1）リーマン＝ショック

　アメリカでは1990年代前期から2000年代初期にかけて、当時普及が進みつつあったインターネット関連企業の将来性を期待して、通信やIT関連企業の株価が急騰した（**ITバブル**）。ところが2000年代初頭に破綻する企業が続出し、景気は急速に後退した（**ITバブルの崩壊**）。ITバブルの崩壊後に金融緩和が進められた結果、住宅ブームが巻き起こり、ブッシュ政権は低所得者対策として住宅取得を奨励した。収入の低い人でも住宅が取得できる**サブプライムローン**は、信用力の高い借り手よりも金利が高く設定されるが、当初数年間の返済は低金利に抑えられ、借り手はこの間に値上がりした住宅を担保に、より低金利のローンに借り換えることで返済が可能であるとされた。

　ところが、2007年にサブプライムローンへ投資した証券化商品の価格が下落、不良債権化し、2008年にはリーマン＝ブラザーズが史上最大級の規模で倒産するなど、次々と投資銀行が経営破綻に追い込まれた。リーマン＝ブラザーズが経営破綻したことをきっかけに、世界的に起こった金融・経済危機が、先述した**リーマン＝ショック**である。

　リーマン＝ショックの影響はヨーロッパにも波及し、アメリカの中央銀行にあたるアメリカ連邦準備制度理事会（FRB）の他、欧州中央銀行、イングランド銀行、カナダ中央銀行、スウェーデン国立銀行、スイス国立銀行の6か国の中央銀行が**政策金利を引き下げ**た。また、アイスランド、ハンガリー、ギリシャなどが**債務危機**に陥った。

　日本においてもリーマン＝ショックの影響は大きく、急速な円高が進行して、アメリカ市場における日本製品の需要が大幅に減少した。その結果、深刻な就職難となり、非正規雇用の**雇い止め**や**派遣切り**が社会問題となった。

（2）ギリシャ危機

　ギリシャでは、2009年に交代した新政権によって、旧政権が行ってきた財政赤字の隠蔽が明らかとなった。膨大な財政赤字に対して、3か年財政健全化計画が打ち出されたが、その実効性が疑問視され、格付会社が相次いでギリシャ国債の格付を引き下げ、国家破綻への不安から**ギリシャ国債が暴落**した。

　ギリシャ危機の影響はギリシャ国債を持っていたポルトガル、イタリア、アイルランド、スペイン（これらの国にギリシャを加えてPIIGSともいわれた）にも波及し、財政が悪化した。

（3）ドバイショック

　2009年、ドバイ政府が政府系企業の債権者に債務返済繰り延べを求めたことから金融不安が生じた。これにより中東の湾岸諸国と取引の多い欧州金融機関への収益懸念などが広がり、イギリスやドイツ、フランスなどの主要株式市場で**欧州株が急落**した。

1 「投資が投資を呼ぶ」といわれるほど投資が積極的に行われ、好景気となったのは岩戸景気である。岩戸景気の最中、池田勇人内閣によって国民所得倍増計画が策定され、1961年から1970年までの10年で国民所得を倍にすることが掲げられた。

○ **岩戸景気**は1958年6月から1961年12月までの42か月間続いた好景気である。この好景気では「投資が投資を呼ぶ」と評された。一方、1954年から1957年にかけての好景気を**神武景気**という。

2 オリンピック景気とは1964年の東京オリンピックの時期に起こった好景気である。所得水準の向上によって、3Cと呼ばれた財の消費が大幅に増加した。

× 3Cと呼ばれる財の消費が顕著だったのは、オリンピック景気ではなく**いざなぎ景気**である。オリンピック景気は、1964年の東京オリンピック開催に伴って起こった**建設投資ブーム**によってもたらされた好景気である。なお、オリンピック後は40年不況（証券不況）に見舞われることになる。

3 OPECによる原油価格の大幅な引き上げにより、1973年と1979年に2度の石油危機に見舞われた。1973年の第一次石油危機後は日本では狂乱物価が起こった。

○ 第一次石油危機後は狂乱物価と呼ばれるインフレーションが起こった。その結果、**景気の低迷**と**物価の上昇**が同時に起こる**スタグフレーション**が生じ、経済活動は停滞した。その結果、実質経済成長率は戦後初めてのマイナス成長となった。また、噂話による物資不足の不安からトイレットペーパーの買い占め騒動が起きた。

4 2011年10月31日には、1ドル75円32銭の史上最高の円高を記録したが、2013年に入ると円相場は一気に円安方向に転じた。FRBが2022年3月に利上げを開始して以降、さらに円安が進んだが、1ドル150円を超えることはなかった。

× 2022年に円安の動きが加速し、2022年10月21日には1ドル**151円90銭台**となった。これは1990年7月以来32年ぶりの**円安水準**であった。なお、円相場は日々変化するため、最近の動向にも注意を払い、時事問題にも対応していただきたい。

5 1980年代のドル高に対応するため、1985年にアメリカの呼びかけで、G5による会議が開催され、為替介入を行うというルーブル合意がかわされた。ルーブル合意後は急激なドル安となったため、これを是正するために1987年にプラザ合意がかわされた。

× ルーブル合意とプラザ合意の記述が逆である。1980年代前半、レーガン政権下のアメリカでは財政赤字の増大によって国債が大量に発行されたことに端を発しドル高となった。これを是正するために1985年にかわされたのが**プラザ合意**である。**ルーブル合意**はプラザ合意後のドル安の是正のための合意である。

6 ブレトンウッズ体制により各国では固定相場制が採用され、日本では1ドル360円と定められた。1971年のスミソニアン協定により、固定相場制は維持されたが1ドル308円に変更された。その後、1973年に日本を含む主要先進国は変動相場制に移行した。

○ 1973年にアメリカがドルを切り下げると、主要国は全面的に**変動相場制**へ移行した。なお、**1976年**に行われた**キングストン合意**によって変動相場制への移行が正式に追認された。変動相場制への移行はスミソニアン協定ではないことに注意したい。

問題1

裁判所職員（2017年度）

戦後の日本経済史に関する記述として最も適当なものはどれか。

1945年 ～	経済民主化開始 （　A　） １ドル＝３６０円の単一為替レート設定
1950年 ～	鉱工業生産が戦前水準を超える （　B　） 岩戸景気
1960年 ～	国民所得倍増計画発表 （　C　） ＧＮＰが資本主義国で第２位となる
1970年 ～	ニクソン＝ショック （　D　） 第２次石油危機
1980年 ～	米との経済摩擦激化 （　E　） バブル景気
1990年 ～	平成不況

1 「特需景気」は、Aの頃、1ドル＝360円の単一為替レート実施前に起きた好景気である。

2 「ドッジ＝ライン実施」は、Bの頃、鉱工業生産水準が戦前水準を超えたことで行われた。

3 「神武景気」は、Cの頃、国民所得倍増計画発表後に起きた好景気である。

4 「実質経済成長率、戦後初のマイナス」は、Dの頃、ニクソン＝ショック及び第1次石油危機後の経済情勢である。

5 「1ドル＝79円75銭で戦後最高値更新」は、Eの頃、バブル景気前夜の出来事である。

➡解答・解説は別冊P.042

問題2　特別区Ⅰ類・改題（2020年度）

国際経済体制の変遷に関する記述として、妥当なのはどれか。

1 ブレトン＝ウッズ体制では、自由貿易を基本とした国際経済秩序をめざして、IMFとIBRD（国際復興開発銀行）が設立された。この体制下では、ドルを基軸通貨とする固定相場制が採用された。

2 1971年、ニクソン大統領がドル危機の深刻化により金とドルの交換を停止したため、外国為替相場は固定相場制を維持できなくなり、1976年にIMFによるスミソニアン合意で、変動相場制への移行が正式に承認された。

3 1985年、先進5か国は、レーガン政権下におけるアメリカの財政赤字と経常収支赤字を縮小するため、G5を開き、ドル高を是正するために各国が協調して為替介入を行うルーブル合意が交わされた。

4 GATTは、自由、無差別、多角を3原則として自由貿易を推進することを目的としており、ケネディ・ラウンドでは、サービス貿易や知的財産権に関するルール作りを行うことが1993年に合意された。

5 UNCTAD（国連貿易開発会議）は、GATTを引き継ぐ国際機関として設立され、貿易紛争処理においてネガティブ・コンセンサス方式を取り入れるなど、GATTに比べて紛争解決の機能が強化された。

➡解答・解説は別冊P.043

為替に関する記述として最も妥当なのはどれか。

1　外国通貨と自国通貨の交換比率のことを外国為替相場、銀行間で外貨取引を行う市場を外国為替市場という。外国為替相場は米国と各国の中央銀行間で決定されており、基軸通貨である米ドルと各国の通貨との交換比率が「1ドル＝100円」のように表される。

2　第二次世界大戦後、外国為替相場の安定と自由貿易の促進を目的としたブレトン＝ウッズ体制の下で固定為替相場制の体制が成立した。我が国が国際貿易に復帰する時には、「1ドル＝360円」の相場であった。

3　1973年に先進国間でプラザ合意が成立し、我が国も変動為替相場へ移行することとなった。経済成長とともに我が国の貿易黒字が拡大し、日米間での貿易摩擦に発展した。そのため、円高・ドル安の傾向が強まり、1985年には「1ドル＝80円」に達した。

4　貿易での決済がドルで行われる場合、円高・ドル安になると我が国の輸入は増加し、円安・ドル高になると我が国の輸出が増加する。為替相場を誘導することは貿易問題を引き起こしやすいことから、国家による為替介入は、変動為替相場制の下では禁止されている。

5　為替相場の変動によって生じる利益のことを為替差益といい、例えば日本円を「1ドル＝100円」の相場で全てドルに変換し、その相場が円高・ドル安に進んだ後、全て日本円に交換すると、利益が出ることになる。

➡解答・解説は別冊 P.043

CHAPTER

社会事情

この章で学ぶこと

⬤ 時事志向を意識しよう

　社会事情は時事的要素が強く、日々、ニュースやディスカッション番組などで最新の動向をチェックすることが必要です。公務員試験で求められているのは決して「試験のための詰め込み」ではなく、「普段から社会事情に関心があるか」の素養です。収録した事項はあくまで現時点での出題傾向を整理したものに過ぎません。社会事情は次から次に目まぐるしく移り変わっていく性質があり、社会科学の「流動性」が最も顕著である分野です。常に社会事情に敏感であるようにしていきましょう。

⬤ クリティカルシンキングを心がけよう

　筆記試験のみならず、論文試験や人物試験で社会事情に関し踏み込んだ意見を求められることがあります。現在は論文試験や人物試験での配点が圧倒的に大きいため、学習時もこちらを念頭に置きつつ付随的に筆記対策をするバランスが重要となります。その際に有効なのがクリティカルシンキングという視点です。「もっと良いシステムにならないか」と考えながら社会事情に対峙していきましょう。学習テクニックを超えて、そもそも志望する公務員はこれらの事情に対処していくことが仕事となります。単なる試験のための暗記ではなく、常に当事者の立場で改善を思案していきましょう。

⬤ アップデートを積極的に

　ニュースやディスカッション番組などで最新事情をインプットする際も、受け身の姿勢では収穫が少ないと言えます。議論の場に自分も参加しているとイメージし、積極的に入り込むことが重要です。各発言を紙に書き留めつつまとめ、常に改善案を練りましょう。但し、誰か他人の言った意見を表面の文言だけ覚えてもほとんど意味はありません。しっかりと自分の頭で考えなければ、すぐに忘却してしまいます。

　発想の際は、アニメやゲームなどフィクションの世界を理想として、それを現実世界に落とし込むアプローチが効果的です。過去の変遷を振り返ると、フィクションの世界は未来の先取りになっていることが多く、これを採り入れることで最先端の発想力を習得することができます。

国家総合職（教養区分）

出題数は多く、常に時事の動向を探っているかどうか、対応策にまで考えが回っているかを問うている。情報の把握だけでなく、現代社会への影響まで考慮しよう。背景や因果関係にも踏み込み、未来へとつなぐ視点が肝要となる。

国家一般職・専門職

令和6年度の採用試験より、知識分野の出題が「自然・人文・社会に関する時事、情報」6題に変更となった。本章は時事と極めて関連の深い分野である。各種データの解釈や意味付けを考えながら学習しよう。

地方上級

出題数は極めて多い。ニュースで話題となる事象をしっかり理解しているかが得点の分かれ道となる。一問一答や過去問で頻出事項を適宜押さえておこう。

裁判所職員

国家一般職・専門職採用試験と同様に裁判所職員採用試験においても、知識分野の出題が時事問題を中心とする6題に変更となった。本章は時事と極めて関連の深い分野である。各種データの意味付けを考えながら学習しよう。

東京都Ⅰ類

出題数は極めて多い。ニュースで取り上げられ、賛否両論のあるテーマに関しても（中立性を担保した上で）積極的に出題される傾向にある。特に資源やエネルギーなど、科学技術や環境資源の分野は確実に整理しておきたい。

特別区Ⅰ類

出題数はとても多い。ニュースで取り上げられ、賛否両論のあるテーマに関しても（中立性を担保した上で）積極的に出題される傾向にある。同じテーマが何度も出題されたこともあるため、過去問をしっかりと確認しておこう。

市役所

出題数は年々増加。地方行政や地域密着型の話題が出題されやすい。全国規模の時事対策も重要だが、受験地特有の出来事や課題も把握しておく必要がある。

警察・消防

時事問題としての出題数は多いが、難度の高い事項は問われない。日々のニュースで扱われる程度の話を適宜把握しておこう。難しい事項に時間を割くよりも、わかるところや興味の湧くテーマを確実に押さえる学習が効果的である。

1 社会保障・労働事情

STEP 1 要点を覚えよう！

POINT **1** 日本の社会保障制度の概要

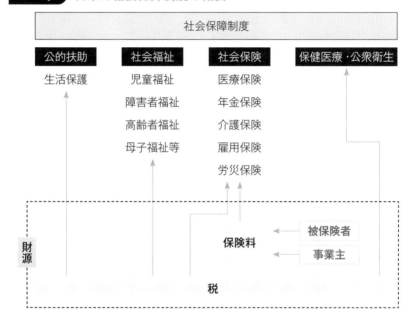

日本の社会保障制度は、公的扶助、社会福祉、社会保険、保健医療・公衆衛生の4つの柱からなる。社会保障制度は、国や地方公共団体が拠出する公費、すなわち**税**により賄われているが、社会保険の財源には、そのほかに、被保険者や事業主が負担する**保険料**も含まれている。

被保険者と事業主の保険料の負担割合は、保険の種類による。自営業者などが加入する国民健康保険、国民年金には、保険料の事業主負担はない。会社員などが加入する健康保険（被用者保険）、厚生年金の保険料は、被保険者と事業主が半分ずつ負担する。介護保険料は、被保険者が65歳未満で被用者保険に加入している場合は被保険者と事業主が半分ずつ負担し、その他の場合は被保険者のみが負担する。雇用保険料の負担割合は事業の種類により異なるが、被保険者よりも事業主の負担分が大きい。労災保険料は、事業主が全額負担する。

ここで差をつける！ ▶ 社会保障制度の類型

社会保障制度の仕組みは国によって異なるが、大きく分けると、社会保障が充実しているかわりに税や保険料の負担も大きい「高福祉・高負担」型と、自助努力を基本とし、社会保障を最低限に抑えるかわりに負担も小さい「低福祉・低負担」型に分類できる。前者の代表はスウェーデン、後者の代表はアメリカである。財源構成に注目すると、公費（税）中心の北欧型（イギリス・北欧型とも）、保険料中心の（ヨーロッパ）大陸型に分けられる。

POINT 2 超高齢社会の課題

65歳以上の高齢者人口の割合（高齢化率）が全人口の**21%**を超えた社会を、超高齢社会という。日本は、2007（平成19）年に世界で初めて超高齢社会となった。2022（令和4）年10月1日現在の高齢化率は29.0%に達している（総務省統計局「人口推計」による）。

超高齢社会の到来により、日本は様々な課題に直面している。医療費の増大や要介護高齢者の増加は、**社会保障制度**の財政を圧迫し、給付を受ける高齢者と税や保険料を負担する現役世代の**世代間格差**も問題になっている。少子化による**生産年齢人口**の減少は、経済規模の縮小をもたらす要因になる。過疎化が進んだ地域では、65歳以上の高齢者が人口の過半数を占め、共同生活を維持することが困難になった限界集落も増えている。

POINT 3 働き方改革

働き方改革とは、自民党の安倍晋三政権下で進められた、労働・雇用に関する一連の政策を指す。2018（平成30）年には、**労働基準法**など8つの法律の改正案をまとめた「働き方改革関連法」が成立し、翌年から順次施行された。これにより導入された主な政策には、以下のものがある。

・時間外労働の上限規制（原則として月**45**時間・年**360**時間）
・年5日の年次有給休暇の取得を義務付け
・月60時間超の残業の割増賃金率引上げ（中小企業も大企業と同じ50%に）
・不合理な待遇差の禁止（同一労働・同一賃金）

POINT 4 男女平等社会の実現と課題

男女雇用機会均等法の成立から約40年を経た現在、日本の女性の労働力率*は先進諸国と同等の水準になっているものの、女性は男性にくらべて**非正規労働者**の割合が高く、男女間の**賃金格差**をもたらす要因になっている。女性の年齢階級別正規雇用比率のグラフは20歳代後半がピークで、後は年齢とともに低下する、いわゆる**L字カーブ**となっている。2022年の管理職などに占める女性の割合も約13%と、諸外国と比べ低い水準となっている。

＊ **労働力率**…15歳以上の人口に占める労働力人口の割合。労働力人口は、就業者と完全失業者（働く意欲があり、すぐに働くことができる者をいう）の合計。

1 日本の社会保障制度は、公的扶助、社会福祉、社会保険、保健医療・公衆衛生の4つの柱からなる。このうち、公的扶助は、生活保護制度により実現されている。

〇　**公的扶助**とは、生活困窮者に対して最低限度の生活を保障するために、国や地方公共団体が経済的援助を行う制度で、日本では、**生活保護制度**により実現されている。

⋯⋯⋯⋯⋯⋯⋯⋯⋯⋯⋯⋯⋯⋯⋯⋯⋯⋯⋯

2 会社員などが加入する健康保険と厚生年金の保険料は、事業主が全額負担する。

×　日本では、全ての国民が何らかの医療保険及び年金制度の適用を受ける、国民皆保険、国民皆年金の仕組みが実現している。そのうち、会社員などが加入する健康保険と厚生年金の保険料は、**被保険者**と**事業主**が半分ずつ負担する。

⋯⋯⋯⋯⋯⋯⋯⋯⋯⋯⋯⋯⋯⋯⋯⋯⋯⋯⋯

3 労災保険の保険料は、被保険者（労働者）と事業主が半分ずつ負担する。

×　労災保険は、業務上の事由又は通勤途上における労働者の負傷、疾病、障害、死亡等に関して保険給付を行う制度で、保険料は**事業主**が全額負担する。

⋯⋯⋯⋯⋯⋯⋯⋯⋯⋯⋯⋯⋯⋯⋯⋯⋯⋯⋯

4 アメリカの社会保障制度は、類型としては、社会保障が充実しているかわりに税や保険料の負担も大きい「高福祉・高負担」型に当てはまる。

×　社会保障制度の仕組みは国によって異なるが、社会保障が充実しているかわりに税や保険料の負担も大きい「高福祉・高負担」型と、自助努力を基本とし、社会保障を最低限に抑えるかわりに負担も小さい「低福祉・低負担」型に分類できる。アメリカは**後者の典型的な例**である。

⋯⋯⋯⋯⋯⋯⋯⋯⋯⋯⋯⋯⋯⋯⋯⋯⋯⋯⋯

5 65歳以上の高齢者人口の割合（高齢化率）が全人口の21%を超えた社会を、高齢化社会という。

× 65歳以上の高齢者人口の割合（高齢化率）が全人口の21%を超えた社会を、**超高齢社会**という。日本は、2007（平成19）年に世界で初めて超高齢社会となった。なお、高齢化社会とは高齢化率が7%超に、高齢社会とは高齢化率が14%超になった社会と定義されている。

6 限界集落とは、人口の減少が著しく、近い将来に消滅するおそれのある集落をいう。

× 限界集落とは、**65歳以上**の高齢者が人口の**過半数**を占め、冠婚葬祭や農作業における互助などの社会的共同生活を維持することが困難になった集落をいう。

7 労働者に月60時間を超える時間外労働をさせた場合は、その超える分については、通常の賃金の50%以上の割増賃金を支払わなければならない。

○ 労使協定に基づいて労働者に時間外労働をさせた場合の割増賃金率は、通常の賃金の25%以上であるが、月60時間を超える時間外労働については**50%以上**となる。この規定は、大企業については2010（平成22）年4月から、中小企業については2023（令和5）年4月から施行された。

8 労働力率とは、15歳以上の人口に占める就業者の割合をいう。

× 労働力率とは、15歳以上の人口に占める**労働力人口**の割合をいう。労働力人口とは、就業者と完全失業者（働く意思と能力があり、現に求職活動をしているが就業できていない者をいう）の合計である。

STEP 3 過去問にチャレンジ！

問題 1 特別区Ⅰ類・改題（2016年度）

社会保障制度に関する記述として、妥当なのはどれか。

1 アメリカでは、1935年、国際労働機関（ILO）のフィラデルフィア宣言に基づき、世界初の社会保障法が制定され、イギリスでは、1942年のベバリッジ報告をもとに、第二次世界大戦後、労働党政権によって、ゆりかごから墓場までという社会保障制度が整えられた。

2 社会保障制度は、財源の調達方法によって、税金による公的扶助を主として行うイギリス・北欧型、保険料を徴収して社会保険を軸として行うヨーロッパ大陸型などがある。

3 日本の社会保険は、国民が疾病、老齢、失業、労働災害にあった場合、一定の基準で現金や医療サービスなどを給付する、強制加入の公的保険であり、その費用は全額が公費負担で賄われている。

4 日本の高齢者の医療制度については、老人医療費の増大に対処するため、70歳以上の高齢者を対象に老人保健制度が導入されたが、この制度は介護保険制度に改められ、75歳以上の高齢者を被保険者とする独立した制度に移行した。

5 年金の財源調達方法には、保険料を積み立て、老後に受け取る積立方式と、現役労働者が納める年金保険料で、同じ年の年金給付額を賄う賦課方式があり、日本はかつて賦課方式を採用していたが、現在の基礎年金制度では、現役世代が高齢者を扶養する考え方の積立方式がとられている。

➡解答・解説は別冊P.045

問題2

国家総合職・改題（2016年度）

我が国の人口や社会保障等に関する記述として最も妥当なのはどれか。

1　我が国の総人口は、平成22年を境に減少に転じており、平成26年には、1億2,000万人を下回った。特に15歳未満の子どもの数は、出生率の低下により大幅に減少しており、平成27年4月現在の人口推計では、1,000万人に満たない状況にある。このような状況の下、平成27年に、健康寿命を延伸し労働力人口を確保することを目的とした健康増進法が制定された。

2　我が国は、フランスやドイツと比較すると、国民所得に占める租税・社会保障負担率を示す国民負担率は高い水準にあるが、年金や医療などの社会保障関係費は年々増加しており、平成27年度一般会計予算の歳出全体に占める割合も前年度に比べ増加している。社会保障の安定財源の確保及び財政の健全化を同時に達成することを目指す観点から、平成26年には消費税率が引き上げられた。

3　平成27年に発表された国民医療費は50兆円を超え、年々増加している。我が国では、満20歳以上の全国民が健康保険などのいずれかの医療保険に加入する国民皆保険の制度が設けられており、疾病・負傷時には医療給付が受けられる。医療給付の一部は自己負担となっており、加入している医療保険の種類によって自己負担の割合が決められている。

4　就学援助を受けている世帯のうち一定所得以下の世帯の割合を示す子どもの相対的貧困率は、我が国では近年減少傾向にあるものの、子どもの貧困対策をより総合的に推進するため、平成26年に「子供の貧困対策に関する大綱」が閣議決定された。同大綱により、平成27年に新たに高等学校等就学支援金制度が整備され、公立高等学校では授業料が原則として不徴収となった。

5　我が国の65歳以上の高齢者人口は年々増加しており、総人口に占める割合は2割を超えた。高齢者の総人口に占める割合が高くなっていることにより、様々な課題が指摘されている。

➡解答・解説は別冊 P.045

我が国の労働をめぐる動向に関する記述として最も妥当なのはどれか。

1　時間当たり労働生産性とは、労働者1人1時間当たりの労働を投入量として産出量との比率を算出したものである。平成26年の我が国の時間当たり労働生産性は、OECD加盟国中で最も低いが、この理由として、我が国の平均年間総実労働時間が直近の10年間で増加し、OECD加盟国中で最も長くなったことが考えられる。

2　テレワークとは、情報通信技術を活用した、場所や時間を限定する働き方であり、在宅勤務、サテライトオフィス勤務、モバイルワークなどの形態がある。平成27年に閣議決定された「第4次男女共同参画基本計画」では、その具体的な取組として、テレワークの環境整備や推進が挙げられている。

3　平成30年、我が国は、年5日の年次有給休暇を付与することを義務付けた。

4　高度プロフェッショナル制度（いわゆるホワイトカラー・エグゼンプション）とは、労働時間ではなく成果に対して賃金を支払う労働時間制度であり、企業内の管理職を対象としている。我が国では平成27年に労働基準法が改正され、年収が1,500万円以上の者にこの制度を適用することが可能となった。

5　フレックスタイム制とは、実際の労働時間に関係なく、労使であらかじめ合意した時間を働いたとみなして賃金が支払われる制度である。民間では8割以上の企業が既にこの制度を導入していることから、平成27年には、国家公務員にも「ゆう活（ゆうやけ時間活動推進）」の一環で初めてフレックスタイム制が導入された。

➡解答・解説は別冊 P.047

問題4

我が国における労働者の権利の保障に関する記述として、妥当なのはどれか。

1 団結権とは、労働者が労働組合を結成する権利である。

2 団体交渉権とは、労働組合が使用者と交渉する権利であるが、地方公営企業の職員には、労働協約の締結権がない。

3 争議権による正当な争議行為については、労働組合に民事上の免責が認められるが、刑事上の免責は認められない。

4 労働基準監督署は、労働関係調整法に基づき設置されており、労働関係調整法の施行を監督している。

5 労働紛争の迅速な解決のため、2006年から、労働委員会のあっせん、調停及び仲裁により争議を調整する労働審判制度が開始された。

➡**解答・解説は別冊P.048**

医療・生命など

STEP 1 要点を覚えよう！

POINT 1 先端医療の現在

●**iPS細胞による再生医療**：2014年に、iPS細胞から分化させた網膜細胞を加齢黄斑変性症の患者に移植する臨床試験が神戸の理化学研究所で行われ、iPS細胞を用いた**再生医療**の臨床試験として最初の例となった。その後、角膜細胞、脳神経細胞、心筋細胞、血小板、軟骨などの移植も実施されている。

●**ロボット支援手術**：先端に内視鏡や手術用の器具を接続した**ロボットアーム**を患者の体内に挿入し、医師がコンソールで操作することにより、腹腔鏡下手術や胸腔鏡下手術を行う。日本では、2012（平成24）年に前立腺がんのロボット支援手術が初めて保険適用となり、その後、胃がん、食道がん、直腸がんなどのがんや、子宮筋腫、心臓弁膜症などの手術も保険適用となっている。

●**遺伝子治療**：遺伝子治療とは、疾病の治療を目的として遺伝子又は遺伝子を導入した細胞を人の体内に投与することをいう。遺伝子治療薬には、正常な遺伝子を補うものや、病気の原因になっている遺伝子を無効化するものなどがある。遺伝子治療の臨床研究は、がん、後天性免疫不全症候群、重篤な遺伝性疾患などを対象として進められている。**新型コロナウイルス**のワクチンにも、遺伝子治療の技術が用いられている。

●**AIによる画像診断支援**：画像診断とは、X線、CT、MRI等の検査機器により撮影された画像から得られる情報をもとに、医師が診断を行うことをいう。機器の進歩により大量の医療画像が得られるようになったが、それらの画像を読影して診断できる専門医の数は限られているので、医師の負担を軽減し、作業の効率化を図るために、**AI（人工知能）**による画像診断支援が導入されている。

ここで差をつける！ iPS細胞とは

人体は約60兆個もの細胞からなるが、それらの細胞は、もともとは受精卵という1個の細胞から、分裂を繰り返してつくられたものである。言い換えると、受精卵は人体の全ての臓器や組織に分化できる多能性をもつ。iPS細胞（人工多能性幹細胞）は、受精卵と同じように、成体の様々な臓器や組織に分化し得る「万能細胞」の一種で、皮膚などの体細胞に特定の数種類の遺伝子を導入することにより作成される。京都大学の山中伸弥教授らが、2006年にマウスで、翌年にヒトでiPS細胞の作成に成功し、山中教授は、その功績により2012年にノーベル生理学・医学賞を受賞した。

---

* **体細胞クローン**…成熟した個体の体細胞から取り出した核を、核を取り除いた他の個体の未受精卵に移植してつくられるクローン。もとの個体とまったく同じ遺伝子をもつクローンができる。

POINT 2 クローン技術の発展と課題

1962年 イギリスのガードン教授が、カエルの**体細胞クローン**[*]をつくることに成功。⇒この業績がのちの iPS細胞 の作成につながり、ガードン教授は、山中伸弥教授とともに ノーベル生理学・医学賞 を受賞（2012年）。

1987年 アメリカで受精卵クローン[*]の牛が誕生。

1996年 イギリス・ロスリン研究所で、**クローン羊「ドリー」**が誕生（哺乳類初の体細胞クローン）。

1997年 世界保健機関（WHO）がクローン技術の人間への応用を禁止する「クローン技術に関する決議」を採択。ユネスコ総会でも、「ヒトのクローン個体作製のような人間の尊厳に反する行為は、許されてはならない」と明記した「ヒトゲノムと人権に関する世界宣言」が採択される。

1998年 日本で体細胞クローンとしては世界初のクローン牛が誕生。

2000年 日本で**クローン技術規制法**が制定される（翌年施行）。⇒人クローン胚、ヒト動物交雑胚、ヒト性融合胚又はヒト性集合胚を人又は動物の胎内に移植することを禁止。

2003年 ヒトの全遺伝情報「ヒトゲノム」の解読が完了。

2005年 国連総会で「人間クローン禁止宣言」が採択される。⇒日本は医療目的のクローン胚研究を認める立場から反対。

2018年 中国でサルの体細胞クローンが誕生（霊長類では初）。

POINT 3 農業政策の転換と食糧問題

食糧管理制度：主要食糧の需給や価格を**政府**が管理する制度。日本では、戦時下の1942（昭和17）年に発足し、1995（平成7）年に、新食糧法の施行に伴い廃止された。

減反政策：休耕・転作等により米の作付面積を減らし、生産量を削減する政策。食生活の変化により米の消費量が減少する一方、生産技術の進歩により生産量は増大し、**供給過剰**となったことから、1971（昭和46）年から本格的に実施された。2018（平成30）年に廃止。

米の輸入自由化：1993年のウルグアイ・ラウンド農業合意に基づき、日本は1995年から米の国内消費量の一定割合を**ミニマム・アクセス**（最低輸入量）として受け入れ、1999年からは**全面関税化**（輸入自由化）を実施した。これにより、関税を払えばだれでも米を輸入できるようになった。

食料自給率：国内で消費される食料のうち、国内生産により供給されるものの割合をいう。2021（令和3）年度の日本の食料自給率は、**カロリーベース**で38%、**生産額ベース**で63%と、諸外国と比較して低い水準にある（畜産物の飼料自給率を反映しない場合は、それぞれ47%、69%となる）。

食料安全保障：全ての人が健康で活動的な生活を送るために必要な安全で栄養に富む食料を合理的な価格で得られるようにすることをいう。

---

* **受精卵クローン**…数回分裂した受精卵を分割して核を取り出し、核を取り除いた他の個体の未受精卵に移植してつくられるクローン。いわば、人工的につくられる一卵性多児である。体細胞クローンよりも早くから実現している。

1 医療用ロボットを医師が操作して内視鏡手術を行うロボット支援手術は、日本でもすでに実用化されているが、医療保険が適用されないため、手術費用は高額になる。

× 日本では、2012（平成24）年に前立腺がんのロボット支援手術が初めて**保険適用**となり、その後、胃がん、食道がん、直腸がんなどのがんや、子宮筋腫、心臓弁膜症など多くの病気について、ロボット支援手術が保険適用で受けられるようになっている。

2 新型コロナウイルスのワクチンには、遺伝子治療の技術が用いられている。

○ 日本で接種されている新型コロナウイルスのワクチンのうち、アメリカファイザー製、アメリカモデルナ製のものは**mRNAワクチン**といい、ウイルスの表面にあるたんぱく質の**遺伝情報**を、メッセンジャーRNAという物質を使って体内に投与する。イギリスアストラゼネカ製のワクチンは**ウイルスベクターワクチン**といい、たんぱく質を作る遺伝子を、無害な別のウイルスに組み込んで投与する。

3 ES細胞は、人体の様々な組織や臓器に分化する能力をもつ万能細胞で、人体の皮膚などの体細胞からつくることができる。

× 問題文は、ES細胞でなく**iPS細胞**の説明である。ES細胞はiPS細胞よりも前に実現していた万能細胞だが、受精卵を壊してつくられるので、ヒトへの応用には倫理的な問題があった。iPS細胞は、皮膚などの体細胞からつくられるのでそのような問題がない。

4 1996年にイギリスで誕生したクローン羊「ドリー」は、動物の体細胞クローンとしては世界初の成功例であった。

× 1962年に、イギリスのガードン教授がアフリカツメガエルの小腸の細胞を核移植してつくりだしたカエルのクローンが、動物の体細胞クローンとして世界初の成功例である。クローン羊「ドリー」は、哺乳類の体細胞クローンとして世界初の成功例となった。

5 日本では、クローン技術規制法により、人クローン胚やヒト動物交雑胚を人又は動物の胎内に移植することが禁止されている。

○ 2000（平成12）年に制定され、翌年施行されたクローン技術規制法は、人クローン胚、ヒト動物交雑胚、ヒト性融合胚又はヒト性集合胚を人又は動物の胎内に移植することを禁止している。

6 ミニマム・アクセスとは、自国の農業を保護するために、農産物の輸入を最低限に抑えることをいう。

× ミニマム・アクセスとは、農産物の輸入を制限している国に対して、最低限の輸入枠を設定することをいい、「最低輸入量」「最低輸入義務」などと訳される。日本は、1993年のウルグアイ・ラウンド農業合意で米の部分開放に合意し、1995年から米の国内消費量の一定割合をミニマム・アクセスとして受け入れた。

7 食料全体の自給率の算出方法には、カロリーベースと生産額ベースがあり、日本の場合は、前者の方が高い数値を示す。

× 2021（令和3）年度の日本の食料自給率は、カロリーベースで38%、生産額ベースでは63%である。

過去問にチャレンジ！

問題1　　　　　　　　　　　　　　　　　　　　　国家一般職（2021年度）

医療等に関する記述として最も妥当なのはどれか。

1 近年、情報通信技術をはじめとする先進技術は飛躍的に発展しており、これを医療分野に活用した例として、遠隔医療のうち情報通信機器を通して診療行為をリアルタイムに行うオンライン診療や、AI（人工知能）を用いた画像診断支援、精密な動作が可能なロボットを使った手術支援などがある。

2 ゲーム障害とは、長時間熱中してゲームを行うことで、目や背中の痛み、肩こり、手指のしびれ、だるさ、不安感を生じ、社会生活に重大な影響が生じる病気であり、2019年に世界保健機関（WHO）によって正式に疾病として位置付けられた。アルコール依存症とは異なり、ゲームに対する依存性はないため、政府による社会的な施策は実施されていないが、患者団体は関係省庁や各企業等との協議の場を設けるよう働きかけている。

3 統合失調症とは、楽しみや喜びが喪失し、良いことが起きても憂うつな気分が変わらないなどの症状が継続する精神状態をいう。原因は社会的な環境にあり、遺伝や身体的障害とは関係なく発症する。近年、向精神薬等の目覚ましい発展により、休養やカウンセリングに代わって投薬による治療が主となった。

4 発達障害とは、学習障害や機能性身体症候群等の精神的及び肉体的の発達の障害のことをいい、発達障害者支援法では知的障害や気分障害も含まれる。同法は、発達障害を有する者を対象として、医療的及び福祉的支援を行うことを目的とするものであり、2016年の改正によって、新たに精神的及び肉体的な発達障害者の特性に応じた就労の支援や、能力に応じその特性を踏まえた教育上の配慮を行うことなどが定められた。

5 自殺は、2018年に我が国で約3,000件発生しており、女性の割合が男性の割合よりはるかに高い。自殺の原因は健康問題の割合が高いため、生活習慣病などの基礎疾患を有する者の割合が高い中高年において、自殺は死因の1位を占めている。2010年から2018年までの自殺者の急増を受けて、2019年には自殺対策基本法が制定された。

➡解答・解説は別冊P.049

問題2

生命倫理に関するA～Dの記述のうち、妥当なものを選んだ組合せはどれか。

A 1986年にアメリカで起きた「ベビーM事件」では、代理出産契約で産まれた
　子どもの親権が問題となり、裁判の結果、子どもに対する親権は代理母に認め
　られた。

B 日本の臓器移植法では、本人の書面による意思表示がある場合のみ、臓器提供
　が可能となる。

C クローンとは、ある個体と全く同じ遺伝子を持つ個体をいい、1990年代にクロー
　ン羊「ドリー」が誕生したが、日本では、2001年にクローン技術規制法が施行
　された。

D 2003年に、ヒトの全遺伝情報であるヒトゲノムの解析が完了した。

1. A、B
2. A、C
3. A、D
4. B、C
5. C、D

➡解答・解説は別冊P.051

問題3

科学技術の活用に関する記述として最も妥当なものはどれか。

1 我が国では、情報技術を活用し、行政サービスの効率化と国民の利便性の向上を図るeガバメント化が進められている。その一環として、マイナンバーカードを使って、カード内に記録された戸籍や住民税の納付状況などを閲覧できるようになっている。

2 太陽光や風力などの再生可能エネルギーの導入が世界各国で進んでいる。1か所に風車を集中させる大規模なウィンドファームによる発電は、出力が安定しており、電力の安定供給が可能であるため、2016年末現在、我が国における風力発電の累積導入量は太陽光発電を上回っている。

3 バイオマスを原料にして製造されたバイオ燃料のうち、バイオエタノールは、エネルギー利用によって排出されるのは水蒸気のみという極めてクリーンなエネルギーである。また、開発・維持にかかる費用が化石燃料に比べて低いため、世界各国で普及しつつある。

4 ヒトゲノムDNAの配列や遺伝子の働きを全て解明するヒトゲノム計画は、我が国が独自に行い、完了した。遺伝子情報は差別的に利用される危険があるため、遺伝子診断は、遺伝子治療等臨床研究に関する指針により、治療法のない難病に関する研究に限定されている。

5 食料生産や医療分野へのクローン技術の貢献が期待されている。しかし、ヒトへの適用には安全性や人の尊厳の侵害などの問題があり、我が国では、クローン技術規制法において、人クローン胚、ヒト動物交雑胚などを人又は動物の胎内に移植することは禁止されている。

➡解答・解説は別冊P.052

問題 4

特別区Ⅰ類・改題（2017年度）

我が国の農業と食料問題に関する記述として、妥当なのはどれか。

1 第二次世界大戦後、農地改革によって多くの自作農が創設されたが、戦前の寄生地主制を復活させないように1952年に農業基本法が制定され、農地の所有、賃貸、売買に厳しい制限が設けられた。

2 高度経済成長期の農業と工業の所得格差を縮小するために、政府は1961年に農地法を制定し、需要の増加が見込まれる農作物の選択的拡大を図り、経営規模の拡大や機械化によって、自立経営農家の育成をめざした。

3 政府は1993年に米の部分開放に合意し、国内消費量の一定割合を最低輸入量（ミニマム・アクセス）として輸入することを受け入れ、1999年からは関税化による米の輸入自由化を実施した。

4 国民生活の安定向上及び国民経済の健全な発展をめざし、食料の安定供給の確保、農業の多面的機能の発揮、農業の持続的な発展、農村の振興を目的とした、農業振興地域の整備に関する法律が1999年に制定された。

5 農地の有効利用と食料の安定供給のため、主要食糧の需給及び価格の安定に関する法律（新食糧法）が改正され、株式会社が農地を所有できるようになり、2000年には個人や一般企業でも農地を借用できるようになった。

➡解答・解説は別冊 P.053

CHAPTER

8

社会事情

2

医療・生命など

3 科学技術・環境資源

STEP 1 要点を覚えよう！

POINT 1 デジタル社会の進展

デジタル庁：2021（令和3）年9月に、行政のデジタル化を主導する内閣直属の組織として発足した。デジタル庁の長は**内閣総理大臣**で、担当大臣として**デジタル大臣**が、事務方のトップとしてデジタル監が置かれる。

マイナンバーカード：プラスチック製のICチップ付きカードで、券面には12桁の**個人番号**・氏名・住所・生年月日・性別・本人の顔写真等が表示される。本人確認のための身分証明書となるほか、自治体サービスや、e-Tax等の電子証明書を利用した電子申請等に利用できる。2016（平成28）年に交付が開始され、2023（令和5）年9月末現在の保有枚数は約9,092万枚（人口の72.5％に相当）。2024年秋には、健康保険証の廃止とマイナンバーカードへの一本化が予定されている。一方、マイナンバーカードをめぐっては、個人情報の誤登録などのトラブルが続出し、信頼回復が求められている。

キャッシュレス決済：現金を使わずに支払う決済手段の総称。**クレジットカード**、**デビットカード**、**電子マネー**、**コード決済**などが含まれる。日本では、諸外国と比較すると普及が遅れているが、近年は利用者が増加している。経済産業省の資料によると、2022（令和4）年のキャッシュレス決済比率は**36.0％**と前年から3.5ポイント増加し、2010（平成22）年の13.2％と比べると3倍近い割合になっている。内訳では、クレジットカードが30.4％と最も多く、デビットカードが1.0％、電子マネーが2.0％、コード決済が2.6％である。近年はコード決済の取扱高の伸びが大きい。

SNS：**ソーシャル・ネットワーキング・サービス**の略。インターネット上への文章や写真、動画などの投稿やメッセージのやりとりを通じて、会員同士が交流できる仕組みを提供する。機能や特徴はサービスにより異なるが、基本的な機能を無料で提供しているものが多い。Facebook、Twitter（2023年7月にXに改称）、Instagramなどが代表的だが、近年はインターネット上の多くのサービスがSNSのような機能を有している。SNSを利用することで、現実に会うことが困難な人も含めて多くの人たちと気軽に交流できる。一方、SNSを通してインターネット上に公開した顔写真や個人情報が悪意をもって拡散されたり、写真の背景や位置情報などから個人を特定され、ストーカー等の犯罪被害に遭ったり、投稿の内容に対して執拗な誹謗中傷を受けたりする例も少なくない。SNS疲れによるストレスや、SNS依存が精神に与える影響も問題視されている。

POINT 2 宇宙開発の歴史と日本の活躍

- **1957年** 世界初の人工衛星打ち上げ（スプートニク1号）＜ソ連＞
- **1958年** アメリカ航空宇宙局（NASA）発足⇒冷戦下での宇宙開発競争へ
- **1961年** ガガーリンによる世界初の有人宇宙飛行＜ソ連＞
- **1963年** テレシコワによる女性初の宇宙飛行＜ソ連＞
- **1969年** 人類初の月面着陸（アポロ11号）＜アメリカ＞
- **1970年** 日本初の人工衛星打ち上げ（おおすみ）
- **1976年** バイキング2号が火星探査に成功＜アメリカ＞
- **1981年** 初のスペースシャトル打ち上げ（コロンビア号）＜アメリカ＞
- **1986年** スペースシャトル・チャレンジャー号爆発事故＜アメリカ＞
- **1990年** 民間人の秋山豊寛氏、ソ連の宇宙船に搭乗（日本人初の宇宙飛行）
- **1992年** 毛利衛飛行士、日本人初のスペースシャトル搭乗（エンデバー号）
- **1994年** 向井千秋飛行士、コロンビア号に搭乗（日本人女性初の宇宙飛行）
- **1997年** 土井隆雄飛行士、日本人初の船外活動を実施（コロンビア号）
- **1998年** 国際宇宙ステーション（ISS）の組立が開始
- **2004年** 世界初の民間宇宙飛行＜アメリカ＞
- **2005年** 小惑星探査機「はやぶさ」、小惑星イトカワに到着＜日本＞
- **2009年** ISSの日本実験棟「きぼう」が完成
- **2010年** 「はやぶさ」地球に帰還・表面物質のサンプル回収＜日本＞
- **2011年** 国際宇宙ステーション（ISS）が完成
- **2014年** 若田光一飛行士、アジア人初のISS船長に就任
- **2015年** 無人探査機ニュー・ホライズンズが冥王星の探査に成功＜アメリカ＞
- **2018年** 小惑星探査機「はやぶさ2」、小惑星リュウグウに到着＜日本＞
- **2020年** 「はやぶさ2」が採取したサンプルを回収＜日本＞

POINT 3 再生可能エネルギー

再生可能エネルギーとは、自然界で繰り返される現象から取り出すことができ、永続的に利用できるエネルギー源をいう。太陽光・太陽熱・風力・水力・地熱・バイオマス・波力・温度差などが含まれる（ダム利用による大規模な水力発電を含めない場合もある）。産業革命以降、人類は石炭・石油等の化石燃料に依存してきたが、化石燃料はやがて枯渇するおそれがあること、地域的偏在が著しく、需給バランスが国際情勢に大きく左右されること、燃焼時に地球温暖化の原因となる温室効果ガス（主に二酸化炭素）を排出することなどから、再生可能エネルギーへの期待が高まっている。

> 日本の発電電力量に占める再生可能エネルギーの割合は、2021年度で20.3％（水力を除くと12.8％）。太陽光発電の導入容量*（2021年実績）は、中国、アメリカに次いで世界第3位なんだ。

---

* **導入容量**…実際に運転された発電設備の総容量(それらの設備により発電できる最大量の合計)を表した数値。実際に発電された電力量ではない。単位はW(ワット)。

1 2021（令和3）年に発足したデジタル庁は、文部科学省の外局の一つで、デジタル庁の長としてデジタル大臣が置かれている。

× 国の行政機関で、名称に「庁」が付くものは、通常は「省」の外局として設置されている（財務省の外局である国税庁、文部科学省の外局であるスポーツ庁、文化庁などがその例）。ただし、デジタル庁と復興庁はその例外で、これらは、ともに内閣直属の組織である。デジタル庁の長は内閣総理大臣で、それを補佐する担当大臣としてデジタル大臣が置かれている（省の外局である庁の長は「○○庁長官」）。

2 2023（令和5）年9月末現在、マイナンバーカードの保有枚数は、人口の約7割となっている。

○ 2023（令和5）年9月末現在、マイナンバーカードの保有枚数は約9,092万枚で、人口の72.5%に相当する。

3 日本では、諸外国と比較してキャッシュレス決済の普及が進んでおり、特にQRコード、バーコード等のコード決済の普及が著しい。

× キャッシュレス決済とは、現金を使わずに支払う決済手段の総称で、クレジットカード、デビットカード、電子マネー、コード決済などが含まれる。日本では、諸外国と比較して普及が遅れているが、近年は利用者が増加している。経済産業省によると、2022（令和4）年のキャッシュレス決済比率は36.0%で、その内訳はクレジットカードが30.4%と最も多い。

4 2014年に、若田光一飛行士がアジア人として初めて国際宇宙ステーション（ISS）の船長に就任した。

○　若田光一飛行士は、2023年3月に4回目のISS滞在を終えて帰還し、この時点で、宇宙滞在日数（504.8日）、ISS滞在日数（482.7日）ともに日本人最長となった。

5 2018年に、日本の小惑星探査機「はやぶさ2」が小惑星イトカワに到着し、そのとき採取したサンプルは2020年に回収された。

×　2018年に小惑星探査機「はやぶさ2」が到着したのは小惑星リュウグウである。そのときに採取した惑星の表面及び地下物質のサンプルは2020年に回収され、「はやぶさ2」の本体は、別の小惑星に向かう拡張ミッションに移行した。なお、「はやぶさ2」は、2005年に小惑星イトカワに到着した「はやぶさ」の後継機である。

6 再生可能エネルギーとは、自然界で繰り返される現象から取り出すことができ、永続的に利用できるエネルギー源をいう。

○　再生可能エネルギーには、太陽光・太陽熱・風力・水力・地熱・バイオマス・波力・温度差などが含まれる（ダム利用による大規模な水力発電を含めない場合もある）。

7 日本の発電電力量に占める再生可能エネルギーの割合は、約3割である。

×　日本の発電電力量に占める再生可能エネルギーの割合は、2021年度で20.3%（水力を除くと12.8%）である。再エネ発電設備容量は世界第6位、太陽光発電では世界第3位となっている。

STEP 3 過去問にチャレンジ！

国家総合職・改題（2021年度）

近年の我が国のデジタル化に関する記述として最も妥当なのはどれか。

1 キャッシュレス決済とは、現金以外で代金を即時決済する方法の総称であり、近年普及した電子マネーやスマートフォン決済などを指すが、即時決済でないクレジットカードなどは含まれない。国民への浸透のため、2019年から2020年にかけて、政府はキャッシュレス決済による支払いに対して消費税を軽減するキャンペーンを展開したが、その中でスマートフォン決済の一つがセキュリティの脆弱性により不正利用される事件が発生し、中断された。

2 クラウドファンディングとは、インターネットを通じて不特定多数の人に企画への資金提供を呼び掛け、趣旨に賛同した人から資金を集める方法をいう。単なる寄付とは性格を異にし、出資者には企画の利益からの配当や、モノやサービスなどの特典といったリターンが発生する。民間では幅広く利用されているが、国や自治体では出資者へのリターンの発生が公共性の観点や「ふるさと納税」との重複から問題視され、利用が制限されている。

3 近年ではインターネットの普及により、誰もが容易に情報の発信者となることが可能になっている。そのような中、画像加工アプリなどで自らをより良く見せた「盛れてる」写真を投稿することをデジタルタトゥーと呼ぶ。デジタルタトゥーは主に若年女性に人気であるが、いわゆる炎上の原因となったり、個人を特定され犯罪に利用されるなどの被害が発生している。これに対し、国に投稿の削除を求める訴訟も提起され、表現の自由との関係が問題となっている。

4 行政サービスにおけるデジタル化を主導する内閣直属の組織として、2021年にデジタル庁が設立された。デジタル庁の長は内閣総理大臣である。

5 スマートシティは、近年登場した新しい概念で、定義が確立されていないが、主に「都市構造を空間的に集約し、郊外への拡大を抑制するコンパクトな都市のあり方」といった意味で用いられる。我が国でも、5G通信が一般化した社会であるSociety 5.0に向けてその実証実験が行われているが、その主体は国や自治体であり、収益性の観点から参入に慎重な企業などの民間部門をどのように引き込むかが課題となっている。

➡解答・解説は別冊 P.054

問題2

国家総合職・改題（2015年度）

気象や宇宙等に関する記述として最も妥当なのはどれか。

1 　平成26年に閣議決定された「科学技術イノベーション総合戦略2014」では、西日本を中心に甚大な人的、物的被害が想定される南海トラフ地震や、首都及びその周辺地域における首都直下地震から国民の生命・財産や産業を守るため、ビッグデータを活用した「地震予知システム」を平成30年までに実用化することとされた。

2 　地球温暖化を背景に、集中豪雨や猛暑などの極端な気象現象が増加傾向にある中、平成26年に、運用中の「ひまわり1号」に替わる静止気象衛星「ひまわり2号」が打ち上げられた。観測機能が向上した「ひまわり2号」により、今後地上における気象観測は補完的位置付けとなるため、平成32年までに地方気象台が約半数に削減されることとなっている。

3 　惑星探査機「はやぶさ」は平成17年に小惑星「いとかわ」に到着、表面物質のサンプルを採取して平成22年に地球に帰還した。後継機「はやぶさ2」は小惑星リュウグウに平成30年に到着、惑星の地下物質を採取し、令和2年に帰還した。

4 　平成25年に閣議決定された「宇宙基本計画」の中で、同年は「宇宙開発民営化元年」と位置付けられ、民間企業による宇宙ビジネスへの参入を促進することとされた。イプシロンロケットは、ベンチャー企業が開発中の低コストで高機能のロケットで、平成27年9月に初の打ち上げを予定している。

5 　地上から約400km上空にある巨大な有人施設である国際宇宙ステーション（ISS）は、世界各国が参加する国際協力プロジェクトである。日本人初の船長も務めた毛利衛飛行士は、ISSに約6か月滞在し、日本が開発を担当した有人実験棟「きぼう」から超小型衛星を宇宙空間に放出するミッションなどを遂行して、平成26年に帰還した。

➡解答・解説は別冊 P.055

STEP 3

過去問にチャレンジ！

問題 3　　　　　　　　　　　　　　　　　　　東京都Ⅰ類・改題（2023 年度）

世界の資源・エネルギーに関する記述として、妥当なのはどれか。

1　産業革命後は近代工業の発展に伴い、石炭や石油の消費が拡大した。

2　レアメタルの一種であるレアアースの産出量が最も多いのは、以前は中国であったが、近年はアメリカ合衆国となっている。

3　産油国では、自国の資源を自国で開発・利用しようという資源ナショナリズムの動きが高まり、経済協力開発機構（OECD）が結成された。

4　都市鉱山とは都市再開発によって生じる残土に含まれる金属資源のことであり、低コストで再利用できる資源として多くの先進国で活用されている。

5　ブラジルで生産されているバイオエタノールは、大量の作物を消費することで森林破壊が進むことが危惧されるため、自動車の燃料としての使用が禁止されている。

➡解答・解説は別冊 P.056

問題 4

資源・エネルギー問題に関する記述として最も妥当なのはどれか。

1 石油輸出国機構（OPEC）は、加盟国の利益を守ることや、国際石油市場の価格の安定、消費国に対して安定的に石油を供給することなどを目的として1960年に発足した組織であるが、石油の価格引上げなどの石油戦略を実行したため、1970年代には石油危機が起こり、世界経済は大きな打撃を受けた。

2 シェールガスやシェールオイル、オイルサンドなどは、従来のガス田や油田以外から生産される非在来型の化石燃料に分類される。このうち燃える氷とも呼ばれるオイルサンドは、海底から採掘される資源であり、近年、北極海に特に集中して分布していることが判明したが、北極海は国際条約により平和的に利用することとされているものの、帰属が明らかでないため、ロシア、カナダなど沿岸国の間で、海洋資源の採掘と主権的権利をめぐる紛争が発生している。

3 金属資源の中でも、先端技術産業に欠かせないレアメタルの多くは、産出地域が東欧に偏っており、これらの供給制約や特定国への供給依存は経済上の問題のみならず、国家安全保障上の脅威との指摘もある。その対策として、供給先の分散や代替素材開発が挙げられている。また、レアメタルは様々な電子機器に利用されていることから、廃棄されたものの中から回収し再利用を行う事も可能である。そうした廃棄物は都市に多く存在するため、鉱山に見立てて都市鉱山と呼ばれる。

4 再生可能エネルギーの中でも、近年は、生物資源から得られる自然界の循環型エネルギーとして、バイオマスエネルギーが注目されている。燃焼時に排出される二酸化炭素の量が微量であるため、カーボンニュートラルであり、温暖化の抑制が期待できることから、2016年に発効したパリ協定において各国が利用を進めることが義務付けられた。その中でも、家畜の糞尿などから得られるメタンガスを液化したバイオエタノールは、ブラジルなどで多く利用されている。

5 エネルギー安全保障とは、国民生活、経済・社会活動、国防等に必要な量のエネルギーを、受容可能な価格で確保することである。安全保障は一義的には国の専権事項であることから、我が国においてはエネルギー政策基本法によって、国民生活に必要な一年間分の石油を政府が備蓄することとされている。また、自然災害を含む緊急時には日米物品役務相互提供協定に基づき、一定量の石油を米国から優先的に輸入できることとなっている。

➡解答・解説は別冊 P.057

消費者問題・文化など

STEP 1 要点を覚えよう！

POINT 1 消費者保護のための法律・制度・組織

消費者基本法：2004（平成16）年に、旧消費者保護基本法を全面改正し、改称して定められた法律。旧法の「消費者保護」という考え方からの転換が図られ、「消費者の**権利**の尊重及びその**自立**の支援」を基本理念に掲げている。

消費者安全法：2009（平成21）年に制定・施行された法律。消費者の消費生活における被害の防止と安全の確保を目的とし、都道府県及び市町村による消費生活相談等の事務の実施及び**消費生活センター**の設置等について定めている。

消費者契約法：2000（平成12）年に制定された法律（翌年施行）。事業者の不当な勧誘等の行為により、消費者が**誤認**し、又は**困惑**した場合になされた契約の申込みや承諾の意思表示を**取り消す**ことができると定めている。2006（平成18）年の法改正では、認定を受けた消費者団体が消費者に代わって事業者に対して訴訟等を行うことができる**消費者団体訴訟制度**が設けられた（翌年施行）。

製造物責任法（PL法）：1994（平成6）年に制定された法律（翌年施行）。製造物の欠陥により人の**生命**、**身体**又は**財産**に係る被害が生じた場合における、製造業者等の損害賠償責任について定めている。損害賠償請求を行う被害者側は、①引き渡しを受けた製造物に**欠陥**があったこと、②**損害**が発生したこと、③その損害と欠陥との間に**因果関係**が存在することを立証しなければならない。

特定商取引法：2000（平成12）年に、旧訪問販売法を改正・改称した法律。訪問販売、通信販売、電話勧誘販売など、業者と消費者の間でトラブルが生じやすい取引類型を対象として規制を設けている。

景品表示法：商品やサービスに関する**虚偽**の**表示**や**誇大**な表示、過大な景品付き販売を規制する法律。

クーリング・オフ：訪問販売、電話勧誘販売、連鎖販売取引（マルチ商法）、特定継続的役務提供（エステや英会話教室など）などで契約を締結した消費者が、一定期間内なら**無条件**で契約を**解除**できる制度（宅地建物取引等でも適用できる場合あり）。特定商取引法、割賦販売法等の法律により規定されている。

消費者庁：以前は各省庁が個別に行っていた消費者問題への対応を一元化する目的で、2009（平成21）年に発足した行政機関。**内閣府**の外局の一つ。

国民生活センター：国が管轄する**独立行政法人**。国民からの苦情、問合せ等に対して必要な情報を提供し、重要消費者紛争の解決を図ることなどを業務とする。

消費生活センター：消費者安全法に基づいて都道府県や市町村に設置される、消費生活に関する相談窓口。

POINT 2 　世界遺産の概要と日本の世界文化遺産

　世界遺産とは、国連教育科学文化機関（ユネスコ）で採択された世界遺産条約に基づいて、世界遺産委員会での審議を経て、人類共有の財産として世界遺産リストに登録された有形の不動産である。2023年10月までに、文化遺産933件、自然遺産227件、複合遺産39件の計1,199件が登録され、そのうち、日本からは、文化遺産20件（下表参照）、自然遺産5件の計25件が登録されている。

日本の世界文化遺産	所在地	登録年
法隆寺地域の仏教建造物	奈良県	1993
姫路城	兵庫県	1993
古都京都の文化財（京都市、宇治市、大津市）	京都府・滋賀県	1994
白川郷・五箇山の合掌造り集落	岐阜県・富山県	1995
原爆ドーム	広島県	1996
厳島神社	広島県	1996
古都奈良の文化財	奈良県	1998
日光の社寺	栃木県	1999
琉球王国のグスク及び関連遺産群	沖縄県	2000
紀伊山地の霊場と参詣道	三重県・奈良県・和歌山県	2004
石見銀山遺跡とその文化的景観	島根県	2007
平泉―仏国土（浄土）を表す建築・庭園及び考古学的遺跡群―	岩手県	2011
富士山―信仰の対象と芸術の源泉	山梨県・静岡県	2013
富岡製糸場と絹産業遺産群	群馬県	2014
明治日本の産業革命遺産 製鉄・製鋼、造船、石炭産業	福岡県・佐賀県・長崎県・熊本県・鹿児島県・山口県・岩手県・静岡県	2015
ル・コルビュジエの建築作品－近代建築運動への顕著な貢献－	フランス・ドイツ・日本※・スイス・ベルギー・アルゼンチン・インド	2016
「神宿る島」宗像・沖ノ島と関連遺産群	福岡県	2017
長崎と天草地方の潜伏キリシタン関連遺産	長崎県・熊本県	2018
百舌鳥・古市古墳群－古代日本の墳墓群－	大阪府	2019
北海道・北東北の縄文遺跡群	北海道・青森県・岩手県・秋田県	2021

※日本からは東京都・上野の国立西洋美術館が登録された。

POINT 3 　日本の文化財の保護

1950年 法隆寺金堂壁画焼失を契機に文化財保護法が制定。

1955年 文化財防火デーが制定。

2019年 フランス・パリのノートルダム大聖堂の火災を受け、「国宝・重要文化財（建造物）の防火対策ガイドライン」及び「国宝・重要文化財（美術工芸品）を保管する博物館等の防火対策ガイドライン」を作成。

CHAPTER

8

社会事情

4

消費者問題・文化など

1 クーリング・オフ制度とは、事業者の不当な勧誘により消費者が誤認又は困惑したことによって契約の申込み又はその承諾の意思表示をしたときは、契約を取り消すことができる制度である。

× クーリング・オフ制度とは、訪問販売などで契約を締結した消費者が、一定期間内ならば無条件で契約を解除できる制度である。問題文は、クーリング・オフ制度でなく、消費者契約法に基づく取消権の説明になっている。

2 製造物の欠陥により、消費者が身体や財産に係る被害を受けた場合は、製造者に故意や過失がなくても賠償責任を問うことができる。

○ 製造物責任法（PL法）の規定により、製造物の欠陥により、生命、身体又は財産が侵害された場合は、製造物を引き渡した製造業者等に損害賠償を求めることができる。この場合、製造業者等に故意や過失がなくても賠償責任が生じる。ただし、原告側は製造物に欠陥があったこと、その欠陥と損害との間に因果関係が存在することなどを立証しなければならない。

3 消費者庁は、各省庁が個別に行っていた消費者問題への対応を一元化する目的で、2009（平成21）年に発足した行政機関で、総務省の外局の一つである。

× 消費者庁は、内閣府の外局の一つである。内閣府の外局には、そのほかに、宮内庁、金融庁、公正取引委員会、国家公安委員会などがある。

4 国民生活センターは、消費者安全法に基づいて都道府県や市町村に設置される、消費生活に関する相談窓口である。

× 問題文は、国民生活センターではなく、消費生活センターの説明になっている。

5 2023（令和5）年10月現在、日本の世界遺産登録数は30件で、そのうち、文化遺産が25件、自然遺産が5件である。

× 2023年10月現在、日本の世界遺産登録数は**25件**（文化遺産20件・自然遺産5件）である。世界遺産の登録数が最も多い国は**イタリア**で59件（文化遺産53・自然遺産6）、2位の**中国**が57件（文化遺産39・自然遺産14・複合遺産4）である。日本は、世界遺産条約の締約国全体では第11位、アジアでは、中国、インド（42件）、イラン（27件）に次いで第4位である。

6 世界遺産には、構成資産が複数の国にまたがっているものもある。

○ 複数の国にまたがる世界遺産は、フランス・**日本**・ドイツ・スイス・ベルギー・アルゼンチン・インドの7か国に構成資産が所在する「**ル・コルビュジエの建築作品—近代建築運動への顕著な貢献—**」など、数多く存在する。

7 金閣寺の放火事件をきっかけに、文化財保護法が制定された。

× 文化財保護法は**法隆寺金堂**の炎上事件を契機として1950年に制定された。金閣寺の放火事件も1950年に起きているが、文化財保護法の制定後（施行前）である。

過去問にチャレンジ！

問題 1　　　　　　　　　　　　　　　　　　　　特別区Ⅰ類（2019 年度）

我が国の消費者問題に関する記述として、妥当なのはどれか。

1 消費者基本法は、消費者保護基本法を改正して施行された法律であり、消費者の権利の尊重及び消費者の自立の支援を基本理念としている。

2 製造物責任法（PL法）では、消費者が欠陥商品による被害を受けた場合、製造した企業の過失を立証すれば、製品の欠陥を証明しなくても損害賠償を受けられる。

3 クーリング・オフは、特定商取引法を改称した訪問販売法により設けられた制度で、訪問販売等で商品を購入した場合、消費者は期間にかかわらず無条件で契約を解除できる。

4 消費者契約法では、事業者の不当な行為で消費者が誤認して契約した場合は、一定期間内であれば契約を取り消すことができるが、国が認めた消費者団体が消費者個人に代わって訴訟を起こすことはできない。

5 消費者庁は、消費者安全法の制定により、消費者行政を一元化するために、厚生労働省に設置され、苦情相談や商品テスト等を行っている。

➡解答・解説は別冊 P.059

問題2

我が国の消費者問題に関する記述として、妥当なのはどれか。

1 1960年代に、アメリカのケネディ大統領が、消費者の4つの権利として、安全を求める権利、知らされる権利、選ぶ権利、意見が反映される権利を示し、日本でも、消費者運動が活発になった。

2 1968年に制定された消費者保護基本法では、国と地方公共団体が消費者保護の責務を負うこととされ、この法律に基づき、国によって、消費者の相談窓口である消費生活センターが設置された。

3 製造物責任法（PL法）では、消費者が欠陥製品による被害を受けた場合、製品の欠陥を立証しなくても、説明書どおりに使用して事故にあったときは、製品に欠陥があったと推定され、損害賠償を求めることができるようになった。

4 クーリング・オフ制度とは、消費者が、訪問販売や電話勧誘販売等で契約した場合に、一定期間内であれば無条件で契約を解除できるものであるが、本制度は宅地建物取引には一切適用されない。

5 2000年に制定された特定商取引法により、事業者の不適切な行為で消費者が誤認又は困惑して契約をした場合はその契約を取り消すことができることとなり、2006年の同法改正では、消費者団体訴訟制度が導入された。

➡解答・解説は別冊P.060

文化財に関する記述として最も妥当なのはどれか。

1 2018年、ブラジル北部のリオデジャネイロにある国立博物館で大規模な火災が発生した。ブラジル国立博物館は、スペインからの独立以来400年以上の歴史に関する文化財のほか、南アメリカ大陸で繁栄していたマヤ文明に関する文化財などを多数収蔵していた。同博物館は、予算不足のために防火設備が不十分であり、この火災で収蔵品の大半が焼失したとされている。

2 2019年、フランスのパリにあるサン・ピエトロ大聖堂で大規模な火災が発生した。サン・ピエトロ大聖堂は、高い尖塔とステンドグラスの窓を有するゴシック様式の代表的な建築であり、ユネスコの世界文化遺産にも登録されている。サン・ピエトロ大聖堂の再建に向けて、企業などから多額の寄付が表明されている。

3 2019年、沖縄県にある首里城で大規模な火災が発生した。首里城は、17世紀に成立した琉球王国の王宮で、江戸幕府が将軍の代替わりごとに派遣する慶賀使が訪れた。また、その外港である那覇は、宋との朝貢貿易や東アジア諸国との中継貿易で栄えた。今回の火災では、17世紀から現存していた正殿・南殿・守礼門が焼失し、その再建のため、ふるさと納税制度の活用が進められている。

4 我が国の文化財の火災対策としては、法隆寺金堂の炎上事件を機に、1950年に文化財保護法が制定された。近年、文化財の火災が相次いだことを受け、文化庁は、2019年に「国宝・重要文化財（建造物）の防火対策ガイドライン」及び「国宝・重要文化財（美術工芸品）を保管する博物館等の防火対策ガイドライン」を策定した。

5 我が国の美術工芸品は、我が国の総人口に占める65歳以上人口の割合が既に4割を超えていることなどを背景に、その所有者や管理者が高齢化しているため、紛失や盗難が相次いでいる。文化庁は、2018年、これまでに国宝や重要文化財に指定した全ての美術工芸品約500件について初めて所在確認を行うとともに、盗難や盗難品の転売を防ぐため、2019年、これらの美術工芸品全ての写真を文化庁のウェブサイトで公開した。

→**解答・解説は別冊P.061**

索 引

きめる！公務員試験　社会科学

カバーデザイン	野条友史（BALCOLONY.）
本文デザイン	宮嶋章文
本文イラスト	ハザマチヒロ
編集協力	コンデックス株式会社
校正	塚本哲生、遠藤理恵
データ作成	コンデックス株式会社
印刷所	株式会社リーブルテック
編集担当	木村叡

Gakken

SS

きめる！ KIMERU SERIES

［別冊］
社会科学〈政治／経済／社会〉
Social Sciences

解答解説集

この別冊は取り外せます。矢印の方向にゆっくり引っぱってください。➡

STEP **3**

きめる！公務員試験

社会科学

解答解説

1 1 政治原理

問題 1 国家専門職（2007年度）······················· 本冊 P.024

正解：2

1 ×　アダム＝スミスが『国富論』を書いたのは正しい。しかし神の「見えざる手」は各個人の私的私益の追求がおのずと社会全体に利益をもたらすことであり、王権神授説とは無関係である。またヘンリ 8 世の治世は**16世紀前半**、アダム＝スミスの国富論は**18世紀後半**なので、時代が異なる。

2 ○　**ホッブズ**は『**リバイアサン**』を著し、「万人の、万人に対する闘争」を主張して自然権委譲による**社会契約の先駆け**となったが、それは権力の放棄に近い委譲で**絶対君主制擁護**にもなった。

3 ×　ロックの著書や権力分立は正しいが、ロックは**間接民主制による立法権を最高権力**とし、執行権や同盟権は立法権に従属するとしている。立法権、行政権、司法権の**権力分立論**を唱えたのは**モンテスキュー**である。

4 ×　ベヴァリッジ報告についての記述は正しい。しかしこれは**20世紀中頃**なのに対し、公民権拡大を求めた**チャーティスト運動**は**19世紀前半**、社会権を初めて定めた**ワイマール憲法**は**20世紀前半**なので時系列が全く異なる。

5 ×　マルクスは『共産党宣言』の中で、**空想的社会主義の限界を批判**している。また、ロシア革命の30年以上前に逝去しており、ロシア革命を指導してソ連を成立させたのは**レーニン**である。

問題 2 特別区 I 類（2012年度）······················· 本冊 P.025

正解：4

1 ×　立法権、行政権、司法権の**三権分立論**を唱えたのは、**モンテスキュー**である。

2 ×　選択肢の文の前半は正しいが、ホッブズは国家や国王への権限の委譲を絶対と考え、絶対主義を否定ではなく**擁護**した。

3 ×　『法の精神』は**モンテスキュー**の著書で、ホッブズの主著は『リバイアサン』である。また、「国王は何人の～」という、法の支配の基礎となる法諺を唱えたのは、**ヘンリー・ブラクトン**である。

4 ○　ルソーは「イギリス人民が自由なのは選挙時だけで、選挙が終わればかれらの奴隷になってしまう」と議会による**間接民主制を否定**し、人民主権による**直接民主制**を唱えた。

5 ×　選択肢の文中、ルソーは**ロック**の誤り。

問題3 特別区Ⅰ類（2019年度） ……………………………………………… 本冊P.026

正解：3

1 ×　選択肢の文中、モンテスキューは**ホッブズ**の誤り。

2 ×　選択肢の文中、モンテスキューは**ロック**の誤り。

3 ○　**モンテスキュー**はロックの権力分立を発展させ、立法、行政、司法の相互抑制による**三権分立**を唱えた。

4 ×　選択肢の文中、モンテスキューは**ルソー**の誤り。

5 ×　選択肢の前半の文は**アダム＝スミス**についてであるが、アダム＝スミスは**最小国家を肯定的**に捉えている。また文中最後の部分の、**夜警国家**と呼んで批判したのは**ラッサール**である。

問題4 裁判所職員（2013年度） ……………………………………………… 本冊P.027

正解：1

　ルソーは私的利益としての「個別意志」、その集合体としての「全体意志」、理想的な公共の利益を志向する「一般意志」を区別して考えた。そして社会契約により、**一般意志を国家意志**とすることでその実現を図り、そのために人民の直接民主制による人民統治を主張した。**トマス・ペイン**は社会契約を**憲法制定権**と捉え直し、平等な代表制による人民主権をアメリカの地に実際に実現しようとアメリカ独立を支持した。**J.S.ミル**は多数派による専制を恐れ、選挙を通じた間接民主制への**政治参加**で公共精神や人間性を陶冶する必要を唱えた。

　Aでは、ルソーは個別意志、全体意志、一般意志を唱え、社会契約により**一般意志を具現化**することを主張するので、1か2に絞られる。**C**のJ.S.ミルは『**代議制統治論**』を唱え、**直接参加ではない**政治参加を主張しているので、1か2の中なら1が正解である。**B**のトマス・ペインが多少難解だが、トマス・ペインがわからずとも正解に至ることができるので、慌てずにのぞめば正答可能な設問である。

以上により、**A：一般意志**、**B：憲法制定権**、**C：政治参加**となり、正解は**1**である。

1 2 政治団体・選挙

問題1 国家一般職（2013年度）·· 本冊 P.034

正解：1

1 〇 資本主義の進展、第二次世界大戦による中央政府への権限集中、近年の福祉国家の発展もあり、三権の中でも「行政府」への権力集中（≒行政国家化）が世界的に進んでいる。

2 × 行政委員会は、政治的中立の保持、専門技術への対応、効率性の確保などの目的のために合議制を導入した行政機関であり、**立法府の下にあるものではない**。公正取引委員会は行政委員会だが、**決算行政監視委員会**は**衆議院の常任委員会**である。

3 × 政党と圧力団体は似て見えるが、主に立法府を対象にして**政権獲得を目的**とする**政党**と、行政府や個々の議員を対象として**特殊利益の実現**を目指す**圧力団体**とでは**区別**して捉えられる。米議会ではロビイストが活躍するが、ロビイストとは議員ではなく、ロビイスト的な活動を行うのは国会議員に限らない。

4 × 選択肢の文の最初の記述は正しいが、**比例代表制**は**小政党に有利**で、死票が少ないため、二大政党制ではなく**多党制**をもたらすもので、誤答となる。

5 × 禁止されているのは、**政治家個人の資金管理団体**に対する企業献金であって、政党に対する企業献金は禁止されていない。また、政党に対する国庫補助制度は、政治資金規正法ではなく、**政党助成法**によって規定されている。

問題2 東京都Ⅰ類・改題（2021年度）································ 本冊 P.035

正解：3

1 × 戦後、保守政党分立の後、日本社会党再統一による本格的社会主義政権成立を危惧した自由党と日本民主党が合同して自由民主党が成立、鳩山一郎内閣から宮澤喜一内閣までほぼ**自民党単独政権**が38年間続いた。**日本社会党の再統一**と**自由民主党の成立**があったのが**1955**（昭和30）年のため「**55年体制**」と呼ばれる。

2 × 　田中角栄元首相は政治家一族でもなく、帝国大学出身でもない出自から、庶民宰相、今太閤と支持されて日中国交正常化を果たした。だが、「政治は力、力は数、数は金」に代表される金権政治への批判も多く退陣後にロッキード事件で逮捕された。退陣後も院政を引き、強い影響力を行使した。田中派の系譜にある竹下登内閣は消費税導入などの成果を残したが、リクルート事件で退陣に追い込まれた。

3 ○ 　高度経済成長期の潤沢な税源を背景に社会福祉の拡充が進んだが、オイルショック以降の低成長期に入るとその財政抑制と「政府の失敗」による非効率見直しが課題となった。中曽根内閣では第二臨調に代表される新自由主義的改革で三公社五現業を民営化した。

4 × 　近年の改革内容で、内容的に細かいので少し難解だが、常識的に考えて衆議院のみに限定するのは合理的でない。衆議院選挙、参議院選挙ともに在外投票が可能である。当初在外投票は比例区限定だったが、後の違憲判決を受けて選挙区への投票も可能になっている。また東日本大震災が2011年、18歳選挙導入が2016年なので、この周辺の世代は個人的記憶からこれを誤答と見抜けるはずである。

5 × 　最近の出来事なので、日常的にニュースを見ていれば解ける問題。選択肢の文の前半部分は正しいが、アベノミクスの三本の矢は大胆な金融政策、機動的な財政政策、民間投資を喚起する成長戦略である。また連続在任日数の記録は安倍晋三が歴代1位である。

問題3 　裁判所職員（2022年度） ………………………………………… 本冊 P.036

正解：3

1 × 　小選挙区制は政権交代や二大政党制につながりやすい一方で、死票が多く少数意見の声が反映されにくいという側面をもつ。

2 × 　大選挙区制は少数の意見を表出しやすい一方、小党分立を生みやすいために政局が安定せず、強い政権与党が生まれにくいという側面をもつ。

3 ○ 　比例代表制では少数意見を反映しやすいために、死票を抑えることができる。しかし小党が分立し、連立政権の意見対立による政治の停滞を生み出す危険性もある。

4 × 　現在の日本の国政選挙では、衆議院でも参議院でも選挙区制と比例代表制が導入されている。2023年時点での定員（選挙区：比例区）は、衆議院465

（289:176）、参議院248（148:100）であり、比例代表制の当選者よりも、**選挙区制**の当選者のほうが**多い**。

5 ×　簡単に不在者投票が認められている点は正解。大学生を中心に、住民票を実家に残している場合などでも事前申請すれば「不在者投票」で投票場所を選んで投票できるが、**選挙前日**までに行うことが必要。選挙に関する意識、関心、経験があれば簡単に誤りに気付ける問題である。

2 1 国会・内閣

問題1 特別区 I 類（2019年度） ·············· 本冊 P.046

正解：5

衆議院は**民意の反映**、参議院は「**良識の府**」として吟味する役割分担があり、それらが**衆議院の優越**につながっている。

1 × **予算**については民意を反映する優先性から衆議院に先議権が**認められている**が、人権を制約する恐れのある**法律案**には参議院の吟味の必要性も高いため、衆議院の優越は**認められていない**。

2 × **法律案**については、人権を制約する恐れがあるため、参議院の吟味の必要性が高く、衆議院の優越は**認められていない**。参議院が、衆議院の可決した法律案を受け取った後、国会休会中の期間を除いて60日以内に議決しないときは、**否決**したものとみなされる。

3 × **予算**については、民意を反映する優先性および決定が延びると執行が滞ることから、衆議院の優越が**認められている**。参議院が、衆議院の可決した予算を受け取った後、国会休会中の期間を除いて 30日以内に議決しないときは、**衆議院の議決が国会の議決**となる。

4 × **条約の締結**に必要な国会の承認については、承認が延びると相手国との間に利害が発生するため、衆議院の優越が**認められている**。衆議院で可決し、参議院で衆議院と異なった議決をした場合に、**再議決は採らず**、両院協議会を開いても意見が一致しないときは、**衆議院の議決が国会の議決**となる。

5 ○ **内閣総理大臣の指名**については、民意を反映する優先性および決定が延びると政務が滞ることから、衆議院の優越が**認められている**。衆議院と参議院とが異なった議決をした場合に、両院協議会を開いても意見が一致しないときは、**衆議院の議決が国会の議決**となる。

問題2 国家一般職（2020年度） ·············· 本冊 P.047

正解：1

A ○ 「両議院の議員は（中略）**国会の会期中逮捕されず**、会期前に逮捕された議員は、その議院の要求があれば、会期中これを**釈放**しなければならない。」（憲法50条）と規定されている。

B ○ 「両議院の議員は、議院で行つた演説、討論又は表決について、院外で責任を問はれない。」（憲法51条）と規定されている。この規定は、院内で行った国会議員の発言や演説が、仮に刑法上の名誉毀損罪や侮辱罪、民事訴訟における不法行為責任等を問われるようなものであっても、**院外**で**刑事上・民事上の法的責任を負わない**とするものである。しかし、**院内・政党内**等での**政治的道義的責任については免責されず**、例えば、所属する政党からその党員である国会議員の発言や表決について責任を問い、**除名**等を行うことは**可能**である。

C × 「両議院の議員は、議院で行つた演説、討論又は表決について、院外で責任を問はれない。」（憲法51条）と規定されており、免責特権が保障されているが、「両議院の議員」（国会議員）のみが主体となっており**国会議員のみに免責特権**が認められている。このことから、**国会議員以外**の「国会議員でない国務大臣」や「委員会に出席して答弁を行う国家公務員」には、**憲法上免責特権は認められず**、また、法律上もそのような規定は存在しない。

D × 「両議院の議員は、法律の定めるところにより、国庫から相当額の歳費を受ける。」（憲法49条）と規定されている。とすれば、具体的な金額や運用等に関しては法律事項であり、減額や自主返納が憲法上**禁止されているわけではない**。

　以上により、我が国の国会議員の特権等について妥当な記述は、**A・B**であり、正解は**1**である。

問題3　国家専門職（2016年度）………………………………………………… 本冊P.048

正解：3

1 × 「国会は、衆議院及び参議院の両議院でこれを構成」（憲法42条）されており、「両議院は、全国民を代表する選挙された議員でこれを組織する。」（憲法43条）と規定されている。また、「内閣総理大臣は、**国務大臣**を任命する。但し、その**過半数**は、**国会議員**の中から選ばれなければならない。」（憲法68条1項）と規定されている。他方、**副大臣・大臣政務官**の任命は、**内閣総理大臣の申出**により内閣が行うと規定（内閣府設置法13条5項、14条5項）されていることから、**法律上は民間人から任命することも可能**である。ただし、実際は**国会議員から任命**されている。

2 × 国会議員は、議員の資格を失う場合として、①衆議院議員4年（憲法45条本文）・参議院議員6年（憲法46条前段）の**任期が満了**した場合、②各議院の**議員資格に関する争訟裁判**において出席議員の3分の2以上の多数よって議員の議席喪失を議決した場合（憲法55条）、③**当選無効の判決**が出た場合（公職

選挙法204条等）の他にも、④両議院における各院内の秩序をみだしたとして出席議員の3分の2以上の多数によって**除名**を議決された場合（憲法58条2項）、⑤**辞職**を許可された場合（国会法107条）等がある。また、「両議院の議員は、議院で行つた演説、討論又は表決について、**院外で責任を問はれない**。」（憲法51条）と規定されており、**院内**での政治的道義的責任については**免責されない**。

3 ○ 「両議院の議員は、法律の定める場合を除いては、国会の会期中逮捕されず、会期前に逮捕された議員は、その議院の要求があれば、会期中これを**釈放**しなければならない。」（憲法50条）と規定されており、**不逮捕特権**を認めている。そして、「法律の定める場合」とは、国会法33条によって規定されており、①**院外での現行犯逮捕**の場合と、②**議院の許諾**がある場合である。このような場合には、**議員を逮捕することができる**。

4 × 国会では十分な議論を尽くすことが望ましいため、**臨時会の召集**の決定は、「内閣は、国会の臨時会の召集を決定することができる。**いづれか**の議院の総議員の**四分の一以上**の要求があれば、内閣は、その召集を決定しなければならない。」（憲法53条）と比較的簡単な手続きで要求できるように規定されている。

5 × **恩赦**は歴史的に天皇や幕府などの為政者（行政）によって行われてきた。現在は、行政府である**内閣の権限**として「大赦、特赦、減刑、刑の執行の免除及び復権を決定すること。」（憲法73条7号）と規定され、**天皇の認証**によって行われる。立法府である**国会**は恩赦の決定権を**有していない**。

問題4 国家専門職（2017年度） ··· 本冊P.049

正解：5

1 × 「内閣は、法律の定めるところにより、その首長たる内閣総理大臣及びその他の国務大臣でこれを組織する。」（憲法66条1項）と規定されており、その2項で「内閣総理大臣その他の国務大臣は、**文民**でなければならない。」と規定されている。また、「内閣総理大臣は、国務大臣を任命する。但し、その過半数は、**国会議員**の中から選ばれなければならない。」（憲法68条）と規定されている。

2 × 「内閣総理大臣は、国会議員の中から国会の議決で、これを指名する。この指名は、他のすべての案件に先だつて、これを行ふ。」（憲法67条1項）と規定されており、その2項で「衆議院と参議院とが異なつた指名の議決をした場合に（中略）衆議院が指名の議決をした後（中略）**十日以内**に、参議院が、指名の議決をしないときは、衆議院の議決を国会の議決とする。」と規定されている。

3 ✕ 「内閣は、行政権の行使について、国会に対し連帯して責任を負ふ。」(憲法66条3項)と規定されている。また、「内閣は、衆議院で不信任の決議案を可決し、又は信任の決議案を否決したときは、**十日以内**に衆議院が解散されない限り、総辞職をしなければならない。」(憲法69条)と規定されている。

4 ✕ 「**内閣総理大臣は、内閣を代表して議案を国会に提出し**、一般国務及び外交関係について国会に報告し、並びに行政各部を指揮監督する。」(憲法72条)、また、「**内閣は**、他の一般行政事務の外、左の事務を行ふ。」(憲法73条柱書)と規定されており、その6号本文で「六　この憲法及び法律の規定を実施するために、**政令を制定すること。**」と規定されている。

5 ◯ 「内閣は、**衆議院で不信任の決議案を可決し**(中略)たときは、十日以内に**衆議院が解散**されない限り、**総辞職をしなければならない。**」(憲法69条)と規定されている。また、「天皇は、内閣の助言と承認により、国民のために、左の国事に関する行為を行ふ。」(憲法7条柱書)と規定されており、その3号で「三　衆議院を解散すること。」と規定されていることから、**不信任決議案の可決を前提とせず**、内閣の助言と承認により天皇が行う国事行為を根拠とした解散も可能である。

2 2 裁判所

問題1　国家一般職(2019年度) ……………………………………… 本冊P.056

正解：1

A ◯ 憲法81条は「最高裁判所は、一切の法律、命令、規則又は処分が憲法に適合するかしないかを決定する権限を有する終審裁判所である。」と規定しており、判例は、憲法81条は、最高裁判所が違憲審査権を有する終審裁判所であることを明らかにした規定であって、**下級裁判所が違憲審査権を有することを否定していない**としている(最大判昭25.2.1)。とすれば、違憲審査権は全ての裁判所に認められる。また、「**司法権**」(憲法76条1項)とは、**具体的な争訟**について法を適用し宣言することによってこれを裁定する国家の作用であり、この「具体的な争訟」とは「法律上の争訟」(裁判所法3条1項)と同義である。「法律上の争訟」は、**当事者間の具体的な権利義務ないし法律関係の存否に関する紛争**であって、かつ、それが**法令の適用により終局的に解決することができるもの**に限られる(板まんだら事件：最判昭56.4.7)。「**司法権**」(憲法76条1項)と同じ「第六章　司法」に憲法81条が置かれていることから、当事者間の具体的な権利義務ないし法律関係に関する民事裁判・刑事裁判などの具体的訴訟の事件解決に必要な範囲に関して違憲審査することができる。とすれば、具体的訴訟とは無関係に法令や国家行為の合憲性を**抽象的・一般的に審査する**

ことはできない。

B ○ 「裁判官は、裁判により、**心身の故障**のために職務を執ることができない
と決定された場合を除いては、**公の弾劾**によらなければ**罷免されない**。裁判官
の懲戒処分は、行政機関がこれを行ふことはできない。」（憲法78条）と規定
されている。また、「最高裁判所の裁判官の任命は、その任命後初めて行はれ
る衆議院議員総選挙の際**国民の審査**に付し、その後十年を経過した後初めて行
はれる衆議院議員総選挙の際更に審査に付し、その後も同様とする。」（憲法
79条2項）、「**投票者の多数が裁判官の罷免を可とするとき**は、その裁判官は、
罷免される。」（憲法79条3項）と規定されている。

C × 「裁判官は、裁判により、心身の故障のために職務を執ることができない
と決定された場合を除いては、公の弾劾によらなければ罷免されない。裁判官
の懲戒処分は、行政機関がこれを行ふことはできない。」（憲法78条）と規定
されている。とすれば、裁判官の懲戒処分について、最高裁判所の裁判官とそ
れ以外とで特に**区別されていない**ことから、行政機関は**全ての裁判官**の懲戒処
分について行うことは**できない**。

D × 裁判員の参加する刑事裁判に関する法律（裁判員法）において、**裁判員**は、
裁判官と共に事実認定、被告の有罪・無罪の決定及び量刑の評議を行う（同法
67条）とされており、そして、裁判所が**証人**その他の者を尋問する場合には、
裁判員は、裁判長に告げて、裁判員の関与する判断に必要な事項について**尋問
することができ**（同法56条）、また、被告人が任意に供述をする場合には、裁
判員は、裁判長に告げて、いつでも、裁判員の関与する判断に必要な事項につ
いて**被告人の供述を求めることができる**（同法59条）と規定されている。

　以上により、我が国の司法に関する妥当な記述は、**A・B**であり、正解は**1**と
なる。

問題 2 特別区Ⅰ類（2018年度）………………………………………… 本冊P.057

正解：2

1 × 「すべて司法権は、最高裁判所及び法律の定めるところにより設置する下
級裁判所に属する。」（憲法76条1項）と規定されており、高等裁判所、地方裁
判所、家庭裁判所、簡易裁判所が、下級裁判所として設置されている。**行政裁
判所**は現行において**存在しない**。

2 ○ 「最高裁判所は、一切の法律、命令、規則又は処分が憲法に適合するかし
ないかを決定する権限を有する終審裁判所である。」（憲法81条）と規定され

ており、この「一切の法律、命令、規則又は処分が憲法に適合するかしないかを決定する権限」が違憲審査権である。そして、判例は、憲法81条は、最高裁判所が違憲審査権を有する終審裁判所であることを明らかにした規定であって、**下級裁判所が違憲審査権を有することを否定していない**としている（最大判昭25.2.1）。

3 × **検察審査会制度**とは、当該検察審査会の管轄区域内の衆議院議員の選挙権を有する者の中からくじで選定した11人の検察審査員で組織される検察審査会（検察審査会法4条）が、検察官の公訴を提起しない処分の当否の審査等（同法2条1項各号）をするものである。検察審査会が起訴相当とする議決を行ったにも関わらず検察官が公訴を提起しなかった処分につき、検察審査会が2回目に起訴相当とする議決を行うと、裁判所は、起訴議決に係る事件について**公訴の提起等を行う者を弁護士の中から指定**しなければならず（同法41条の9第1項）、指定された弁護士は、速やかに、起訴議決に係る事件について公訴を提起しなければならない（同法41条の10第1項柱書本文）。したがって、「検察官によって」の部分が誤りである。

4 × 刑事裁判における**再審制度**とは、裁判によって刑が確定した後、判決の判断材料となった事実認定に合理的な疑いがもたれるような証拠が発見された場合等（刑事訴訟法435条柱書・6号等）において、裁判のやり直しを行うことである。これまでに**再審によって無罪となった事件**として、**免田事件**、**財田川事件**等がある。

5 × **裁判員制度**とは、重大な刑事事件の第一審において（裁判員の参加する刑事裁判に関する法律2条等）、**衆議院議員の選挙権を有する者**（日本国民で**18歳以上**）の中から選任（同法13条）された裁判員が、裁判官と共に**有罪か無罪かを判断**し有罪の場合は**量刑に関しても決定**するが、評議で意見が一致しない場合、**評決は裁判官及び裁判員の双方の意見を含む合議体の員数の過半数の意見**による（同法66条・67条）とするものである。

問題3 東京都Ⅰ類（2023年度） ……………………………………………… 本冊P.058

正解：4

1 × 「裁判官は、裁判により、**心身の故障**のために職務を執ることができないと決定された場合を除いては、**公の弾劾**によらなければ罷免されない。」（憲法78条）と規定されている。

2 × 「すべて司法権は、最高裁判所及び法律の定めるところにより設置する**下級裁判所**に属する。」（憲法76条1項）と規定されており、高等裁判所、地方裁

判所、家庭裁判所、簡易裁判所が、下級裁判所として設置されている。特別裁判所の設置は禁止されている（憲法76条2項）。

3 × **再審制度**とは、裁判が確定した後、法で定められている再審事由（刑事訴訟法435条各号、民事訴訟法338条各号等）が認められる場合に、**裁判のやり直し**を行う制度である。

4 ○ **行政裁判**は民事裁判の一種で、**行政事件訴訟法**によって規定されており、国や地方公共団体の行為や決定について、国又は公共団体を被告（同法11条等）として、**国民や住民が原告**（同法9条等）となって訴えを起こすものである。

5 × **陪審制**とは、有罪・無罪について陪審員が判断し、有罪の場合に**量刑について裁判官が判断**するものである。また、**裁判員制度**とは、重大な刑事事件の第一審において（裁判員の参加する刑事裁判に関する法律2条等）、衆議院議員の選挙権を有する者の中から選任（同法13条）された裁判員が、裁判官と共に有罪か無罪かを判断し有罪の場合は**量刑にも関与する**（同法66条）ものである。したがって、裁判員制度は**陪審制ではない**。

問題4 特別区Ⅰ類（2021年度） ……………………………………… 本冊 P.059

正解：3

A ○ **裁判員制度**とは、**重大な刑事事件の第一審**において（裁判員の参加する刑事裁判に関する法律2条等）、**衆議院議員の選挙権を有する者**の中から選任（同法13条）された裁判員が、裁判官と共に有罪か無罪かを判断し有罪の場合は量刑にも関与する（同法66条）ものである。

B × ADR（Alternative Dispute Resolution）とは、「**裁判外紛争解決手続**」のことである。「裁判外紛争解決手続の利用の促進に関する法律」において、訴訟手続によらずに民事上の紛争の解決をしようとする紛争の当事者のため、公正な第三者が関与して、和解の仲介や仲裁等によりその解決を図る手続と規定されている。したがって、「刑事上」の部分が誤り。

C × 刑事訴訟法が改正され2008年に導入された**被害者参加制度**により、一定の重大事件（同法316条の33第1項）の被害者や遺族が、刑事裁判に出席（同法316条の34第1項）し、裁判所の許可を得て、**意見を述べ**（同法316条の38第1項）、**被告人への質問**（同法316条の37第1項）、**証人への尋問**（同法316条の36第1項）ができるようになった。

D ○ **検察審査会制度**とは、当該検察審査会の管轄区域内の**衆議院議員の選挙権**

を有する者の中からくじで選定した11人の検察審査員で組織される検察審査会（検察審査会法4条）が、**検察官の公訴を提起しない処分の当否の審査**等（同法2条1項各号）をするものである。検察審査会が起訴相当とする議決を行ったにも関わらず検察官が公訴を提起しなかった処分につき、検察審査会が2回目に起訴相当とする議決を行うと、裁判所は、起訴議決に係る事件について公訴の提起等を行う者を**弁護士の中から指定**しなければならず（同法41条の9第1項）、指定された弁護士は、速やかに、起訴議決に係る事件について公訴を提起しなければならない（同法41条の10第1項柱書本文）。

　以上により、我が国の司法制度について妥当な記述は**A・D**であり、正解は**3**である。

2 3 地方自治

　正解：5

1　×　「普通地方公共団体は、都道府県及び**市町村**とする。」（地方自治法1条の3第2項）、「特別地方公共団体は、特別区、地方公共団体の組合及び財産区とする。」（同条3項）と規定されている。したがって、「市町村を特別地方公共団体と定めている」という記述は誤り。

2　×　法定受託事務は、①都道府県、市町村又は特別区が処理する事務のうち国による関与が必要なものとして法令で定められるもの（第一号法定受託事務：地方自治法2条9項1号）と、②市町村又は特別区が処理する事務のうち都道府県による関与が必要なものとして法令で定められるもの（第二号法定受託事務：同法2条9項2号）とに分類される。そして、**自治事務**の例としては、病院・薬局の開設許可、**第一号法定受託事務**の例としては、旅券の交付、戸籍事務、**第二号法定受託事務**の例としては、地方選挙に関する事務がある。

3　×　**地方交付税交付金**とは、地方公共団体間の財政格差を是正し、地方公共団体が自主的に財産管理、事務処理、行政執行する権能をそこなわずにその財源の均衡化を図り、地方自治の本旨の実現に資するとともに地方団体の独立性を強化することを目的とするものである（地方交付税法1条）。ただし、国は、交付に当たり、「地方自治の本旨を尊重し、条件をつけ又はその**使途を制限してはならない。**」（同法3条2項）と規定されている。

4　×　普通地方公共団体の議会において、当該普通地方公共団体の長の不信任の議決をすることができ、その後10日以内に限り、普通地方公共団体の長は議

会を解散することができる（地方自治法178条1項）。そして、普通地方公共団体の議会の**議決について異議**があるときは、当該普通地方公共団体の**長は、再議に付す（拒否権の行使）ことができる**（同法176条1項）。

5 ○ **オンブズマン制度**（オンブズパーソン制度）とは、第三者（オンブズマン）が、政府や公共機関を監視し、これらの機関に対する苦情などを処理する制度であり、神奈川県川崎市などで導入されている。

問題2 東京都Ⅰ類（2015年度） ··· **本冊P.067**

正解：1

1 ○ **明治憲法**には地方自治に関する**規定は存在せず**、全て法律によって定められていた。そして、知事は内務省によって任命されるなど内務大臣の指揮監督に属するものとされており、**中央集権的な性格が強い**ものであった。

2 × **住民自治**とは、地方自治が**住民の意思**に基づいて行われるという民主主義的要素である。「地方公共団体の組織及び運営に関する事項は、地方自治の本旨に基いて、法律でこれを定める。」（憲法92条）における「地方自治の本旨」の要素の一つである。

3 × 「地方公共団体の**長、その議会の議員及び法律の定めるその他の吏員**は、その地方公共団体の住民が、**直接これを選挙**する。」（憲法93条2項）とのみ規定されている。したがって、条例で定めても、議員による間接選挙でその長を選出することは許されない。

4 × 「財産権の内容は、公共の福祉に適合するやうに、法律でこれを定める。」（憲法29条2項）と規定されている。もっとも、地方公共団体は「法律の範囲内で条例を制定することができる。」（憲法94条）、「普通地方公共団体は、**法令に違反しない限り**において（中略）**条例を制定**することができる。」（地方自治法14条1項）と規定され**条例制定権**が認められているので、「条例」も「法律」と同じく議会によって民主的に制定（同法176条3項）されるから、「条例」によって**財産権を制限することも認められる**と解されている。

5 × 地方公共団体は「**法律の範囲内**で条例を制定することができる。」（憲法94条）、「普通地方公共団体は、**法令に違反しない限り**において（中略）条例を制定することができる。」（地方自治法14条1項）と規定されている。したがって、住民投票において過半数の同意を得たとしても、法令に違反する条例を制定することはできない。

正解：1

A ○ 　1999年に成立した地方分権一括法（中央集権的な行政の在り方を見直し、国から地方へ権限や財源の移譲を進める法律の総称）による2000年の地方分権改革において、国から地方公共団体等へ委任された事務である**機関委任事務**（国から委任された事務で、国の包括的指揮監督権の下で行われた）は**廃止**され、**自治事務**（地方公共団体が処理する事務のうち法定受託事務以外のもの：地方自治法2条8項）と、**法定受託事務**の二つになった。そして、法定受託事務は、①都道府県、市町村又は特別区が処理する事務のうち国による関与が必要なものとして法令で定められるもの（第一号法定受託事務：同法2条9項1号）と、②市町村又は特別区が処理する事務のうち都道府県による関与が必要なものとして法令で定められるもの（第二号法定受託事務：同法2条9項2号）とに分類される。これら事務について、**自治事務**は**地方公共団体の裁量により執行できる**（同法2条13項等）点、**法定受託事務**のうち第一号法定受託事務にも国の関与はあるものの、国の包括的指揮監督権は廃止されており、**条例制定権**（憲法94条、地方自治法14条1項）が認められる点で機関委任事務と異なる。なお、自治事務も同様に条例制定権が認められる。

B ○ 　地方公共団体に特定の施設や特別の資格を持った職員を置くことを義務付けていた**必置規制**（地方分権推進法5条）は、1999年に成立した地方分権一括法（中央集権的な行政の在り方を見直し、国から地方へ権限や財源の移譲を進める法律の総称）による2000年の地方分権改革において、**廃止・緩和**された。これは、憲法92条における「地方自治の本旨」を尊重し、地方公共団体の**自主的な組織・運営を推進**することを目的としている。

C × 　地方公共団体は、国の関与に不服があるときは、**総務省**に置かれた**国地方係争処理委員会**（地方自治法250条の7第1項）に対して申出をすることができる（同法250条の13第1項）。そして、国地方係争処理委員会は、不服事項の審査を行い、国の関与が違法又は不当であると認めるときは、当該国の行政庁に対し必要な措置を講ずべきことを**勧告**する（同法250条の14第1項）と規定されている。

D × 　「三位一体の改革」とは、「地方にできることは地方に」という理念の下、国の関与を縮小し、地方の権限・責任を拡大して地方分権を一層推進することを目指し、**国庫補助負担金改革**、**税源移譲**、**地方交付税の見直し**の三つを一体として行う改革であり、このうち、税源移譲とは、納税者（国民）が国へ納める税（国税）を減らし、都道府県や市町村に納める税（地方税）を増やすことで、国から地方へ税源を移すことである。したがって、「地方における基幹道

路の建設費用として使われてきた自動車重量税などの暫定税率の廃止が図られた」の部分が誤りである。

以上により、地方分権に関する妥当な記述は**A・B**であり、正解は**1**である。

問題4　特別区Ⅰ類（2014年度）‥‥‥‥‥‥‥‥‥‥‥‥‥‥‥‥‥‥‥‥本冊P.069
　　正解：5

A　×　**住民自治**とは、地方自治が**住民の意思**に基づいて行われるという民主主義的要素である。「地方公共団体の組織及び運営に関する事項は、地方自治の本旨に基いて、法律でこれを定める。」（憲法92条）における「地方自治の本旨」の要素の一つである。したがって、本肢は全体として誤りである。

B　○　オンブズマン制度とは、第三者（オンブズマン）が、政府や公共機関を監視し、これらの機関に対する**苦情などを処理**する制度である。

C　×　2000年の地方分権改革により、国から地方公共団体等へ委任された事務である**機関委任事務は廃止**され、**自治事務**（地方公共団体が処理する事務のうち法定受託事務以外のもの：地方自治法2条8項）と、**法定受託事務**の二つになった。そして、法定受託事務は、①都道府県、市町村又は特別区が処理する事務のうち国による関与が必要なものとして法令で定められるもの（第一号法定受託事務：同法2条9項1号）と、②市町村又は特別区が処理する事務のうち都道府県による関与が必要なものとして法令で定められるもの（第二号法定受託事務：同法2条9項2号）とに分類される。したがって、「法定受託事務が廃止」「機関委任事務」の部分が誤りである。

D　○　「特別地方公共団体は、**特別区**、地方公共団体の**組合**及び**財産区**とする。」（地方自治法1条の3第3項）と規定されている。

　以上により、我が国の地方自治についての妥当な記述は、**B・D**であり、正解は**5**となる。

2 4 日本国憲法の概論・基本的人権

問題1　特別区Ⅰ類（2017年度）‥‥‥‥‥‥‥‥‥‥‥‥‥‥‥‥‥‥‥‥本冊P.076
　　正解：3

1　×　選択肢の文中、**ワイマール憲法**は「**ドイツ（プロイセン）憲法**」の誤り。

2 × 大日本帝国憲法において、天皇は、**統治権の総攬**（そうらん）（4条）、**陸海軍の統帥**（とうすい）（11条）、**緊急勅令**（8条1項）、**独立命令**（9条）、条約の締結（13条）といった権限が認められていた。したがって、「条約の締結は天皇大権として認められていなかった」の部分が誤りである。

3 ○ 大日本帝国憲法において、帝国議会は天皇の立法権に協賛する機関（5条）であり、各国務大臣は天皇を輔弼（ほひつ）して行政権を行使（55条1項）するものとされ、裁判所も天皇の名において司法権を行う（57条1項）ものと規定されていた。

4 × 国務大臣松本烝治を中心とする憲法問題調査委員会（松本委員会）によって作成された松本案が連合国軍総司令部（GHQ）へ提出されたが、大日本帝国憲法と大差のない案であったため拒否され、GHQが日本政府に示したマッカーサー草案をもとに日本国憲法が作成された。

5 × 日本政府の憲法改正案が、初めての男女普通選挙によって選ばれた衆議院議員で構成する帝国議会に提出され、審議のうえ、国家賠償、生存権、納税の義務、刑事補償等に関する規定が追加された。したがって、「生存権の規定の追加に限られた」の部分が誤り。

問題2 特別区Ⅰ類（2018年度）·· 本冊 P.077

正解：3

1 × 選択肢の文中、自由権的基本権は「社会権的基本権」の誤り。

2 × 日本国憲法は「国は、すべての生活部面について、社会福祉、社会保障及び公衆衛生の向上及び増進に努めなければならない。」（憲法25条2項）と定めており、この規定に基づいて制定されている法律の一つとして老人福祉法がある。しかし、教育基本法は、生存権と同じ社会権に分類される教育を受ける権利（憲法26条）に基づいて制定されている法律の一つである。

3 ○ 日本国憲法は、勤労の権利（「すべて国民は、勤労の権利を有し」憲法27条前段）をはじめ、勤労者の団結権、団体交渉権、団体行動権の労働三権（「勤労者の団結する権利及び団体交渉その他の団体行動をする権利は、これを保障する。」憲法28条）を保障し、これらの規定に基づいて、労働基準法、労働組合法、労働関係調整法のいわゆる労働三法が制定されている。

4 × 生活保護基準が生存権（憲法25条1項）保障に違反しているかについて争われた朝日訴訟（最大判昭42.5.24）において判例は、生存権を規定している

憲法25条1項は、全ての国民が健康で文化的な最低限度の生活を営み得るように国政を運営すべきことを**国の責務として宣言したにとどまる**としている。とすれば、生存権の規定は、個々の国民に対して**具体的な権利として保障されていない**。

5 × 児童扶養手当と障害福祉年金の併給禁止が生存権（憲法25条1項）保障に違反しているか争われた**堀木訴訟**（最大判昭57.7.7）において判例は、憲法25条1項の「健康で文化的な最低限度の生活」なるものは、きわめて**抽象的・相対的な概念**であって、具体的にどのような立法措置を講ずるかの選択決定は、**立法府の広い裁量**にゆだねられており、それが**著しく合理性を欠き明らかに裁量の逸脱・濫用と見ざるをえないような場合を除き**、憲法25条1項に**反しない**としていることから、併給調整を行うかどうかは立法府の裁量の範囲であり、当然に憲法25条1項に反するとはならない。とすれば、立法府である国会の裁量に属したとしても、それが著しく合理性を欠き明らかに裁量の逸脱・濫用に当たる場合は、生存権（憲法25条1項）保障に違反することになる。したがって、「朝日訴訟」「憲法違反とはならないとする抽象的権利説の立場をとった」の部分が誤りである。

問題3 特別区Ⅰ類（2020年度）·· 本冊P.078

正解：2

A ○ 「すべて国民は、法の下に平等であつて、**人種、信条、性別、社会的身分又は門地**により、**政治的、経済的又は社会的関係**において、差別されない。」（憲法14条1項）と規定されている。また、「華族その他の貴族の制度は、これを**認めない**。」（憲法14条2項）と規定されており、華族その他の貴族の制度を**禁止**している。

B × **ヘイトスピーチ**とは、特定の国の出身者であること又はその子孫であることのみを理由に、日本社会から追い出そうとしたり危害を加えようとしたりするなどの一方的な内容の言動のことである（内閣府「人権擁護に関する世論調査（平成29年10月）」）。そして、国連人種差別撤廃委員会から法的規制を行うよう**勧告**され、これを受けて、ヘイトスピーチを規制する「**ヘイトスピーチ解消法**（本邦外出身者に対する不当な差別的言動の解消に向けた取組の推進に関する法律）」が2016（平成28）年6月に**施行**された。

C ○ 非嫡出子相続分規定違憲決定（**最大決平25.9.4**）において判例は、非嫡出子の法定相続分を嫡出子の法定相続分の2分の1とする旧民法900条4号ただし書前段の規定について、子にとっては自ら選択ないし修正する余地のない事柄を理由としてその子に不利益を及ぼすことは許されず、2001（平成13）年

7月当時において立法府の裁量権を考慮しても、嫡出子と嫡出でない子の法定相続分を区別する合理的な根拠は失われており、憲法14条1項に違反していたとした。これを受けて、2013（平成25）年12月に民法が改正され、旧民法900条4号ただし書前段の規定が削除された。

D ✕　1999年に制定された男女共同参画社会基本法は、主に、男女の人権の尊重、家庭生活における活動と他の活動の両立等を定めており、性的少数者に対する偏見の解消に関する規定は定めていない。

　以上により、法の下の平等に関する記述として妥当なものの組合せは、A・Cであり、正解は2である。

3 1 法学一般

問題 1 特別区 I 類（2017年度） ···················· 本冊 P.086
正解：2

A ○ 「法の支配」とは、**恣意的な支配を排除して権力を法によって拘束し、国民の権利を擁護**しようとする原理であり、イギリス・アメリカ等において英米法系として発展した。そして、「法の支配」は、国王が全てを支配する「**人の支配**」に**対立**する考え方である。

B × コモン・ローは、**イギリス**において、裁判所が判決を通じて作り上げてきた慣習法の体系であり、普通法・一般法とも呼ばれ、議会が制定した制定法と区別される。したがって、「ドイツにおいて」の部分が誤りである。

C ○ イギリスの法律家である**エドワード・コーク**は、「国王は何人の下にもあるべきではない。しかし、国王といえども神と法の下にあるべきである」というブラクトンの言葉を引用して、王権に対する**コモン・ローの優位**を主張し、「**権利の請願**」の作成に貢献した。

D × 「法治主義」とは、法の内容よりも**法の形式を重視**した原則であり、**ドイツ**で発達した考えである。そして、法律によれば個人の自由も**制限可能**であるという意味を含んでいた。

以上により、法の支配に関する妥当な記述は**A・C**であり、正解は**2**となる。

問題 2 裁判所職員（2019年度） ···················· 本冊 P.087
正解：5

A 誤 文章でその内容が表現された法が成文法であり、反対に、文章でその内容が表現されていない法が不文法である。そして、**判決**は書面として残されるが、他の係属事件に関する裁判所の判断を拘束する内容が文章で表現されてはいないため、**成文法には当たらない**。もっとも、一度した裁判所の判断（判決や決定）と同種の係属事件に関して裁判所が同様の判断を繰り返すことで法と同じような拘束力をもつことを判例（「判例法」ともいう。）といい、**判例は不文法に分類**されている。

B 誤 **衆議院規則、参議院規則、最高最判所規則**などは、手続や内部規律についてのルール（法と同様の規範）を文章でその内容が表現されたものであるから、

成文法に分類されている。

C 正　文章でその内容が表現されていない法が不文法である。人々の生活の中で自然発生的にできたルールである**慣習法**は、判例と同様に、**不文法**に分類される。

D 正　国際法の代表例の**条約**は、国家間の文書による合意であるから、文章でその内容が表現された法に当たり、**成文法**に分類される。

　以上により、成文法と不文法に関するA～Dの正誤の組合せは、**A**：**誤**、**B**：**誤**、**C**：**正**、**D**：**正**となり、正解は**5**である。

問題3　特別区Ⅰ類（2022年度）‥‥‥‥‥‥‥‥‥‥‥‥‥‥‥‥‥‥‥**本冊P.088**

正解：1

1 ○　**条約**は、国家間の文書による合意であり、国際法の代表例である。条約の具体例としては、**国連憲章や日米安全保障条約**などがある。

2 ×　**公法**とは、**国家・地方公共団体と私人の権力関係を規律する法**である。その具体例として、私人の犯罪について国家が科す刑罰を規律した法である**刑法**がある。そして、**民法**は、**私人間の権利義務関係を公的に規律した私法**である。

3 ×　国家や地方公共団体相互の関係を規律する法は、**行政法**である。その具体例として、**地方自治法や国家公務員法**などがある。

4 ×　長い期間繰り返され、**定着した行動や振る舞いがルール**となったものは、慣習法である。自然法とは、人間本性に基づく普遍的な法のことをいう。対して、人為的に作成された特定の場所、時代に効力をもつ法を実定法という。

5 ×　**判決**は書面として残されるが、他の係属事件に関する裁判所の判断を拘束する内容が文章で表現されてはいないため、**成文法には当たらない**。

問題4　裁判所職員（2021年度）‥‥‥‥‥‥‥‥‥‥‥‥‥‥‥‥‥‥‥**本冊P.089**

正解：2

A ○　**命令**とは、**国の行政機関が定める規範**のことである。その具体例としては、内閣が定める**政令**（憲法73条6号）、内閣府が定める**内閣府令**（内閣府設置法7条3項）、各省大臣が定める**省令**（国家行政組織法12条）などがある。

B ×　判例とは、先例となる判決や決定のことであるが、「**すべて裁判官**は、その良心に従ひ独立してその職権を行ひ、この**憲法及び法律にのみ拘束される。**」（憲法76条3項）と規定されており、**裁判官は判例に拘束されない。**

C ○　地方公共団体の議会によって制定（地方自治法96条1項1号）される条例は、「**法律の範囲内**で条例を制定することができる。」（憲法94条）と規定されており、各地方公共団体の自治に関する事項を定めることができるが、国の法令（法律その他下位規範）に反する条例を定めることはできない。

D ×　憲法73条3号において、**条約の締結**は**内閣の権限**であり、事前に又は事後に**国会の承認**を経ることを必要とすると規定されている。とすれば、国会の承認によって国内法として効力を有する。

　以上により、法の存在形式に関する妥当な記述は**A・C**であり、正解は**2**となる。

3 2　その他の法

問題1　東京都Ⅰ類（2022年度）……………………………………………………… 本冊P.096

　正解：3

1 ×　債務不履行により債権者が損害を被った場合、債権者は、債務者に対して、**通常生ずべき損害の賠償**をさせることができる（民法416条1項）。そして、**特別な事情による損害**は、「当事者がその事情を**予見すべきであったとき**は、債権者は、その賠償を請求することができる。」（同法416条2項）と規定されている。したがって、「損害賠償の範囲は債務不履行がなければ生じなかった損害全てに及び、特別な事情による損害も、通常生ずべき損害と同様に損害賠償の対象となる」の部分が誤りである。

2 ×　「当事者は、債務の不履行について損害賠償の額を予定することができる。」（民法420条1項）と規定されており、その3項において「**違約金**は、**賠償額の予定と推定**する。」と規定されている。とすれば、違約金は損害賠償額と推定されるため、債務者は、債権者に対し、原則として違約金を支払うことで足りる。

3 ○　金銭賠償とは、損害を金銭に算定して賠償するものであり、原状回復とは、債務不履行がなかったのと同じ状態に戻すものである。そして、債務不履行による損害賠償の方法として「損害賠償は、別段の意思表示がないときは、**金銭をもってその額を定める。**」（民法417条）と規定されており、**金銭賠償が原則**とされている。

4 ✕ 判例は、「金銭を目的とする債務の履行遅滞による損害賠償の額は、法律に別段の定めがある場合を除き、**約定または法定の利率**により、債権者はその損害の証明をする必要がないとされているが、その反面として、たとえ**それ以上の損害が生じたことを立証しても、その賠償を請求することはできない**」としている（最判昭48.10.11）。とすれば、金銭を目的とする債務の履行遅滞による損害賠償について、債権者は、約定または法定の利率以上の損害が生じたことを立証したとしても、法律に別段の定めがなければ、その賠償を請求することができない。

5 ✕ 判例は、「契約の一方当事者が、当該契約の締結に先立ち、信義則上の説明義務に違反して、当該契約を**締結するか否かに関する判断に影響を及ぼすべき情報を相手方に提供しなかった場合**には、上記一方当事者は、相手方が当該契約を締結したことにより被った損害につき（中略）当該契約上の債務の不履行による**賠償責任を負うことはない**」としている（最判平23.4.22）。

| 問題2 | 東京都Ⅰ類（2020年度） | 本冊P.097 |

正解：3

1 ✕ 労働基本権は、**憲法上保障**された権利であり、「勤労者の団結する権利及び団体交渉その他の団体行動をする権利は、これを保障する。」（憲法28条）と規定されていることから、団結権、団体交渉権、団体行動権（争議権）の三つを内容とし、労働三権とも呼ばれる。そして、**労働組合法等の労使関係法**によって労働基本権が具体化されている。

2 ✕ 選択肢の文中、**労働契約法**は「**労働組合法**」の誤り。

3 〇 国家公務員法等の各法令により、**国家公務員や地方公務員は労働三権が制限**されている。最高裁では、「公務員の場合は、その給与の財源は国の財政とも関連して主として税収によつて賄われ、私企業における労働者の利潤の分配要求のごときものとは全く異なり、その勤務条件はすべて政治的、財政的、社会的その他諸般の合理的な配慮により（中略）立法府において論議のうえなされるべきもので、同盟罷業等争議行為の圧力による強制を容認する余地は全く存しないので（中略）公務員が政府に対し争議行為を行なうことは、的はずれであつて（中略）憲法の基本原則である議会制民主主義（憲法41条、83条等参照）に背馳し、国会の議決権を侵す虞」があるとして、**公務員の争議行為の一律禁止は合憲**であるとの判断を示し（全農林警職法事件：最大判昭48.4.25）、今日に至っている。

4 ✕ 選択肢の文中、労働基準監督署は「**労働委員会**」の誤り。また、労働争議

の調整は、あっせん・調停・仲裁等の方法による（労働関係調整法5条等）。

5　✕　労働組合法1条2項は、労働組合が争議行為を行った場合、労働者は**正当な行為である限り刑罰を科されない**と規定されている。また、労働組合法8条は、「使用者は、同盟罷業その他の争議行為であつて**正当なものによつて損害**を受けたことの故をもつて、労働組合又はその組合員に対し**賠償を請求することができない。**」と規定されている。したがって、使用者は争議行為によって受けた損害について、労働組合に賠償請求することはできない。

問題3　国家一般職（2016年度）………………………………………本冊P.098
　　　正解：1

1　○　個人情報保護法（個人情報の保護に関する法律）は、17条1項において、個人情報取扱事業者が個人情報を取り扱う場合は、その**利用の目的をできる限り特定することを義務付けて**おり、また、27条において、法令に基づく場合などを除き**あらかじめ本人の同意を得ない**で個人データを第三者に提供することを禁じている。

2　✕　情報公開法（行政機関の保有する情報の公開に関する法律）は、国民主権の理念の下、中央省庁（同法2条）に対して、行政文書の開示を請求する権利と、政府の**説明責任（アカウンタビリティ）**を規定（同法1条）しており、また、国籍や年齢による制限なく、**誰でも**開示を請求することができると規定（同法3条）している。

3　✕　選択肢の文中、機密情報は「**特定秘密**」、**国家安全保障会議**は「**行政機関の長**」の誤り。特定秘密とは、我が国の安全保障に関する情報のうち特に秘匿することが必要であるもののことをいう。

4　✕　**著作権法**は、知的財産権を保護するための法律の一つである。そして、著作権は、著作者人格権（同法18条〜20条）と著作財産権（同法21条〜28条）を内容としており、そのうち著作財産権は、著作者が一定期間独占的に**著作物**（小説や音楽、コンピュータプログラムなど）を利用できる権利である。**発明**は**特許法**、**考案**は**実用新案法**、**デザイン**は**意匠法**、**ロゴマーク**は**商標法**の各法に規定する手続きによって特許庁に申請する必要がある。

5　✕　**商標法**は、知的財産権を保護するための法律の一つである。しかし、許可なしに顔写真などの肖像を撮影されたり、利用されたりしないように主張できる**肖像権**や、有名人の名前や肖像が無断で商品化されたり、宣伝などに利用されたりできないようにする**パブリシティ権に関する規定**は、同法には**存在しない。**

4 | 1 | 各国の政治制度

問題 1 特別区Ⅰ類（2022年度） ················· 本冊P.106

正解：2

A ○ アメリカの連邦議会は、**各州から2名**ずつ選出される**上院**と、各州からその人口に**比例**して選出される**下院**とで構成されている。条約の締結や高級官吏の任命については、**上院のみ**同意権を有している。

B × アメリカの大統領は、国民によって選出された大統領選挙人による間接選挙によって選ばれ、軍の最高司令官であり、条約の締結権をもつが、議会への**法案提出権はもたない**。また、連邦議会を解散する権限もない。

C ○ フランスは、国民の直接選挙で選出される大統領が議会の解散権など強大な権限を有する**大統領制**と、内閣は議会に対して責任を負う**議院内閣制**をとっており、**半大統領制**といわれている。

D × 中国では、立法機関としての全国人民代表大会、行政機関としての国務院、司法機関としての最高人民法院が設けられているが、国務院と最高人民法院は、共に**全国人民代表大会の監督下**にあり、厳格な権力分立ではなく、**民主集中制**をとっている。

　以上により、世界の政治体制に関する記述として妥当なものの組合せは**A・C**であり、正解は**2**である。

問題 2 国家総合職（2020年度） ················· 本冊P.107

正解：1

1 ○ 英国では、君主制が存続しているが、国王は君臨するのみで統治権をもたない。また、議会は、非民選の上院（貴族院）と民選の下院（庶民院）から成り、首相には、下院で多数を占める政党の党首が選出されることが慣例である。下院では、二大政党が政権獲得を目指しているが、野党となった政党は、影の内閣を組織して政権交代に備えている。

2 × フランスでは、国家元首である大統領が国民の直接選挙で選ばれるが、**首相**は**大統領によって任免**される。また、**大統領**は、議会の解散権など**大きな権限**を有している。

3 ×　米国では、権力分立を徹底するため、大統領には連邦議会で可決した法案に対する拒否権が認められており、また、**連邦裁判所**には**違憲審査権が認められている。**

4 ×　我が国では、議院内閣制が採用されているが、内閣に対する不信任決議案の可決、信任案の否決ができるのは**衆議院だけ**である（憲法69条）。なお、内閣総理大臣は、国務大臣を任命することができるが、その過半数は**国会議員**でなければならない（憲法68条1項）。

5 ×　中国では、国家の最高機関である一院制の全国人民代表大会（全人代）が**年1回**開催され、議員の任期は**5年**である。全人代では、**国家主席**や**最高人民法院院長**を選挙する。

問題3　東京都Ⅰ類（2015年度）　本冊P.108

正解：4

A ×　大統領は、国民によって選出された**大統領選挙人**が大統領を選ぶ間接選挙によって選出されるのであって、議会が選ぶわけではない。

B ×　大統領が議会によって不信任決議を受けて**辞職することはない**し、議会が大統領によって**解散されるわけでもない。**

C ○　大統領は、議会が可決した法案への署名を拒否する**拒否権をもつ。**

D ○　大統領は、議会に対し、法案を提出する権限はないが、**教書を送付する権限をもつ。**

E ×　憲法の最終解釈権をもち、違憲立法審査権を行使するのは、**裁判所**である。

　以上により、アメリカの大統領制に関する妥当な記述の組合せは**C・D**であり、正解は**4**である。

問題4　裁判所職員（2021年度）　本冊P.109

正解：1

A ○　フランスの大統領は任期5年で国民の直接選挙で選出され、首相任免権など強大な権限がある一方で、議院内閣制がとられていることから、**半大統領制**といわれている。

B ○ アメリカは**厳格な三権分立**がとられているため、任期4年で国民の間接選挙で選出される大統領は、議会を解散することができないが、議会から不信任決議を受けることもない。

C × ドイツでは**連邦議会**から任期**4年**の**首相**が選出され、**連邦会議**（連邦議会議員及び各州議会から選出された州議員によって構成される）から任期**5年**の**大統領**が選出されるが、行政権は首相が行使する議院内閣制を採用しており、**大統領は象徴的な存在**にすぎない。

D × ロシアは大統領と首相が共に存在し、大統領は任期6年で三選が禁止され、**首相**は**大統領が任命**し、連邦議会はそれを承認する権限を有するのであって、連邦議会が選出するわけではない。また、**議会は内閣に不信任決議をすること**ができるが、**議会を解散するのは大統領**である。

　以上により、大統領が存在する国に関する妥当な記述は**A・B**であり、正解は**1**である。

4 2 国際政治

問題1　国家総合職（2019年度）…………………………………………………… 本冊P.114

　正解：5

1 × **世界人権宣言**は、第二次世界大戦後、ファシズムによる人権抑圧や戦争の惨禍を教訓に、人権保障に関する共通の基準を示したものであり、1948年に国連総会で採択されたが、**法的拘束力はない**。

2 × 日本はA規約とB規約の両規約を、一部留保して批准している。B規約には死刑廃止の規定はなく、B規約の第二選択議定書として死刑廃止条約があり、日本はこのB規約の第二選択議定書を批准していない。

3 × **人種差別撤廃条約**は、植民地主義、南アフリカで行われていた**人種隔離政策**への非難などを背景に1965年に採択されたもので、日本は1995年に批准している。ジェノサイド（集団殺害）の禁止を目的としたものは、**ジェノサイド条約**であるが、日本はこの条約を批准していない。

4 × **女子差別撤廃条約**は、**男女の完全な平等**の達成に貢献することを目的として、女子に対する**経済的、社会的、文化的、市民的及び政治的**その他あらゆる差別を撤廃することを基本理念としている。日本は、男女雇用機会均等法を制定し、**条件整備をしたうえ**で、1985年にこの条約に批准した。なお、育児・

介護休業法は、1991年に制定された。

5 ○ **児童の権利条約**は、18歳未満の全ての人の保護と基本的人権の尊重を促進することを目的として、国連総会で採択された。児童に対する全ての措置に児童の最善の利益を考慮するよう求め、児童の意見表明の権利や表現の自由を保障する規定も置かれている。日本は、1994年に批准した後、2000年に児童虐待防止法を制定した。

問題2 国家専門職（2018年度）……………………………………………………本冊P.115

正解：1

1 ○ 『戦争と平和の法』を著したオランダのグロティウスは、自然法の立場から、国際社会において諸国家が従うべき国際法の必要性を訴えた。国際法には、国際慣習法と国家が相互に結んだ条約などがある。

2 × 難民の地位に関する条約において、難民とは、人種、宗教、国籍、政治的意見などを理由に迫害を受けるおそれがあるために他国に逃れ、国際的保護を必要とする人々とされる。他国に逃れるのではなく、自国内で避難を余儀なくされている人々は国内避難民と呼ばれ、年々増加傾向にある。また、**経済難民**とは、経済的理由から、よりよい生活を求めて他国に移る人々を呼び、一般に難民の地位に関する条約の定義する難民には該当しない。

3 × 非政府組織（NGO）は、平和・人権・環境問題などについて、国際的に活動している民間の組織・団体を指す。**アムネスティ・インターナショナル**は、自らの信念や人種、宗教、肌の色などを理由に囚われた「良心の囚人」と呼ばれる非暴力の人々の救済を目的とした世界最大のNGOである。また、**国境なき医師団**は、自然災害や戦争などの被災者へ医療活動を行うためにフランスで結成されたNGOである。

4 × 海洋法に関する国際連合条約（国連海洋法条約）により、沿岸国は低潮時の海岸線などの基線から12海里（約22km）までの水域を領海と主張できるが、隣接する国どうしの間では中間線までとされるなど、領海は一定に12海里までというわけではない。**領空**とは、領土及び領海の上空であるが、**宇宙空間**は、宇宙条約により領空に含まれない。

5 × **国連海洋法条約**は、160以上の国等により批准されているが、アメリカは批准していない。この条約において、**排他的経済水域（EEZ）**とは、領海の外側の200海里以内とされ、沿岸国はこの水域の資源を優先的に利用できるが、他国の船舶は自由に航行することができる。

正解： 1

1 ○　総会は全加盟国により構成され、**一国一票**の投票権をもつが、総会での決議に基づいて行う勧告には、**法的拘束力はない**。

2 ×　国際連合には現在190か国以上の国々が加盟している。**日本は1956年**に加盟しており、国際連合が設立された1945年から加盟しているわけではない。

3 ×　安全保障理事会は、常任理事国**5か国**と非常任理事国**10か国**によって構成されており、安全保障理事会における手続き事項の決定は、**15か国中9か国以上の賛成**で行うことができる。なお実質事項については、**常任理事国は拒否権を行使**することができる。

4 ×　国際司法裁判所は、国際的紛争を平和的に解決することを目的として設立された。**国際人道法**に反する個人の重大な犯罪を裁くのは国際刑事裁判所である。

5 ×　日本は、平和維持活動（PKO）について、①停戦の合意がなされていること②紛争当事者のいずれも平和維持隊への参加国に日本を指名していること③紛争当事者の一方に偏らず中立・公平を保つこと④上記原則のいずれかを満たさなければ部隊を撤収できること⑤武器の使用は最小限であることの**5つの原則**を参加の条件としている。

5 1 ミクロ経済学

問題1 東京都Ⅰ類（2021年度） ··· 本冊P.126

正解：3

1 × 供給量が需要量を上回る超過供給の時には価格が**下落**し、需要量が供給量を上回る超過需要の時には価格は**上昇**する。

2 × 消費者はある財の価格が高くなると購入する数量を減らす。したがって、価格が**上昇**すると需要量は**減る**。一方、消費者はある財の価格が安くなると購入する数量を増やす。したがって、価格が**下落**すると需要量は**増加**する。そのため、需要曲線は**右下がり**となる。

3 ○ 需要曲線と供給曲線の交点では需要量と供給量が一致しており、このときの価格を**均衡価格**という。

4 × 需要量と供給量が一致していないときに、価格によって調整され均衡点に調整されるメカニズムを**価格の自動調整機能（ワルラス的調整過程）**という。プライマリー・バランスとは国債費を除く歳出から税収・税外収入を差し引いた額であり、**基礎的財政収支**とも呼ばれている。

5 × 技術革新でコストが下がると、生産者はこれまで以上に財を生産できるようになり、数量は**増加**する。したがって、生産者に関する曲線である供給曲線は数量が増加する方向、**右**に移動する。

問題2 裁判所職員（2018年度） ··· 本冊P.127

正解：3

　消費者が購入する数量を**増加**させれば、需要曲線は**右**にシフトする。また、消費者が購入する数量を**減少**させれば、需要曲線は**左**にシフトする。一方、**生産者**が生産量を**増加**させれば、供給曲線は**右**にシフトする。また、生産者が生産量を**減少**させれば、供給曲線は**左**にシフトする。

1 × 所得の減少は、需要曲線を**左**にシフトさせる。

2 × 貯蓄意欲の増加により、消費意欲は**減少**する。購入する数量は減少するため、需要曲線は**左**にシフトする。

3 ○ 例えば、コーヒーの需要を考えてみる。紅茶の価格が上昇すると、紅茶を飲むのを控え、相対的に安いコーヒーを飲むようになる。その結果、コーヒーの数量は増加するため、コーヒーの需要曲線は右にシフトする。

4 × 原材料費が下落すると生産量は増加するため、供給曲線は右にシフトする。

5 × 賃金の下落は企業のコストが下がることを意味している。その結果、生産量を増加させることができるため、供給曲線は右にシフトする。

問題3 東京都Ⅰ類（2018年度）　……………………………………………… 本冊 P.128

正解：2

1 × **外部経済**も**市場の失敗**の例の一つであり、財の効率的な配分は**実現していない**。ゆえに、政府が補助金を支給するなどして、供給を増やす必要がある。

2 ○ 公共財は複数の人が不利益なしで同時に利用できる性質である非競合性と、料金を支払わない人の消費を防ぐことができないという性質である非排除性をあわせもつ財である。公共財は無料ゆえ、利益を出すことができず**民間企業による供給が困難**となる。

3 × 情報の非対称性とは、取引を行っている当事者間において、もっている情報に**格差**が生じていることである。

4 × 市場に多数の企業が存在する完全競争市場では需要と供給が一致し、均衡価格となるが、寡占・独占市場では自社の都合で自由に価格を決めることができるため価格メカニズムが機能しない。そのため、市場の失敗が生じ、効率的な資源配分は**実現できない**。

5 × 独占禁止政策はカルテルやトラストなどによる企業の独占を防ぎ、自由公正な競争を維持する政策である。日本ではこれを実施するために独占禁止法が定められ、消費者庁ではなく、**公正取引委員会**が設けられた。

問題4 国家専門職・改題（2018年度）　………………………………… 本冊 P.129

正解：4

1 × 経済を構成する経済主体は、主に**家計**、**企業**、**政府**から成っている。政府には地方自治体だけではなく**国**も含まれる。また、**資産効果**とは、株価などの**資産価格の上昇**が、**消費を増加**させる効果である。

2 × GDPは**フロー**の指標である。したがって、ストックの指標である株価や貯蓄額などはGDPには含まれない。また、GDPは**生産・分配・支出**の三つの側面から捉えることができる。

3 × 市場の失敗の代表的な例として**外部性**がある。外部性とは経済主体の活動が、市場での取引を経ないで、他の経済主体に影響を及ぼすことである。その影響が好ましいものを外部経済、好ましくないものを外部不経済といい、**公害**は**外部不経済**の一つである。

4 ○ **本肢の記述の通り**である。

5 × 企業は**公企業、私企業、公私合同企業（公私混合企業）**の3つに大別される。会社法による私企業は**株式会社、合同会社、合資会社、合名会社**の4種類である。株式会社が負債を抱えて倒産しても、株主は出資した範囲内でのみ責任を負い、**負債の全部を弁済することはない**。

5 2 マクロ経済学

問題1 国家一般職（2014年度）・・ 本冊P.136

正解：5

1 × GNP（現在はGNIと呼んでいる）はGDPに海外からの純所得を**加える**ことで得られる。GNPがGDPよりも小さくなるとは**限らない**。日本の場合GDPの方がGNPよりも小さくなる傾向がある。

2 × 日本の消費者物価上昇率を見ると、1970年代に10%を超える（1974年は23.2%）など、7.5%を**上回ったことがある**。

3 × 国民所得は生産、支出、分配のいずれの面から見ても全て同じ値となる。これを**三面等価の原則**という。

4 × スタグフレーションは**不況（スタグネーション）**と**物価の上昇（インフレーション）**が同時に起こることである。日本ではオイルショック時（1970年代）にスタグフレーションに陥ったことがある。

5 ○ **キチンの波やコンドラチェフの波**以外に、建設投資によって生じる約20年周期の**クズネッツの波**、設備投資によって生じる約10年周期の**ジュグラーの波**がある。

正解：5

1 × WTO設立協定の前文にはそのような**記述は見られない**。また、景気変動は通常、**好況**、**後退**、**不況**、**回復**の4つの局面が1つの周期となって循環する。

2 × 物価の持続的な上昇であるインフレーションと不況が同時に起こる現象はデフレスパイラルではなく**スタグフレーション**である。

3 × コンドラチェフは**技術革新**を要因とする約**50年**の**長期波動**があることを明らかにした。これをコンドラチェフの波という。なお、在庫投資による在庫調整の変動を要因とする波は約40か月であり、これを**キチンの波**という。

4 × 政府が公共投資などによって有効需要を創出し、景気を回復させるべきであると説いたのはフリードマンではなく**ケインズ**である。

5 ○ **ビルト＝イン＝スタビライザー**は自動安定装置とも呼ばる。累進課税制度がその一つで、景気がよくなれば所得の増大により増税の効果があり、有効需要を減少させ、景気過熱を抑制する。逆に不景気の時は、減税の効果があり、有効需要を増加させ、景気改善を促す、という仕組みである。

正解：3

1 × 好況期に企業は投資に積極的になるから貨幣の需要が拡大し、不況期には企業は投資に消極的になるから貨幣の需要が縮小する。したがって**利子率は好況期**に**高水準**、**不況期**に**低水準**となる。

2 × 景気循環はその周期によって類別され、**在庫変動**による約40か月周期のキチンの波、**設備投資**による約**10年**周期のジュグラーの波、**建設投資**による約**20年**周期のクズネッツの波、**技術革新**による約**50年**周期のコンドラチェフの波がある。選択肢は、建設投資と設備投資の記述が逆である。

3 ○ **本肢の記述の通り**である。

4 × 1950年代半ばから1970年代初めにかけての高度経済成長期でも、実質国民総生産は平均して年率**10％**程度（1956年度から1973年度の平均は9.1％）である。また、スタグフレーションは景気低迷と**インフレーション**が同時に進

行するものである。なお、景気低迷とデフレーションが同時に進行することを**デフレスパイラル**という。

5　×　第二次世界大戦後初めてマイナス成長を経験したのは**オイルショック**による不況に直面した1974年のことである。また、政府が公式にデフレーションを示したのは**2001年3月**の内閣府による「月例経済報告」の中である。

問題 1 裁判所職員（2020年度） ·· 本冊P.148

正解：5

A ✕ アダム＝スミスは**自由放任主義（レッセ＝フェール）**を主張した。政府が積極的に経済に介入（大きな政府）する必要があると説いたのはケインズである。

B ✕ ケインズは、有効需要を創出する財政政策（政府支出の拡大や減税）は**有効**であるとした。また、通貨供給量を**増加**する金融政策も主張している。

C ○ 本肢の記述の通りである。

D ○ 本肢の記述の通りである。リカードは自由貿易政策を理論的に擁護するために、**比較生産費説**を唱えた。

以上により、経済思想に関する妥当な記述は、**C・D**であり、正解は**5**となる。

問題 2 東京都Ⅰ類（2019年度） ·· 本冊P.149

正解：3

1 ✕ 間接金融の記述である。**直接金融**とは、資金を必要とする企業などが、銀行などの第三者を介入させずに、社債や株式等を発行して、必要な資金を**証券市場から調達**することである。

2 ✕ 直接金融の記述である。**間接金融**とは、企業などが**銀行から借り入れる**ことで資金を調達することである。

3 ○ **公開市場操作**には、日本銀行による資金の貸付けや国債の買入れなど、金融市場に資金を供給する**買いオペレーション**と、日本銀行が振り出す手形の売出しや日本銀行が保有している国債の売却など、金融市場から資金を吸収する**売りオペレーション**がある。

4 ✕ 日本銀行が金融機関から国債を買い上げる買いオペレーションを行うと、金融市場に資金を供給することになる。市場の資金量が増加すると、金利は**下がる**。

5 × 市場に供給する資金量を増加させる金融緩和政策は**不況期**に行う政策である。市場に供給する資金量を増やすことで経済を活発化させ、景気回復を図る。

問題 3 裁判所職員（2021年度）・・・ 本冊 P.150

正解：3

A × 「金融政策決定会合」は金融政策の運営に関する事項を審議・決定する。財務大臣と経済財政政策担当大臣、又はそれぞれの指名する職員は必要に応じ、会合に出席することはできるが議決権は**有していない**。なお、財務大臣と経済財政政策担当大臣は会合で意見を述べることや議案を提出すること等が可能である。

B ○ **インフレ・ターゲット**と呼ばれる場合もある。

C ○ かつては公定歩合操作が金融政策の中心であったが、1994年の金利自由化以降、公定歩合と預金金利との直接的な連動性はなくなったことから、金融政策の中心は**公開市場操作**に変わった。なお。2006年に公定歩合は「基準割引率および基準貸付利率」に名称が変更された。準備率操作（預金準備率操作）は1991年以降、行われていない。

D × 2001年から2006年にかけて「量的緩和政策」が実施されていたのはその通りであるが、「量的緩和政策」はコールレートではなく**日銀当座預金残高**を政策目標にするものである。コールレート（無担保コールレート）を政策目標にする政策は「**ゼロ金利政策**」である。

以上により、日本の金融政策に関する妥当な記述は**B・C**であり、正解は**3**となる。

問題 4 東京都 I 類（2023年度）・・・ 本冊 P.151

正解：5

1 × **間接金融**の記述である。**直接金融**とは、資金を必要とする企業などが、銀行などの第三者を介入させずに、社債や株式等を発行して、必要な資金を**証券市場**から調達することである。

2 × **直接金融**の記述である。**間接金融**とは、企業などが**銀行**から借り入れて資金を調達することである。

3　×　日本銀行による金融調整の手法の中心は**公開市場操作**である。公定歩合操作は1994年の金利自由化以降、中心的な金融政策ではなくなった。預金準備率操作は1991年以降実施されていない。

4　×　外国通貨と自国通貨の交換比率を**為替レート**という。また、**ペイオフ**とは金融機関が破綻したとき、**預金保険制度**に基づき預金保険機構が預金者に直接保険金支払いを行うことをいう。なお、**プライムレート**とは、優良企業に対して資金を貸し出す際に適用する**最優遇貸出金利**のことである。

5　○　本肢の記述の通りである。

6 2 財政

問題1　国家一般職・改題（2017年度）……………………………………本冊P.156
正解：5

1　×　財政とは、**国や地方公共団体の公共活動に伴う収支**であり、国が単独で行う経済活動に限定されていない。財政の機能は資源配分、所得再分配、景気調整の3つである。**ポリシー＝ミックス**とは、いくつかの政策（主に財政政策と金融政策）を組み合わせることである。

2　×　純粋公共財は、同時に利用できる非競合性と、無料で利用できるという非排除性を同時に満たす財である。電気やガスは料金が発生するため非排除性は満たさない。よって電気やガスは**純粋公共財ではない**。それに、電気や都市ガスの料金はもとより地域により異なっていたが、その上、小売自由化が実現し、価格競争が行われるようになっている。

3　×　累進課税とは高所得者ほど高い税率で課税する制度のことであり、所得税に導入されている。所得が多い人ほど一般的に消費性向（可処分所得に占める消費支出の割合）が**低く**、消費税による税負担は**軽く**なる。これを**逆進的**という。

4　×　ビルト＝イン＝スタビライザーは**景気**を自動的に調整するものである。例えば、景気の拡大期には所得の増加に伴って所得税や消費税による税収が増加することで、個人消費の拡大を抑制し、景気の過熱化を**抑える**。

5　○　本肢の記述の通りである。

問題2 国家専門職（2016年度） ⋯⋯⋯⋯⋯⋯⋯⋯⋯⋯⋯⋯⋯⋯⋯⋯⋯ 本冊P.157

正解：1

A ○ **本肢の記述の通り**である。

B × 租税負担額の国民所得に対する比率を**租税負担率**という。**国民負担率**は租税負担額と社会保障負担額の合計の国民所得に対する比率である。国民負担率に財政赤字を加えたものを「潜在的な国民負担率」という。

C ○ **本肢の記述の通り**である。

D × 所得税や法人税は所得課税であるが、**相続税**は**資産課税**である。また、**印紙税**は**国税**であり資産課税に分類される。**酒税**も**国税**であり、消費課税に分類される。

E × 建設国債は財政法第4条を根拠に発行されるが、特例国債は財政法では発行が認められていない。そのため、**特例国債**は**特例法**を制定して発行される。

以上により、財政に関する妥当な記述は**A・C**であり、正解は**1**となる。

問題3 裁判所職員（2022年度） ⋯⋯⋯⋯⋯⋯⋯⋯⋯⋯⋯⋯⋯⋯⋯⋯⋯ 本冊P.158

正解：5

A × 2023（令和5）年度の一般会計の予算の歳入を見ると、**租税及び印紙収入**が60.7%、**公債金**31.1%、その他収入が8.1%である。租税及び印紙収入では、**消費税**の割合が最も高く20.4%、次いで**所得税**18.4%、法人税12.8%となっている。

B × 確かに税収は順調に増加しているが、公債金の占める割合は約**3割**である。

C ○ **本肢の記述の通り**である。なお、2023年度は約114兆円である。

D ○ **本肢の記述の通り**である。なお、2023年度の歳出に占める社会保障関係費の割合は32.3%である。

以上により、日本の財政に関する妥当な記述は**C・D**であり、正解は**5**となる。

問題1 特別区Ⅰ類（2018年度）·· 本冊P.166

正解：1

1 ○ **本肢の記述の通りである。**

2 × 「第一次所得収支」と「第二次所得収支」の記述が逆である。経常収支は「貿易・サービス収支」、「第一次所得収支」、「第二次所得収支」からなる。「貿易・サービス収支」はさらに、国内居住者と外国人との間の財の取引（輸出入）である「貿易収支」と国内居住者と外国人との間のサービスの取引である「サービス収支」に細分化される。「**第一次所得収支**」は国際間の**利子・配当金**等の収益を示す。「**第二次所得収支**」は政府援助や国際機関への**分担金**（対価を伴わない資産の提供）を示す。

3 × **金融収支**は「直接投資」、「証券投資」、「金融派生商品」、「**その他投資**」及び「**外貨準備**」からなる。外貨準備は金融収支に含まれる。

4 × **資本移転等収支**は対価の受領を伴わない固定資産の提供、債務免除のほか、非生産・非金融資産の取得処分等の収支である。発展途上国への社会資本のための無償資金協力は、日本から発展途上国に資金が出て行くため**マイナス**となる。

5 × **国際収支**は「**経常収支＋資本移転等収支－金融収支＋誤差脱漏＝0**」となる。

問題2 国家一般職（2021年度）·· 本冊P.167

正解：2

1 × **リカード**は保護貿易政策ではなく、**自由貿易政策**を理論的に擁護するために比較生産費説を提唱した。比較生産費説ではA国が財1と財2を両方生産するのは効率的ではなく、A国は比較優位をもつ財の生産に特化し、B国が他方の財の生産に特化して貿易を行うことが効率的であると考える。

2 ○ 国際収支は誤差脱漏を除くと**経常収支**、**資本移転等収支**、**金融収支**からなる。

3 × 日本の**貿易収支**は2011年から2015年までは**赤字**であった。また、日本の2010年から2019年までの**サービス収支**は**赤字**であった。なお、2022年度

の貿易収支は約21.7兆円の赤字で、過去最大の赤字額であった。

4　×　日本のアメリカに対する貿易黒字が大きくなった場合、アメリカの日本への支払いが増加することで円が人気となり**円高**となる。

5　×　為替レートの推移を見ると2002年以降円高が進み、2011年には1ドル79.77円になった。東日本大震災の直後には**円買い**の動きが強くなった。その後、**円安**傾向が強くなり2022年10月には1ドル151.26円となった。

問題3　国家専門職（2015年度）本冊P.168

正解：4

1　×　**WTO**に関する記述である。**OECD**はヨーロッパ諸国を中心に日本を含め38か国の**先進国**が加盟する国際機関である。国際マクロ経済動向、貿易、開発援助といった分野に加え、持続可能な開発、ガバナンスといった新たな分野についても分析・検討を行っている。

2　×　**OECD**に関する記述である。**WTO**は**160以上の国と地域**が加盟する国際機関であり、貿易に関連する様々な国際ルールを定めている。

3　×　APECは**1989年**に発足した太平洋を取り囲む**21**の国と地域の経済協力の枠組みである。貿易・投資の自由化、地域経済統合の推進、経済・技術協力等の活動を実施している。アメリカはオブザーバーではなく**正式**に参加している。

4　○　**本肢の記述の通り**である。

5　×　TPPは農林水産物や工業製品などのモノの貿易（関税の撤廃）だけでなく、サービス、投資の自由化、知的財産、金融サービス、電子商取引、国有企業の規律など、**幅広い分野**でルールを構築する経済連携協定である。2016年にアメリカを含む12か国がTPP協定に署名したが、2017年にアメリカが離脱し、残る11か国により、その代替として「環太平洋パートナーシップに関する包括的及び先進的な協定（CPTPP）」が締結された。

問題4　国家一般職（2017年度）本冊P.169

正解：2

1　×　**後発発展途上国**とは発展途上国の中でも**特に発展が遅れている国**のことである。国連開発計画委員会（CDP）が認定した基準に基づき、国連経済社会

CHAPTER

7

国際経済・経済史

041

理事会の審議を経て、国連総会の決議により認定される。3年に一度見直しが行われる。

2　○　**本肢の記述の通り**である。

3　×　**南南問題**とは、**発展途上国間における格差**の問題である。経済発展に成功して新興国と呼ばれるに至った国がある一方、後発発展途上国が存在する。

4　×　**UNCTAD**は先進国ではなく**発展途上国**側の働きかけにより1964年に設立された。先進国と発展途上国との経済格差の是正や発展途上国の経済開発の促進などについて討議されている。**一般特恵関税**は発展途上国から輸入される一定の農水産品、鉱工業品に対し、一般の関税率よりも**低い税率**を適用する制度であり、**経済格差の是正**のためのものである。

5　×　先進国から多数の資金を借り入れていた**中南米諸国**は1980年代の金利負担が増加したことで**債務不履行（デフォルト）**に陥った。先進国は救済策として債務繰り延べ（**リスケジューリング**）や追加融資を行った。

7 2　経済史

問題1　裁判所職員（2017年度）……………………………………………本冊 P.176

正解：4

1　×　「**特需景気**」は、**1950年**に勃発した朝鮮戦争に伴い、在朝鮮アメリカ軍、在日アメリカ軍から日本に発注された物資やサービス需要による好景気である。Ｂの時期とするのが妥当である。

2　×　「**ドッジ＝ライン実施**」はＡの時期である。ドッジ＝ラインは日本経済を安定させるために考えられた経済政策で**1949年**に策定された。「ドッジ＝ライン実施」を受けて１ドル＝**360円**の単一為替レートが設定された。

3　×　「**神武景気**」はＢの時期である。「神武景気」は**1954年**から**1957年**まで続いた長期の好景気である。国民所得倍増計画は神武景気後の**1960年**に池田勇人内閣により打ち出された経済政策である。

4　○　**本肢の記述の通り**である。

5　×　「１ドル＝79円75銭で戦後最高値更新」は**1995年**4月19日のことであり、Ｅの時期ではない。なお、2011年10月31日に１ドル＝75円32銭を記録して

いる。

問題2 特別区Ⅰ類・改題（2020年度） ……………………………………… 本冊P.177

正解：**1**

1 ○ **本肢の記述の通り**である。

2 ×　　固定相場制から変動相場制への移行が正式に承認されたのはスミソニアン合意ではなく**キングストン合意（キングストン協定）**である。

3 ×　　ドル高を是正するため、1985年のG5で発表された為替レートの安定化に関する合意はルーブル合意ではなく**プラザ合意**である。

4 ×　　1993年にサービス貿易や知的財産権に関するルール作りを行うことが合意されたのはGATTケネディ・ラウンドではなく**GATTウルグアイ・ラウンド**である。

5 ×　　**UNCTAD**は先進国と発展途上国との**経済格差の是正**や発展途上国の**経済開発の促進**などについて討議されている会議である。GATTを引き継ぐ国際機関として設立されたのは**WTO**である。

問題3 国家一般職（2016年度） ……………………………………………… 本冊P.178

正解：**2**

1 ×　　**外国為替相場**は**異なる通貨**が交換される際の交換比率のことであり、外国通貨と自国通貨に**限られない**。外国為替市場は、円やドルなどの異なる通貨を交換する場である。銀行間で外貨取引（インターバンク取引）を行うこともあるが、個人や企業が金融機関と取引（対顧客取引）を行うこともある。

2 ○ **本肢の記述の通り**である。

3 ×　　**プラザ合意**は**1985年**に**ドル高を是正**するためになされたものである。1971年8月にニクソン大統領がドルと金の交換停止を宣言すると、各国は変動相場制度に移行したが、同年12月のスミソニアン協定により、固定相場制度に復帰した。1973年に米国がドルを切り下げると、主要国は変動相場制度へ移行し、1976年のキングストン合意により変動相場制度への移行が正式に追認された。

4 ×　変動為替相場制において国家による為替介入は**禁止されていない**。なお、為替介入は正式には「外国為替平衡操作」という。日本では為替介入は財務大臣の権限において実施される。

5 ×　端的に「ドル」というモノを買ったと考えてみる。その後、ドル安になった（買った「ドル」の値段が下がった）のだから、これは利益ではなく**損失**である。

8 1 社会保障・労働事情

問題1 特別区Ⅰ類・改題（2016年度）••• 本冊P.186

正解：2

1 × **アメリカ**で**社会保障法**が制定されたのは、選択肢の記述のとおり1935年であるが、**国際労働機関（ILO）**の第26回総会において**フィラデルフィア宣言**（正式名称は「国際労働機関の目的に関する宣言」）が採択されたのは**1944年**なので、出来事の前後の関係が正しくない。なお、アメリカの社会保障法は、現在広く使われている「**社会保障（social security）**」という用語が公的に用いられた最初の例として知られている。後半のイギリスに関する記述は正しい。

2 ○ 税金による**公的扶助**を主とするのが**イギリス・北欧型**、**社会保険**を軸とするのが**ヨーロッパ大陸型**である。

3 × 日本の**社会保険**は、**被保険者**や**事業主**が負担する**保険料**と、国や地方公共団体が拠出する**公費**を財源としている。社会保険には、**医療保険・年金保険・介護保険・雇用保険・労災保険**があり、財源構成はそれぞれの制度による。

4 × 1983（昭和58）年に導入された**老人保健制度**は、**75歳**（一定以上の障害があり、認定を受けた者は65歳）以上の医療保険加入者を対象とするものであった。老人保健制度に代わる制度として2008（平成20）年に発足した「75歳以上の高齢者を被保険者とする独立した制度」は、**介護保険制度**ではなく、**後期高齢者医療制度**である。

5 × 日本の年金制度は、発足当初は**積立方式**を採用していたが、現在は**賦課方式**がベースになっている。

問題2 国家総合職・改題（2016年度）••• 本冊P.187

正解：5

1 × 我が国の総人口は、2008（平成20）年に1億2,808万人となりピークに達したが、それ以降は減少傾向にあり、**2010（平成22）年以降は毎年減少**している。2014（平成26）年10月1日現在の人口は**1億2,708万人**で、「1億2,000万人を下回った」という記述は誤り。また、2015（平成27）年4月1日現在の**15歳未満の人口は1,617万人**なので、「1,000万人に満たない」という記述も誤りである（以上の数値は、総務省統計局「人口推計」による。ただし、1万人未満の値は四捨五入）。なお、国立社会保障・人口問題研究所が発表して

いる「日本の将来推計人口」（令和5年推計：出生中位・死亡中位）によると、総人口が1億2,000万人を下回るのは2031（令和13）年、15歳未満の人口が1,000万人を下回るのは2053（令和35）年と予測されている。**健康増進法**は、**2002（平成14）年**に制定され、翌年施行された。同法第1条に掲げられた目的は「国民の健康の増進の総合的な推進に関し基本的な事項を定めるとともに、国民の栄養の改善その他の国民の健康の増進を図るための措置を講じ、もって国民保健の向上を図ること」であり、「**労働力人口を確保すること**」は掲げられていない。

2 × **国民負担率**とは、国民所得に占める**租税負担率**と**社会保障負担率**を加えたもので、2020年（又は年度）で比較すると、**日本47.9%**、アメリカ32.3%、イギリス46.0%、**ドイツ54.0%**、スウェーデン54.5%、**フランス69.9%**となっている（経済産業省の資料による。日本は2020年度の実績値、諸外国は推計による2020年の暫定値）。年金や医療などの**社会保障関係費**は年々増加しており、2015（平成27）年度は31兆5,297億円（前年度は30兆5,175億円）、一般会計歳出合計に占める割合は32.7%（前年度は31.8%）であった。民主党政権下の2012（平成24）年に「**社会保障と税の一体改革**」関連法が成立し、これを受けて、翌年に自民党の安倍晋三首相が消費増税を表明。2014（平成26）年4月から**消費税率が8%**に引き上げられた。

3 × **国民医療費**とは、当該年度内に全国の医療機関等で行われた、保険診療の対象となり得る傷病の治療に要した費用を推計したものである。2015（平成27）年度の国民医療費は**42兆3,644億円**で、「**50兆円を超え**」という記述は誤り。**国民皆保険**とは、**全ての国民**が（被保険者本人又はその被扶養者として）何らかの**医療保険**に加入し、傷病の際に**医療給付**を受けられる状態にあることをいう。したがって、「満20歳以上の全国民」という記述も誤りである。医療保険の加入者が医療機関の窓口で支払う医療費の**自己負担**の割合は、**年齢**によって異なる。未就学児の自己負担率は2割、就学後〜70歳未満は3割、70〜74歳は2割（ただし所得に応じて3割）、75歳以上は1割（ただし所得に応じて2割あるいは3割）負担となる。また、65〜74歳で後期高齢者医療制度への加入が特別に認められた人も、原則1割負担で、所得に応じ2割、3割負担となる。

4 × **相対的貧困率**とは、**貧困線**※に満たない世帯員の割合をいい、**子どもの貧困率**とは、貧困線に満たない**17歳以下**の子どもの割合をいう（就学援助を受けている世帯か否かにはよらない）。厚生労働省「国民生活基礎調査」（2022年）によると、子どもの貧困率は、2021（令和3）年時点で11.5%であった。2012（平成24）年の16.3%をピークに改善の傾向にあり、「我が国では近年減少傾向にある」の記述は正しい※。「子供の貧困対策に関する大綱」は、2014（平成26）年に閣議決定され、2019（令和元）年に改定された。公立高等学校の

授業料を実質無償化する**高等学校等就学支援金制度**が実施されたのは**2010（平成22）年度**からなので、選択肢の記述は、出来事の前後の関係が正しくない。なお、2020（令和2）年度から実施された新制度により、同制度は私立高等学校の授業料にも適用されるようになった。

※貧困線とは、等価可処分所得（総所得から税金・社会保険料等を引いた額を世帯人員数の平方根で割った値）の中央値の半分の額をいう。

※相対的貧困率や子どもの貧困率を算出している統計には、上記のほかに総務省「全国家計構造調査」（旧「全国消費実態調査」）があり、こちらの方が低い数値を示す傾向がある。

5　○　総務省統計局「人口推計」によると、2015（平成27）年9月1日現在の65歳以上の人口（確定値）は**3,379.2万人**で、総人口に占める65歳以上の高齢者人口の割合は**26.6%**であった。総人口に占める高齢者の割合を2018年の数値で比較すると、日本（28.1%）が世界で**最も高く**、次いでイタリア（23.3%）、ポルトガル（21.9%）、ドイツ（21.7%）の順となっている（総務省統計局の資料による。出典は、日本については「人口推計」、他国については国連の資料"World Population Prospects：The 2017 Revision"）。日本の人口はすでに減少に転じているが、65歳以上の人口はいまだに年々増加し続けており、**国立社会保障・人口問題研究所**「日本の将来推計人口」（令和5年推計：出生中位・死亡中位）によると、65歳以上の人口が減少し始めるのは2044（令和26）年以降である。総人口に占める65歳以上の人口の割合は、その後もさらに増加し続け、2070年には38.7%になると予測されている。

問題3　国家専門職・改題（2016年度）……………………………………… 本冊P.188

正解：3

1　×　公益財団法人 日本生産性本部が公表した「日本の生産性の動向 2015年版」によると、2014（平成26）年の日本の就業1時間当たりでみた労働生産性は41.3ドル（4,349円）で、OECD加盟34か国の中では**第21位**であった（主要先進7か国では最も低い水準）。日本の総実労働時間は、1990年代以降は**減少傾向**となっているが、これは、主に、労働時間の短い**パートタイム労働者**の比率が上昇したことによる。

2　×　**テレワーク**は場所や時間に**とらわれない**働き方である。**サテライトオフィス**とは、企業が本社や支店などの事業所と異なる場所に設置するオフィスをいい、従業員の長距離通勤の負担を減らすために郊外に設置する例などがある。2020（令和2）年以降、**新型コロナウイルス感染症**への対応をきっかけに、民間企業でのテレワークの導入が急速に進んだ。

3 ○ 2018（平成30）年に働き方改革関連法案が成立し、条件を満たした従業員については、**年5日**の年次有給休暇を取得させることが、使用者の**義務**となった。

4 × **高度プロフェッショナル制度**は、高度の専門的知識等を有し、職務の範囲が明確で一定の年収要件（現行の制度では**1,075万円**以上）を満たす**労働者**を対象として、労使委員会の決議及び労働者本人の同意を前提として、年間104日以上の休日を確保するなど一定の措置を講ずることを条件に、**労働基準法に定められた労働時間、休憩、休日及び深夜の割増賃金に関する規定を適用しない**制度である。選択肢の文中、「企業内の管理職を対象としている」という部分は誤りで、対象者が管理職であるかどうかは無関係である。高度プロフェッショナル制度に関する労働基準法改正案は、2015（平成27）年に国会に上程されたが、審議末了のまま廃案となった。その後、修正を経た法案が、いわゆる**「働き方改革関連法案」**に盛り込まれ、2018（平成30）年に成立し、翌年施行された。したがって、本問が出題された時点では、高度プロフェッショナル制度はまだ実施されていない。

5 × **フレックスタイム制**とは、あらかじめ定められた**総労働時間**の範囲内で、従業員の**出退勤時間**を各自の裁量に任せる制度である。日本の法律上は、労働基準法により規定される**変形労働時間制**の一種とされている。選択肢の記述にある「実際の労働時間に関係なく、労使であらかじめ合意した時間を働いたとみなして賃金が支払われる制度」は、フレックスタイム制ではなく、**みなし労働時間制**の説明になっている。厚生労働省「就労条件総合調査」によると、フレックスタイム制を導入している企業の割合は、2022（令和4）年では**8.2%**、本問が出題された2016（平成28）年の段階では4.6%であり、日本においてフレックスタイム制が定着しているとはいえない。国家公務員については、2016（平成28）年度からフレックスタイム制が導入され、地方公務員においても一部の自治体で導入されている。

| 問題4 | 特別区Ⅰ類・改題（2023年度）·· 本冊P.189
正解：1

1 ○ **団結権**とは、労働者が労働条件の改善を要求するために**労働組合**を結成する権利をいい、**団体交渉権**、**団体行動権**（争議権）とともに、憲法第28条により保障されている労働三権の一つである。ただし、公務員については、業務の公共的な性格をかんがみて、**労働三権**の一部もしくは全部に関して制約が設けられている。制約の範囲は職種によって異なるが、地方公務員の場合、団結権は、**警察職員及び消防職員**を除く職員について認められている。

2 × 地方公務員のうち、**地方公営企業**（水道事業等）の職員については、**労働協約**の締結権が認められている。

3 × 正当な争議行為によって使用者が損害を受けても、使用者は、労働組合又はその組合員に対して**損害賠償**を請求することができない（**民事免責**）。また、正当な争議行為に対して**刑事罰**を科すことはできない（**刑事免責**）。

4 × 選択肢の文中、**労働関係調整法**は「**労働基準法**」の誤り。

5 × 2006（平成18）年から実施されている**労働審判制度**は、事業主と労働者の間に生じた労働紛争を迅速に解決するために設けられたもので、労働審判の手続は、**地方裁判所**において、労働審判官（裁判官）1名及び労働審判員（労働関係に関する専門的な知識経験を有する者）2名で組織する労働審判委員会により行われる。労働委員会による斡旋・調停・仲裁とは異なる制度である。

8 2 医療・生命など

問題 1　国家一般職（2021年度）　本冊P.194

正解：1

1 ○ **情報通信機器**を利用した**オンライン診療**は、2015（平成27）年に、厚生労働省が、**離島、へき地等以外でも利用できる**という見解を示したことにより事実上解禁された。新型コロナウイルスの感染拡大を受けてさらに規制緩和が進み、2020（令和2）年4月から特例として**初診**のオンライン診療が可能になり、2022年4月から恒久化された。**医療AI**の分野では、2022（令和4）年度の診療報酬改定において、人工知能技術（AI）を用いた**画像診断補助**に対する加算が初めて保険適用された。**ロボット支援手術**についても、保険適用となる手術の範囲がしだいに広がっている。

2 × **世界保健機関**（WHO）は、2019年に新しい「**国際疾病分類**」（**ICD-11**）を採択し、その中で「**ゲーム障害**」を疾病として正式に認定した（2022年発効）。ゲーム障害とは、ゲームを利用する時間や頻度などがコントロールできない、ゲームを最優先する、問題が起きていてもやめられないなどの状態が**12か月**以上続くことをいう。ゲーム障害は、**薬物**や**アルコール**、**ギャンブル**への**依存症**と同様に、報酬に関する脳への刺激が繰り返されることによる行動の変化と捉えられている。

3 × 選択肢の文の前半は、**統合失調症**でなく「**うつ病**」の説明になっている。ただし、うつ病の原因は全て解明されたわけではなく、**環境要因**は大きいとい

えるものの、**遺伝的**な要因も否定されてはいない（うつ病になりやすいかどうかには、個人の体質や遺伝がかかわっているという考え方がある）。また、うつ病の治療では、薬物療法とともに、**休養**や**カウンセリング**も重視されている。したがって、選択肢の後半の記述は、うつ病に関する説明としても正しくない。**統合失調症**とは、青年期に多く発病する精神障害で、自閉・感情鈍麻・意志の減退・幻覚・妄想などの症状が現れる。原因は判明していない。治療は、向精神薬などを用いた薬物療法と心理社会的療法（精神療法・リハビリテーション等）を組み合わせて行う。

4　×　発達障害者支援法により、発達障害は、「自閉症、アスペルガー症候群その他の広汎性発達障害、**学習障害**、注意欠陥多動性障害その他これに類する**脳機能**の障害であってその症状が通常低年齢において発現するもの」と定義されている。また、障害者基本法、障害者総合支援法による障害者の定義を参照すると、発達障害は**精神障害**に含まれ、**知的障害**には**含まれない**。**機能性身体症候群**とは、「症状の訴えや、苦痛、障害が確認できる組織障害の程度に比して大きいという特徴を持つ症候群」をいい、**気分障害**とは、精神障害のうち、うつ病、双極性障害などのように、気分の変調が持続することにより苦痛を感じ、日常生活に支障をきたすものをいう。これらは、いずれも発達障害には**含まれない**。**発達障害者支援法**には、2016年の改正以前から就労の支援に関する規定が設けられていたが、改正法により、就労支援の主体として従来の**都道府県**のほかに「**国**」が加えられ、支援の内容に「**就労の定着**のための支援」が追加された。

5　×　2021（令和3）年の日本の自殺者数は**21,007人**であった。男女別にみると、**男性**の自殺者数が女性の約2倍となっている（警察庁「自殺統計」による）。自殺者の原因・動機として「**健康問題**の割合が高い」という記述は正しいが、「中高年において、自殺は死因の1位を占めている」という記述は必ずしも正しくない。死因順位を年齢階級別にみた統計によると、「10〜14歳」から「35〜39歳」までの年代では自殺が死因の第1位であるのに対し、「40〜44歳」から「85〜89歳」までの年代では悪性新生物（がん）が第1位になっている。「45〜49歳」までは自殺が第2位であるが、それ以上の年代になると、年齢が増すほど「心疾患」「脳血管疾患」などの疾病が死因の上位を占めるようになる（厚生労働省「人口動態統計」による（2021年））。**1998（平成10）年**以降、自殺者数は**14年連続**で3万人を超えていたが、近年は減少傾向にある。自殺対策基本法は、自殺者数が高い水準で推移していた当時の状況を受けて、**2006（平成18）年**に制定された。

問題2 特別区Ⅰ類・改題（2020年度） ················· 本冊P.195

　正解：5

A ×　**ベビーM事件**とは、**代理母契約**を結んで人工授精により出産した女性が心変わりし、子どもの引渡しを拒否した事件で、裁判では、子どもの**親権**と代理母契約の有効性が争われた。1987年に下されたニュージャージー州地方裁判所の判決は契約を有効とし、代理出産を依頼した夫婦に親権を認めたが、翌年の同州最高裁判所による判決では契約は無効とされ、代理出産した女性を子どもの正式な母親としたうえで親権を父親に与え、代理母には子どもへの**訪問権**を認めた。現在のアメリカでは、多くの州で代理母契約が認められているが、報酬を目的とする契約を禁止している州や、代理母契約そのものを禁止している州もある。

B ×　2009（平成21）年の**臓器移植法**改正（翌年施行）により、従来は本人の書面による意思表示があった場合にのみ可能であった臓器提供が、本人の意思が不明（拒否の意思表示をしていない）で、遺族が書面により承諾する場合にも可能になった。従来は認められていなかった15歳未満の小児からの臓器提供も、遺族が承諾した場合は可能になった。また、本人による臓器提供の意思表示とあわせて、親族に対して臓器を優先的に提供する意思を書面により表示することができるようになった。

C ○　1996年にイギリスで生まれた**クローン羊**「**ドリー**」は、**哺乳類**の**体細胞**から作られた初めてのクローン動物である。ドリーの誕生により、クローン技術の人間への適用の可能性も現実味を帯びることになり、安全面、倫理面など多くの観点からさかんに議論されるようになった。日本では、2000（平成12）年にヒトのクローンの作製を禁止する**クローン技術規制法**が制定され、翌年施行された。

D ○　約30億の塩基配列からなるヒトの全遺伝情報を、「**ヒトゲノム**」という。アメリカを中心とする6か国の共同作業による「**ヒトゲノム計画**」が1990年から開始され、2003年に**ヒトゲノムの解読**が**完了した**。ヒトゲノムに関する研究はその後もさらに進み、疾病の発症にかかわる遺伝的特徴の解明や新薬の開発など、**医療分野**への応用も進められている。

　以上により、生命倫理に関する妥当な記述は**C・D**であり、正解は**5**となる。

正解：5

1 × マイナンバーカードのICチップに記録されている情報は、カード面に記載されている**氏名・住所・生年月日・性別・個人番号・本人の写真**等と、公的個人認証のための**電子証明書**などで、**税**や**年金**などに関する情報は入っていない。**戸籍謄本・戸籍抄本**は、マイナンバーカードを利用して取得することも可能であるが、マイナンバーカード自体には、本籍地など戸籍に関する情報は記録されていない。

2 × **風力発電**は、風という非常に変化しやすい自然現象に依存する発電方式なので、**出力の変動**が**大きく**、安定した電力供給を得るためには、施設を大規模にすることにより全体としての出力を安定させること、蓄電池や揚水発電を利用して電力供給の平準化を図ること、他の発電方式と組み合わせることなど、様々な工夫が必要となる。世界的にみると、風力発電は、太陽光発電とともに**再生可能エネルギー**の主力になっているが、日本では風力発電の利用はそれほど進んでいないのが現状で、累積導入量でも太陽光発電を大きく**下回っている**。ヨーロッパ諸国では風力発電がかなり普及しているが、1年を通して吹く偏西風を利用できるという気象条件によるところが大きい。

3 × 選択肢の文中、「エネルギー利用によって排出されるのは水蒸気のみ」という記述は、**バイオエタノール**ではなく**燃料電池**に当てはまる。バイオエタノールは**植物**由来の燃料で、化石燃料と同様に燃焼時には**二酸化炭素**を排出するが、それは、植物としての成長段階で大気中から取り込んだ二酸化炭素と同量とみなすことができ、トータルでは自然界の二酸化炭素を増加させないという考え方により、**地球温暖化防止**に役立つとされている。一方、バイオエタノールも製造や輸送の過程では二酸化炭素を排出しているので、温暖化防止につながらないという見方もある。また、食用の農作物や農地が燃料用に転用されることによる食糧需給への影響も問題視されている。バイオエタノールは、主に**アメリカ**、**ブラジル**で自動車用の燃料として生産されており、前者では**とうもろこし**、後者では**さとうきび**が原料とされている。バイオエタノールの生産には、原料となる植物を栽培するための土地や人件費が必要なので、「開発・維持にかかる費用が化石燃料に比べて低いため、世界各国で普及しつつある」という記述は妥当とはいえない。

4 × 1990年に開始された**ヒトゲノム計画**では、**アメリカ**、**イギリス**、**日本**、**フランス**、**ドイツ**、**中国**の**6か国**が分担してゲノムの解読を行い、2003年に解読を完了した。近年のゲノム解析技術の著しい進歩を反映して、遺伝子診断、遺伝子治療の臨床応用の範囲も急速に拡大しており、「（遺伝子診断は）治療法

のない難病に関する研究に限定されている」という記述は正しくない。ただし、遺伝学的検査の結果は、本人だけでなく、親族や子孫にも深く関係するので、生命倫理の観点から様々な議論がなされている。「**遺伝子治療臨床研究に関する指針**」では、研究者の責務や**インフォームド・コンセント**の確保、**個人情報**の保護等に関する指針が示されている。

5　○　**クローン技術規制法**第3条により、「何人も、**人クローン胚**、**ヒト動物交雑胚**、ヒト性融合胚又はヒト性集合胚を**人又は動物の胎内**に移植してはならない。」と定められている。

問題 4　特別区Ⅰ類・改題（2017年度） ·· 本冊 P.197

　　正解：3

1　×　選択肢の文中、**農業基本法**は「**農地法**」の誤り。農地法は、数度の改正を経て2009（平成21）年に抜本的に改正され、農地の**貸借**に関する規制が大幅に緩和されるとともに、**株式会社**が農業経営に参入できるようになった。

2　×　選択肢の文中、**農地法**は「**農業基本法**」の誤り。なお、農業基本法は、1999（平成11）年に制定された「食料・農業・農村基本法（新農業基本法）」の施行に伴い廃止された。

3　○　1993年に**GATT**（関税及び貿易に関する一般協定）の**ウルグアイ・ラウンド**で取りきめられた合意に基づいて、日本は**米**の部分的な**市場開放**に踏み切った。ウルグアイ・ラウンドでは、農産物の貿易については原則として関税化（数量制限等の関税以外の輸入規制を、全て関税に置き換えて一本化すること）したうえで徐々に関税を削減するという合意がなされたが、日本の米については、関税化を一定期間猶予するかわりに、国内消費量の一定割合の**ミニマム・アクセス**（最低輸入量）を設定することで最終決着に至った。この合意にしたがい、日本は1995年からミニマム・アクセスに基づく米の輸入を開始し、1999年からは米の**全面関税化**（**輸入自由化**）を実施した。

4　×　1999（平成11）年に制定・施行された**食料・農業・農村基本法**（新農業基本法）は、農政の基本理念や政策の方向性を示すもので、**食料の安定供給の確保**、農業の有する**多面的機能**の発揮、農業の**持続的な発展**とその基盤としての**農村の振興**を理念として掲げている。

5　×　選択肢の文中、「**主要食糧の需給及び価格の安定に関する法律（新食糧法）**」は「**農地法**」の誤り。新食糧法は、従来の食糧管理法に代わって1994（平成6）年に制定され、翌年施行された法律で、単に「**食糧法**」とも呼ばれる。新食糧

法の施行により、米・麦などの主要食糧の流通や価格を国が管理する**食糧管理制度**は廃止された。新食糧法の成立と2004（平成16）年の法改正を経て、米の流通は、民間の生産者・生産団体が自由に価格を付けて販売する**民間流通米**を主体としたものとなり、**政府米**は、緊急時に備えた備蓄など一定範囲内に限定されることとなった。

8 3 科学技術・環境資源

問題1 国家総合職・改題（2021年度）　　　　　　　　　　　　　　　本冊P.202

正解：4

1　×　キャッシュレス決済とは、**現金**を使わずに支払う決済手段の総称で、**クレジットカード**も含まれる。日本でも、キャッシュレス決済は徐々に浸透しつつあるが、現金払いの習慣が根強く定着していることもあって、諸外国と比べると普及は遅れている。2019（令和元）年10月から展開された「**キャッシュレス・消費者還元事業**」は、**消費税率引上げ**による消費の落ち込みを防ぐとともに、キャッシュレス決済の普及を促進することを目的として経済産業省が実施したもので、翌年6月に予定の期間を終えて終了した（したがって、**中断された**という記述は誤り）。複数の電子決済サービスを通じて銀行口座の残高が不正に引き出された事件が発覚したのは同年9月で、上記の事業が終了した後である。

2　×　**クラウドファンディング**の類型には、出資者に「企画の利益からの配当」を分配する**投資型**、「モノやサービスなどの特典」を提供する**購入型**のほかに、出資者へのリターンが発生しない**寄付型**もある。クラウドファンディングは、民間では幅広く利用されているが、近年は**自治体**による実施例も多く、「**ふるさと納税**」の仕組みを利用したものもある。通常のふるさと納税と異なる点は、資金の**使用目的**と**目標金額**が示されることである。出資者が**所得税**や住民税の控除を受けられる点は、通常のふるさと納税と同様である。

3　×　選択肢の文は、「**デジタルタトゥー**」という用語の説明が誤っている。デジタルタトゥーとは、インターネット上に一度公開された情報は、多くの人に保存されたり、拡散されたりするので、**完全に消去することが困難**であるという事実をタトゥー（入れ墨）に例えた言葉である。特に、個人情報や個人への誹謗中傷など、本人に不利益をもたらす情報や、犯罪や迷惑行為につながる情報がインターネット上に残っている場合に大きな問題となる。

4　○　**デジタル庁**は、**デジタル庁設置法**の施行に伴い、2021（令和3）年9月に発足した。同法第3条により、デジタル庁の任務は、「**デジタル社会形成基本**

法に定めるデジタル社会の形成についての基本理念にのっとり、デジタル社会の形成に関する内閣の事務を内閣官房と共に助けること」「基本理念にのっとり、デジタル社会の形成に関する行政事務の迅速かつ重点的な遂行を図ること」とされている。

5 ×　選択肢の文の前半は、**スマートシティ**ではなく「**コンパクトシティ**」の説明になっている。スマートシティとは、国土交通省の定義によると、「都市が抱える諸問題に対して、**ICT**等の新技術を活用しつつ、マネジメント（計画・整備・管理・運営等）が行われ、全体最適化が図られる持続可能な都市または地区」とされている。**Society 5.0**とは、2016年度から2020年度を対象期間として政府が策定した第5期科学技術基本計画において提唱された新たな社会像で、**狩猟社会**（Society 1.0）、**農耕社会**（Society 2.0）、**工業社会**（Society 3.0）、**情報社会**（Society 4.0）に続く新たな社会を生み出す変革を科学技術イノベーションが先導していく、という意味が込められている（「**5G通信**が一般化した社会」という意味ではない）。スマートシティの実現も、Society 5.0の構想の一環として位置付けられている。

問題2　国家総合職・改題（2015年度）　······················· 本冊P.203

正解：3

1 ×　**地震予知**とは、地震が起きる前にその**時期・場所・規模**を予測することを意味するが、その予測がある程度正確でなければ有用な情報とはならず、あいまいな予測を行うことは、かえって混乱をもたらす結果につながる。現在の科学的知見からは、**確度の高い地震予知は困難**であり、「**いつ**」地震が起きるかを予測することは特に難しい。しかし、地震国である日本では、いつどこで大きな地震が発生しても不思議ではない。したがって、いつ起きるかわからない地震に備えて災害に強いインフラを整備しておくことや、いざ地震が起きたときに速やかに適切な行動をとり、被害を最小限にとどめられるよう準備しておくことが最も重要である。「**科学技術イノベーション総合戦略2014**」では、「**緊急地震速報**の予測精度向上」「**津波予測情報**の高度化」「**地震・津波シミュレーション**の高度化」などを重点的取組として掲げている。

2 ×　2014（平成26）年に打ち上げられた静止気象衛星は「**ひまわり8号**」である。なお、2022（令和4）年12月に、ひまわり8号は同じ性能をもつひまわり9号と交代し、現在は待機運用中である。全国50か所にある**地方気象台**は、一部を除いて、従来の目視による観測を廃止し、**地上気象観測装置**による自動観測に移行しているが、地方気象台そのものの削減は予定されていない。

3 ○　惑星探査機「**はやぶさ**」が打ち上げられたのは**2003**（**平成15**）年。

2005年に小惑星「**イトカワ**」に到達して表面物質のサンプルを採取し、約7年の探査活動を終えて2010年に帰還した。2014（平成26）年に打ち上げられた後継機「**はやぶさ2**」は、2018年に地球近傍小惑星「**リュウグウ**」への到着後、2019年に表面及び地下物質のサンプル採取に成功。サンプルの入ったカプセルは分離され、2020（令和2）年に地球に帰還した。「はやぶさ2」本体は現在も航行を続け、他の小惑星に向かう拡張ミッションに移行している。

4 ✕ **イプシロンロケット**は、**宇宙航空研究開発機構（JAXA）**と株式会社IHIエアロスペースが開発した小型人工衛星打ち上げ用ロケット。2013（平成25）年に試験機が打ち上げられ、2021（令和3）年までに5機の打ち上げに成功したが、翌年に行われた6号機の打ち上げは失敗した。**ベンチャー企業**によるロケットの打ち上げでは、2019年にインターステラテクノロジズ社が開発・製造した小型ロケット「MOMO」3号機の打ち上げが成功し、日本の民間企業が単独で作ったロケットが宇宙空間に到達した最初の例となった。

5 ✕ 選択肢の文中、**毛利衛**は**若田光一**の誤り。若田光一飛行士は、2022（令和4）年から翌年にかけても**国際宇宙ステーション（ISS）**に長期滞在し、日本人最多となる5回目の宇宙飛行、4回目のISS長期滞在、日本人最高齢となる59歳での宇宙飛行、ともに日本人最長となる、宇宙滞在日数504.8日、ISS滞在日数482.7日などを記録している。

問題3 東京都Ⅰ類・改題（2023年度）……………………………………………本冊P.204

正解： 1

1 ○ **産業革命**以前は、薪、炭、水力、風力などの**自然エネルギー**が小規模に利用されるにすぎなかったが、18世紀に起きた産業革命以後は、**蒸気機関**や動力機械の燃料として、**石炭**が大量に消費されるようになった。そして、**20世紀後半**になってからは、石炭から**石油**へのエネルギー源の転換が進んだ。

2 ✕ **レアメタル**（希少金属）のうち、**希土類**に含まれる17種類の元素を**レアアース**という。アメリカ地質調査所（USGS）によると、2020年の世界のレアアースの生産量のうち、**約58%**を**中国**が占めている。

3 ✕ 西アジアの産油国は、石油資源に恵まれながら、当初は自国で油田の開発や石油の精製を行う技術をもたず、欧米の**国際石油資本（石油メジャー）**に開発を委ねていた。その結果、産油国はわずかな利権料を受け取るだけで、利益の大部分は欧米の先進国が手にしていた。1950年代から、産油国の間で、自国の資源に対する主権を確立することにより経済的自立を図る**資源ナショナリズム**の動きが活発になり、1960年に**石油輸出国機構（OPEC）**が設立された。

4 ✕ **ごみ**として廃棄される**家電製品**や**電子機器**には、**金やレアメタル**などの貴重な資源が含まれており、それらは回収して再利用することが可能である。そうした資源は都市に多く存在するので、有用な鉱物を産出する鉱山に見立てて、**都市鉱山**と呼ばれる。しかし、廃棄物から特定の金属を取り出すためには高度な技術が必要で、費用もかかることから、再利用はまだそれほど進んでいないのが現状で、リサイクルの仕組みや技術の確立が課題になっている。

5 ✕ **バイオエタノール**は、主に**アメリカ合衆国**や**ブラジル**で生産され、**自動車**用の燃料として使用されている。アメリカでは**とうもろこし**、ブラジルでは**さとうきび**が主な原料となっている。しかし、もともと食料や飼料として栽培されていた作物が燃料として使われることや、他の作物を栽培していた農地が燃料用作物に転用されることなどにより、食料の需給バランスや価格、農作物全般の生産状況に与える影響が懸念されている。

問題 4 国家総合職・改題（2019年度） ···················· 本冊 P.205

正解：1

1 ○ 西アジアの産油国は、当初、欧米先進国に本拠を置く**国際石油資本（石油メジャー）**に石油開発の利権を握られていたが、1950年代から産油国を含む発展途上国の間で**資源ナショナリズム**が興隆し、1960年に、イラン、イラク、サウジアラビア、クウェート、ベネズエラの5か国により石油輸出国機構（OPEC）が設立された（現在は13か国が加盟）。OPECは、1973年の**第四次中東戦争**をきっかけに原油価格や産油量の決定権を獲得し、原油価格が急騰する**石油危機（オイルショック）**が起きた。2000年代には、アメリカやカナダで**シェールオイル、シェールガス**の生産が開始されたことにより、エネルギー需給に大きな変化がもたらされた。2020年末時点での世界の**原油確認埋蔵量**のうち、中東諸国が占める割合は**約48%**である（資源エネルギー庁の資料による）。

2 ✕ **燃える氷**と呼ばれ、主に海底から採掘される非在来型の化石燃料は、**オイルサンド**ではなく**メタンハイドレート**である。メタンハイドレートは、地中のメタンガスが低温・高圧の条件下で固体になったもので、日本近海の海底にも豊富に存在することがわかっているが、現段階では採掘にコストがかかりすぎるので、採掘技術の開発が課題になっている。**北極海**では、近年、地球温暖化の影響による**海氷面積**の減少が進んでおり、環境問題が懸念される一方、**北極海航路**の利用や**資源開発**の可能性が広がり、各国から注目されている。南極については、**南極条約**により、領有権の凍結、平和的利用などのルールが定められ、**鉱物資源活動**は全面的に禁止されているが、北極海については、そのような条約は結ばれていない。南極が大陸であるのに対し、北極海は海洋であるから、国連海洋法条約を始めとする現行の海洋法が適用されるが、沿岸国の**排他**

的経済水域（EEZ）をめぐる主張が対立し、争いが生じている。

3　×　レアメタルの産出地域は偏っているが、東欧は主な産出地域ではない。主なレアメタルと主要産出国を挙げると、**コバルト（コンゴ民主共和国）**、**マンガン（南アフリカ共和国）**、**ニッケル（インドネシア）**、**チタン・バナジウム・タングステン（中国）**、**リチウム（オーストラリア）** など。レアメタルのうち、希土類に含まれる**レアアース**は、世界の生産量の約6割を**中国**が占めている。

4　×　**バイオマスエネルギー**とは、生物資源から得られるエネルギーの総称で、エネルギー源となるのは、薪・炭・わら・製材くず・古材・都市ごみ・し尿・畜産廃棄物などである。**植物由来**の燃料である**バイオエタノール**は、燃焼時には**二酸化炭素**を排出するが、植物としての生長段階で大気中から二酸化炭素を取り込んでいるので、全体としては自然界の二酸化炭素を増加させないという考え方に基づいて、**気候変動枠組条約**では**カーボンニュートラル**として位置付けられている（燃焼時に排出する二酸化炭素が微量だからではない）。バイオエタノールは、アメリカ、ブラジルなどで多く利用されており、アメリカでは**とうもろこし**、ブラジルでは**さとうきび**が主な原料とされている。**パリ協定**とは、2015年にフランスのパリで開かれた**第21回気候変動枠組条約締約国会議（COP21）**で採択され、翌年発効した気候変動抑制に関する協定で、全ての締約国に**温室効果ガス**の削減目標の作成・提出を義務付けた点で画期的なものとなったが、削減に向けた取組の内容は各国に任されており、バイオマスエネルギーの利用を義務付けてはいない。

5　×　日本の石油備蓄は、国が保有する**国家備蓄**、**石油備蓄法**に基づいて石油精製業者等に義務付けられている**民間備蓄**、産油国共同備蓄の3つの方法により実施されている。産油国共同備蓄は、国内の民間原油タンクを産油国の国営石油会社に貸与し、産油国は、平時にはこれを東アジア向けの中継・備蓄基地として利用し、日本への原油供給が不足する際には、その在庫から日本向けに優先供給する事業である。備蓄目標は、国家備蓄については、産油国共同備蓄の2分の1と合わせて輸入量の**90日分**程度（IEA基準）、民間備蓄は、消費量の**70日分**程度（備蓄法基準）をそれぞれ下回らない量とされている。**日米物品役務相互提供協定**は、**自衛隊**と**米国軍隊**との間における後方支援、物品又は役務の相互の提供に関する枠組みを定めたものである。

8 4 消費者問題・文化など

問題1 特別区Ⅰ類（2019年度） ·· 本冊P.210

正解：1

1 ○ **消費者基本法**については、選択肢の記述の通り。2004（平成16）年の**消費者保護基本法**の改正（同年施行）に伴い法律名が変更され、現在の名称になった。

2 × 1994（平成6）年に制定され、翌年施行された**製造物責任法**は、工業製品等の製造物の**欠陥**により、**生命**、**身体**又は**財産**が侵害された場合に、製造物を引き渡した製造業者等に**損害賠償責任**を負わせることを定めた法律である。通常、他人の行為により損害を受けたときに損害賠償を求める場合は、加害者側に「故意又は過失」があったことを被害者側が立証しなければならないが、製造物については、特則として、責任要件を「**故意又は過失**」ではなく「**欠陥**」とした点が製造物責任法の趣旨である。立証責任は依然として損害を受けた被害者側にあり、製造物責任追及者（原告）は、①引き渡しを受けた製造物に**欠陥**があったこと、②**損害**が発生したこと、③その損害と欠陥との間に**因果関係**が存在することを立証しなければならない。なお、損害がその製造物についてのみ生じた場合は製造物責任法は適用されず、通常の損害賠償と同様の扱いになる。

3 × **クーリング・オフ**とは、**訪問販売**、**割賦販売**などで契約を締結した消費者が、一定期間内ならば無条件で契約を解除できる制度で、**特定商取引法**、**割賦販売法**等の法律により規定されている。特定商取引法は、2000（平成12）年に従来の**訪問販売法**を改正・改称し、規制の対象を拡大したものである（選択肢の文では、新旧の法律名の関係が逆になっている）。クーリング・オフの期間は取引類型に応じて定められており、訪問販売、電話勧誘販売などは**8日間**、連鎖販売取引（マルチ商法）は**20日間**である。したがって、「期間にかかわらず」という記述も誤り。

4 × 2000（平成12）年に制定され、翌年施行された**消費者契約法**は、不当な契約から消費者を守るための法律である。同法の規定に基づき、事業者の不当な行為により消費者が**誤認**又は**困惑**したことによって契約の申込み又はその承諾の意思表示をしたときは、契約を**取り消す**ことができる。この取消権は、①契約の締結から**5年間**（霊感商法の場合は10年間）、②消費者が誤認に気付き、又は勧誘による困惑を脱するなどして、取消しの原因となっていた状況が消滅したとき（法的には、契約を**追認**できるときという）から**1年間**（霊感商法の場合は3年間）のいずれかが経過した時点で、**時効**により消滅する。したがって、

「事業者の不当な行為で消費者が誤認して契約した場合は、一定期間内であれば契約を取り消すことができる」という選択肢前半の記述は正しい。2006（平成18）年に**消費者契約法**が改正され、**消費者団体訴訟制度**が定められた（翌年施行）。これは、認定を受けた消費者団体が、消費者に代わって事業者に対して訴訟等を行うことができる制度である。具体的には、①事業者の不当な行為に対して、**内閣総理大臣**が認定した**適格消費者団体**が、不特定多数の消費者の利益を擁護するために、差止めを求めることができる制度（**差止請求**）、②不当な事業者に対して、適格消費者団体の中から内閣総理大臣が新たに認定した**特定適格消費者団体**が、消費者に代わって被害の集団的な回復を求めることができる制度（**被害回復**）がある。したがって、「国が認めた消費者団体が消費者個人に代わって訴訟を起こすことはできない」という後半の記述は誤りである。

5 ✕ **消費者庁**は、2009（平成21）年に、**消費者庁及び消費者委員会設置法**、**消費者安全法**の制定・施行に伴って設置された、**内閣府**の外局である。したがって、「厚生労働省に設置され」という記述は誤り。なお、**商品テスト**事業は、国が管理する**独立行政法人国民生活センター**が、消費者庁や全国の消費生活センターと連携しながら実施している。

問題2 特別区Ⅰ類（2021年度） ………………………………………… 本冊P.211

正解：1

1 ○ 1962年にアメリカの**ケネディ大統領**が特別教書の中で示した「**消費者の4つの権利**」は、その後、世界の消費者保護運動の基本となった。その後、消費者教育を受ける権利、生活の基本的需要が満たされる権利、被害の救済を求める権利、健全な環境を求める権利が加えられ、「消費者の8つの権利」と呼ばれるようになった。これらの権利は、日本の**消費者基本法**にも基本理念として明記されている。

2 ✕ 1968（昭和43）年に制定された**消費者保護基本法**は、2004（平成16）年の法改正により**消費者基本法**と改称された。同法は、「消費者の利益の擁護及び増進に関し、消費者の権利の尊重及びその自立の支援その他の基本理念を定め、**国**、**地方公共団体**及び**事業者**の責務等を明らかにする」こととし、それぞれの責務について定めている。**消費生活センター**は、事業者に対する消費者からの苦情に係る相談その他の事務を行うために**地方公共団体**に設置される施設又は機関で、**消費者安全法**により**都道府県**に設置義務が、**市町村**には設置の努力義務が課されている。2022（令和4）年4月1日現在、全国に設置されている消費生活センターの数は856か所（都道府県86、政令市26、政令市以外の市町村732、広域連合・一部事務組合12）となっている。

3 × 工業製品等の製造物の欠陥により、生命、身体又は財産が侵害された場合は、**製造物責任法（PL法）**に基づいて、製造物を引き渡した製造業者等に**損害賠償責任**を求めることができる。この場合、製造物責任追及者（原告）は、①引き渡しを受けた製造物に**欠陥があった**こと、②**損害**が発生したこと、③その損害と欠陥との間に**因果関係**が存在することを立証しなければならない。

4 × **宅地建物取引**においても、以下の条件のどちらにも当てはまる場合は、宅地建物取引業法に基づいて**クーリング・オフ制度**が適用される。①宅地建物取引業者が**自ら売主となる**宅地又は建物の**売買契約**であること（**賃貸契約**には適用されない）、②宅地建物取引業者の**事務所等以外の場所**で宅地又は建物の買受けの申込みをし、又は売買契約を締結した場合（事務所等において買受けの申込みをし、事務所等以外の場所において売買契約を締結した場合を除く）。クーリング・オフの期間は**8日間**である。

5 × 選択肢の文中、**特定商取引法**は「**消費者契約法**」の誤り。

問題3 国家専門職・改題（2020年度） ···················· 本冊P.212

正解：4

1 × ブラジルは、南アメリカ大陸では唯一の旧**ポルトガル**領で、1822年に**ポルトガル**から独立した。したがって、選択肢の文中、「**スペイン**からの独立以来**400年以上の歴史**」とあるのは誤り。ブラジル国立博物館が存在する都市**リオデジャネイロ**は、ブラジルの**南東部**に位置する。ブラジル国立博物館は、独立前の1818年に、ポルトガル王ジョアン6世により設立された歴史ある博物館であったが、開設200年の年に起きた大規模な火災により、貴重な収蔵品の大半が消失した。「**南アメリカ大陸**で繁栄していた**マヤ文明**」の部分も誤りで、マヤ文明は、紀元前後から16世紀頃まで、現在のメキシコ、グアテマラ、ホンジュラスにかけての地域、すなわち**中央アメリカ**に栄えた文明である。

2 × 選択肢の文中、**サン・ピエトロ大聖堂**は**ノートルダム大聖堂**の誤り。**ノートルダム大聖堂**は、1991年に、「パリのセーヌ河岸」の名称で周辺の文化遺産とともに**世界文化遺産**に登録された。2019年に起きた火災では、大聖堂の象徴である尖塔が崩落するなど大きな被害に見舞われたが、現在再建が進められており、2024年12月の一般公開再開を目指している。

3 × **琉球王国**の成立、**首里城**の築造は、ともに**15世紀**の出来事である。**慶賀使**は、江戸幕府の将軍の代替わりごとに、琉球から幕府に派遣された。琉球王国が**朝貢貿易**を行った中国の王朝は、**宋**ではなく**明**である（のちに**清**とも）。首里城の建造物は、第二次世界大戦中にアメリカ軍の砲撃を受けて全壊し、戦

後は、その跡地に琉球大学が建設された。大学移転に伴い、1980年代から本格的な復元が行われ、首里城公園として整備されたが、2019（令和元）年の火災により、**正殿**、**南殿**、北殿が全焼した。なお、**守礼門**は、このときの火災では被害を受けなかったので、1958（昭和33）年に再建された門が現存している。したがって、「今回の火災では、**17世紀から現存していた正殿・南殿・守礼門が焼失し**」という記述は誤りである。**沖縄県**は、**沖縄県首里城復興基金**を設立して、国外を含めた県内外からの寄附金を積み立て、施設の復元のための費用に充当し、現在、2026（令和8）年の完成を目指して正殿の復元が進められている。焼失した施設の復元のために活用する首里城火災復旧・復興支援寄附金は、2021年度末をもって受入を終了し、その後は、新たに首里城未来基金（正式名：沖縄県首里城歴史文化継承基金）を設置して、伝統的な建築等の技術に係る人材育成と首里城周辺のまちづくりのために活用する首里城歴史文化継承寄附金を募集している。また、首里城の所在地である**那覇市**では、2020年3月末まで、**ふるさと納税**の仕組みを活用した**クラウドファンディング**『沖縄のシンボル「首里城」再建支援プロジェクト』を実施し、集まった寄附金を、再建に取り組む沖縄県に託すこととした。したがって、選択肢の文中にある「その再建のため、ふるさと納税制度の活用が進められている」という記述は、部分的には正しい。

4 ○ **文化財保護法**は、**1950（昭和25）年**に、前年に起きた**法隆寺金堂炎上**事件を契機として制定された。また、文化庁は、2019年にフランス・パリのノートルダム大聖堂で発生した火災を受けて、国宝・重要文化財の防火設備等に関する調査を実施し、その調査結果を受けて、消防庁・国土交通省と連携して「国宝・重要文化財（建造物）の防火対策ガイドライン」及び「国宝・重要文化財（美術工芸品）を保管する博物館等の防火対策ガイドライン」を作成した。後者のガイドラインは、「収蔵庫や展示室等において、**スプリンクラー設備**等による消火ではかえって美術工芸品をき損するおそれがある場合には、スプリンクラー設備等の設置に代えて**ガス消火設備**等の設置が望まれ」るとし、スプリンクラー設備以外の消火設備の設置についても記されている。

5 × 2022（令和4）年10月1日現在、日本の総人口に占める65歳以上の人口の割合は**29.0%**（総務省統計局「人口推計」による）なので、「既に4割を超えている」という記述は誤り。文化庁は、**2013（平成25）年**から、これまでに国宝や国指定重要文化財に指定した全ての美術工芸品**10,524件**について所在確認を行っている。そのうち、2022（令和4）年度までに所在が確認できたものは10,336件、所在不明と判明したものは139件、追加で確認が必要なものが49件であった。所在不明の文化財には、①所有者が**転居**し、所有者も現物も確認できなかった文化財、②所有者の**死亡**や法人の**解散**等により、所在が確認できなかった文化財、③**盗難**されて未発見の文化財（盗難届提出済みのもの）が含まれる。文化庁では、ウェブサイトにこれらの文化財の**写真**や詳細

情報を掲載して、情報提供を呼び掛けている。また、所在不明となった地方指定等文化財や未指定文化財についても、各都道府県及び市区町村からの申出を受けて情報を掲載している。